T0107586

PHILOSOPHIE DE L'ESPRIT
I

TEXTES CLÉS

PHILOSOPHIE DE L'ESPRIT

Psychologie du sens commun et sciences de l'esprit

Textes réunis par
Denis Fisette et Pierre Poirier

PARIS
LIBRAIRIE PHILOSOPHIQUE J. VRIN
6, Place de la Sorbonne, V^e
2013

P. M. Churchland, «Eliminative Materialism and the Propositional Attitudes», © *The Journal of Philosophy,* vol. LXXVIII, p. 67-90.

D. C. Dennett, «Real Patterns», © *The Journal of Philosophy,* vol. LXXXVIII, p. 27-51.

D. Davidson, «Mental Events» dans *Essays on action and events,* Oxford University Press, 1980, p. 207-227, © Donald Davidson.

J. A. Fodor, «Why There Still has to be a Language of Thought», dans *Psychosemantics,* © MIT Press.

C. G. Hempel, «L'analyse logique de la psychologie» , © *Journal de Synthèse,* vol. 10, p. 27-42.

D. Lewis, «Mad Pain and Martian Pain», dans N. Block Ed., *Readings in the Philosphy of Psychology,* Methuen, p. 216-222, © David Lewis.

H. Putnam, «The Nature of Mental States», dans W. H. Capitan, D. D. Merrill Eds., *Art, Mind and Religion,* © University of Pittsburgh Press, 1967.

W.V.O. Quine, «Mind and Verbal Dispositions», dans *Mind and Language:* The Wolfson College Lectures 1974 edited by Samuel Guttenplan, © Oxford University Press, 1975.

W. Sellars, «Philosophy and the Scientific Image of Man» dans R. G. Colodny, Ed., *Frontiers of Science and Philosophy,* © University of Pittsburgh Press, 1962.

© *Librairie Philosophique J. VRIN,* 2002
Imprimé en France
ISSN 1639-4216
ISBN 978-2-7116-1590-2
www.vrin.fr

REMERCIEMENTS

Nous tenons à remercier en premier lieu tous ceux qui ont généreusement contribué à la traduction des textes du présent ouvrage. Nous remercions par-dessus tout Dominique Boucher, qui, en plus d'avoir traduit plusieurs textes de l'ouvrage, nous a aidés à revoir l'ensemble des traductions et a assumé la responsabilité de la révision des textes. Sans son travail professionnel et rigoureux, cet ouvrage n'aurait jamais vu le jour. Nos remerciements à tous nos étudiants qui ont contribué à élaborer la bibliographie : à Benoît St-Pierre, qui a accompli le gros du travail, Jean-Frédéric de Pasquale et Jimmy Plourde ; à Gaétan Piché, qui a assuré la mise en pages, et à Sandra Laugier pour ses encouragements. Nous exprimons aussi notre gratitude à David Rosenthal pour ses précieux conseils sur le choix des textes, de même qu'au Comité des publications de l'UQÀM et au Conseil de recherche en sciences humaines du Canada pour leur soutien financier.

Enfin, nous remercions les auteurs et les maisons d'édition de nous avoir autorisés à publier la traduction française des textes que nous reproduisons dans cet ouvrage :
1. SELLARS, Wilfrid (1963), « Philosophy and the Scientific Image of Man », *Science, Perception and Reality*, Londres, Routledge, p. 1-40.

2. CHURCHLAND, Paul M. (1981), « Eliminative Materialism and the Propositional Attitudes », *The Journal of Philosophy*, vol. LXXVIII, p. 67-90.

3. DENNETT, Daniel C. (1991), « Real Patterns », *The Journal of Philosophy*, vol. LXXXVIII, p. 27-51.

4. HEMPEL, Carl G. (1935), « L'analyse logique de la psychologie », *Journal de Synthèse*, vol. 10, p. 27-42.

5. QUINE, Willard V. O. (1975), « Mind and Verbal Dispositions », *Mind and Language* (sous la dir. de S. Guttenplan), Oxford, Oxford University Press, p. 83-95.

6. DAVIDSON, Donald (1970), « Mental Events », *Essays on Action and Events*, Oxford, Oxford University Press, 1980, p. 207-227.

7. PUTNAM, Hilary (1967), « The Nature of Mental States », *Art, Mind, and Religion* (sous la dir. de W. H. Capitan et D. D. Merrill), Pittsburgh, Pittsburgh University Press, p. 37-48.

8. LEWIS, David (1978), « Mad Pain and Martian Pain », *Readings in the Philosophy of Psychology* (sous la dir de N. Block), Londres, Methuen, p. 216-222.

9. FODOR, Jerry A. (1987), « Why There Still has to be a Language of Thought », *Psychosemantics*, Cambridge, Mass., MIT Press, p. 135-154.

10. PUTNAM, Hilary (1975), « The Meaning of "Meaning" », *Language, Mind, and Knowledge* (sous la dir. de K. Gunderson), Minneapolis, University of Minnesota Press, p. 131-193.

11. DRETSKE, Fred I. (1986), « Misrepresentation », *Belief : Form, Content, and Function* (sous la dir. de R. Bogdan), Oxford, Oxford University Press, p. 17-36.

12. STICH, Stephen P. (2000), « Is Man a Rational Animal ? », *Questioning Matters. An Introduction to Philosophical Analysis* (sous la dir. de D. Kolak), Mountain View, Mayfield Publishing.

13. ROSENTHAL, David (1986), « Two Concepts of Consciousness », *Philosophical Studies*, vol. 49, p. 329-359.

14. LEVINE, Joseph (1993), « On leaving out what it's like », *Consciousness. Psychological and Philosophical Essays* (sous la dir. de M. Davies et G. Humphreys), Oxford, Blackwell, p. 121-136.

15. FODOR, Jerry A. et Zenon W. PYLYSHYN (1988), « Connectionism and Cognitive Architecture : A Critical Analysis », *Cognition*, vol. 28, p. 3-71.
16. SMOLENSKY, Paul (1988), « On the Proper Treatment of Connectionism », *Behavioral and Brain Sciences*, vol. 11, p. 1-23.
17. GELDER, Timothyvan (1998), « Dynamicsand Cognition », *Mind Design II* (sous la dir. de J. Haugeland), Cambridge, (MA), MIT Press, p. 421-450.

PRÉFACE

La philosophie de l'esprit est la discipline qui étudie la nature de l'esprit et ses manifestations. Pour paraphraser le mot d'Ebbinghaus à propos de la psychologie, la philosophie de l'esprit a une longue tradition qui remonte au *De anima* d'Aristote, et elle s'est transmise sous le nom de psychologie philosophique, psychologie rationnelle ou tout simplement philosophie de la psychologie. Cependant, l'histoire de cette discipline telle que nous la connaissons aujourd'hui est relativement récente. Elle commence en effet avec la naissance des sciences cognitives vers le début des années 1950[1]. Nous réunissons quelques-uns des textes *philosophiques* qui ont marqué l'évolution de la réflexion sur le thème de l'esprit et de la cognition depuis la fin des années 1950. Ce sont des textes clés en ce qu'ils témoignent tant des efforts déployés par les premiers théoriciens de l'esprit afin de donner forme à cette

---

1. Quelques-uns des textes clés des sciences cognitives ont été rassemblés, traduits et commentés dans le recueil préparé par Aline Pélissier et Alain Tête et publié sous le titre *Sciences cognitives. Textes fondateurs (1943-1950),* Paris, P.U.F., 1995. Voir aussi le recueil de Alan Ross Anderson (dir.) 1964. *Minds and Machines*, Englewood Cliffs (NJ), Prentice Hall, trad. par P. Blanchard, *Pensée et machine*, Seyssel, Champ Vallon, 1983; voir aussi le recueil de Daniel Andler (dir.), *Introduction aux sciences cognitives*, Paris, Gallimard, 1992.

discipline et d'en délimiter le domaine d'étude que des
développements décisifs qu'elle a connus jusqu'à aujourd'hui.
Le choix des textes a été fait en fonction de deux critères
généraux. La vocation première de cet ouvrage consiste en
effet à cartographier le vaste espace accidenté qu'est la philosophie de l'esprit en identifiant les questions centrales, les
enjeux philosophiques, les débats qui ont orienté son évolution
et les tendances générales qui se dessinent à l'horizon. Nous
voulions en outre que ceux qui ont directement contribué au
développement de cette discipline soient représentés. Pour ce
faire, nous disposions de peu d'espace. Du moins pouvons-
nous renvoyer le cas échéant à la traduction française de
quelques classiques de la philosophie de l'esprit, publiés çà et
là dans les revues spécialisées [1], qui représentent autant de
compléments aux textes réunis dans le présent ouvrage. La
plupart des textes que nous publions ici figurent dans les
textbooks généraux et spécialisés en langue anglaise. Ils ont
tous connu une fortune critique importante et ils représentent
pour la plupart des références incontournables dans les
ouvrages récents des philosophes et scientifiques [2].

1. On consultera la bibliographie des titres en français qui est reproduite à
la fin volume. Quelques-uns de ces textes ont été publiés dans le recueil préparé
par D. Hofstadter et D. C. Dennett (dir.), *The Mind's I : Fantasies and Reflections on Self and Soul*, New York, Basic Books, 1984. Trad. par J. Henry, *Vues de
l'esprit : Fantaisies et réflexions sur l'être et l'âme*, Paris, InterÉditions, 1987.

2. Les recueils généraux qu'il est important de signaler ici sont les
suivants : les deux volumes de Ned Block 1980. *Readings in the Philosophy of
Psychology*, Cambridge (MA), MIT Press; John Haugeland (dir.), *Mind
Design*, Cambridge (MA), MIT Press, 1981; David Rosenthal (dir.), *Mate-
rialism and the Mind-Body Problem*, Englewood Cliffs (NJ), Prentice Hall,
1971; David Rosenthal (dir.), *The Nature of Mind*, Oxford, Oxford University
Press, 1991; William Lycan (dir.), *Mind and Cognition*, Oxford, Blackwell,
1990; A. I. Goldman (dir.), *Readings in Philosophy and Cognitive Science*,
Cambridge (MA), MIT Press, 1993; W. O'Donohue & R. P Kitchener (dir.),
The Philosophy of Psychology, London, Sage, 1996; C. MacDonald et
G. MacDonald (dir.), *Philosophy of Psychology*, Oxford, Blackwell, 1995.

L'ouvrage est divisé en deux tomes. Le premier tome, dont le sous-titre est *Psychologie du sens commun et sciences de l'esprit*, comprend deux sections portant respectivement sur le statut de la psychologie du sens commun en philosophie et sur les conceptions les plus représentatives de l'esprit depuis la fin des années 1950. La première section s'intitule *La psychologie populaire : mythe ou réalité ?* et elle regroupe des textes des philosophes Wilfrid Sellars, Paul Churchland et Daniel Dennett traitant de différents aspects de cette psychologie grâce à laquelle nous attribuons spontanément à autrui des états mentaux lorsque nous cherchons à comprendre son comportement. Nous avons coiffé du titre *Conceptions de l'esprit* la deuxième section, qui réunit ces quelques pionniers de la discipline que sont Willard Quine, Donald Davidson, Hilary Putnam, David Lewis, Jerry Fodor et Carl Hempel. Ces textes donnent une bonne idée de la diversité des approches (béhaviorisme, fonctionnalisme, théorie représentationnelle de l'esprit, etc.) et des problèmes auxquels elles sont confrontées (l'identité psychophysique, par exemple). Ce premier volume, comme le deuxième, comprend une bibliographie générale des titres disponibles en français, soit des ouvrages originaux soit des traductions, qui portent sur différents aspects de la philosophie de l'esprit. En outre, l'ouvrage contient un index des notions et des noms propres.

Le deuxième tome, intitulé *Problèmes et perspectives*, comprend les sections III et IV de l'ouvrage, qui portent respectivement sur les problèmes fondamentaux de la philosophie de l'esprit et sur les perspectives actuelles s'ouvrant aux modèles de la cognition. Le titre de la section III, *Intentionnalité, rationalité et conscience*, renvoie aux traits que l'on attribue traditionnellement à la pensée. Il n'est donc pas étonnant qu'ils fassent écho aux questions les plus générales auxquelles doive répondre la philosophie de l'esprit. C'est pourquoi nous avons retenu les textes "classiques" de Hilary Putnam et de Fred Dretske dans le but d'exposer certains aspects du problème de l'intentionnalité, et un texte plus récent de Stephen Stich, qui résume les enjeux philosophiques autour de la question de la rationalité. Enfin, le thème de la conscience, le plus discuté à l'heure actuelle, fait l'objet des textes de David Rosenthal et de Joseph Levine. La section IV, intitulée *Modèles de la cognition*, a pour thème les débats qui ont cours actuellement dans les sciences cognitives et en philosophie de l'esprit concernant les modèles appropriés à l'étude de l'esprit ou de la cognition en général, soit le fonctionnalisme computationnel classique, le connexionisme et les modèles dynamiques. L'article co-signé par Jerry Fodor et Zenon Pylyshyn est à la fois une défense du computationnalisme classique et une critique de la version du connexionisme que présente par ailleurs Paul Smolensky dans son texte. Le dernier texte de cette section présente la seule véritable option de rechange au connexionisme et au computationnalisme, du moins si l'on en croit Timothy van Gelder. Ce deuxième volume, tout comme le premier, comprend, outre une bibliographie générale des ouvrages en langue française portant sur la philosophie de l'esprit, un index des notions et des noms propres et une introduction générale aux sections III et IV.

INTRODUCTION

Les auteurs des textes des deux premières sections de cet ouvrage s'y interrogent sur l'objet de la philosophie de l'esprit, son champ d'investigation et son cadre conceptuel. Quel est l'objet de la philosophie de l'esprit et, plus généralement, de la psychologie philosophique ? Cette question divise les philosophes depuis Platon, comme en témoignent les nombreux débats qui opposent depuis toujours les empiristes et les intellectualistes touchant la nature de l'esprit. En philosophie de l'esprit au vingtième siècle, ces débats ont pris une tournure bien particulière avec l'avènement du béhaviorisme méthodologique, qui, en réaction à la psychologie de l'introspection qui avait dominé une bonne partie du dix-neuvième siècle, soutenait que l'esprit, suivant le mot de Watson, est comportement et rien d'autre. Ce dernier, on le sait, définissait la psychologie comme une science expérimentale dont le contenu empirique porte exclusivement sur le comportement observable de l'homme et des animaux réagissant aux changements dans leur environnement physique. Le béhaviorisme méthodologique en psychologie, comme son pendant philosophique, le béhaviorisme logique, s'est imposé durant la première moitié du vingtième siècle, et il devait dominer la scène intellectuelle jusqu'à l'avènement des sciences cognitives durant les années 1950. La philosophie de l'esprit, du moins telle que nous la connaissons aujourd'hui, est née à la même époque, et elle commence justement avec la critique du béhaviorisme.

Le terrain avait déjà été préparé par Wittgenstein à l'époque des *Investigations philosophiques*, notamment dans ses cours sur la philosophie de la psychologie, à l'occasion d'une discussion des thèses gestaltistes sur la perception. Il y relève que les stimuli physiques ne déterminent pas à eux seuls la perception, puisqu'au même stimulus peuvent correspondre deux perceptions. Cet argument a été repris par Roderick Chisholm et il a fait l'objet de nombreuses discussions dans ce qu'on appelle la théorie de l'action [1]. Les sciences cognitives, pour leur part, ne sont pas demeurées en reste. Mentionnons à cet égard la critique par Chomsky [2] de la conception béhavioriste du langage chez Skinner, qu'il est maintenant convenu d'appeler l'« argument par la pauvreté du stimulus », laquelle n'est pas sans rappeler celle de Wittgenstein. Tous ces arguments en ont persuadé plusieurs d'abandonner la psychologie béhavioriste et de concevoir les réponses manifestées dans le comportement comme des *actions*, c'est-à-dire comme des exemples de comportement intentionnel. Suivant cette perspective, décrire un comportement comme une action sensée ou intentionnelle revient à postuler la présence, dans la boîte noire béhavioriste, d'états mentaux tels des désirs, croyances, intentions et autres attitudes intentionnelles par lesquelles on explique et prédit le comportement.

L'ensemble des postulats relatifs à l'usage en psychologie d'attitudes propositionnelles correspond à ce que Stephen

---

1. Roderick Chisholm 1957. *Perceiving, A Philosophical Study*, Ithaca, Cornell. En français, il existe un excellent recueil de textes classiques en théorie de l'action : Marc Neuberg (dir.) (1991), *Théorie de l'action. Textes majeurs de la philosophie analytique de l'action*, Liège, Mardaga.

2. B. F. Skinner 1957. *Verbal Behavior*, New York, Appleton-Century Crofts ; N. Chomsky 1959. « Review of B. F. Skinner's *Verbal Behavior* », *Language*, n° 35, p. 16-58.

Stich a appelé, dans son texte « Autonomous Psychology and the Belief-Desire Thesis »[1], la « thèse de la croyance et du désir ». Cette thèse désigne le cadre conceptuel à l'intérieur duquel on cherche à rendre compte de ses propres capacités d'accomplir des actions sensées et à comprendre, expliquer et prédire le comportement d'autrui. Or, ce schème conceptuel est précisément ce que les matérialistes éliminativistes Paul Churchland et Stephen Stich appellent la psychologie du sens commun ou « psychologie populaire » (*folk psychology*), qui donne son titre à la première section de cet ouvrage. Or, on pourrait soutenir sans crainte d'exagérer que les débats que soulève aujourd'hui la nature de l'esprit portent tous au fond sur le statut de la psychologie du sens commun. Ainsi, les défenseurs du matérialisme éliminativiste sont d'avis que pour décrire, expliquer et prédire le comportement, et donc attribuer des états intentionnels à nos semblables comme aux animaux, nous devons présupposer, chez l'agent, la connaissance d'une théorie empirique des phénomènes psychologiques, qui n'est nulle autre que la psychologie du sens commun. Cela soulève une question : s'il est vrai que nos aptitudes et notre habileté à comprendre autrui présupposent la possession d'une théorie, doit-elle et répond-elle en effet, comme toute bonne théorie, aux normes fixées par la communauté scientifique ? Dans son texte « Le matérialisme éliminativiste et les attitudes propositionnelles », Paul Churchland soutient que la psychologie populaire, soit la conception que le sens commun se fait de lui-même et des phénomènes psychologiques est bien une théorie. Cependant, cette théorie serait à ce point déficiente qu'il propose de l'écarter au profit d'une théorie plus adéquate qui satisfasse à nos standards scienti-

---

1. S. P. Stich 1978. « Autonomous Psychology and the Belief-Desire Thesis », *The Monist*, n° 61, p. 573-591.

fiques. Telle est aussi en substance la position défendue par
Willard Quine [1] et Stephen Stich [2].

Ce verdict ne fait certes pas l'unanimité, mais il a tout de
même eu pour effet de mettre au jour une opposition importante entre deux conceptions de l'esprit. Il a de plus mis en
lumière les conséquences d'un programme radical de naturalisation, auquel participe notamment le matérialisme éliminativiste, sur le schème conceptuel que nous attribuons au sens
commun. Il y aurait en effet opposition entre deux conceptions
de l'homme que Wilfrid Sellars, l'un des premiers artisans de
la philosophie de l'esprit contemporaine, a appelées respectivement image manifeste et image scientifique [3]. Dans son
texte « La philosophie et l'image scientifique de l'homme »,
qui a le mérite d'anticiper les débats philosophiques les plus
marquants de notre discipline et de mesurer ses principaux
enjeux, Sellars estime que nous avons affaire ici à deux conceptions de « l'homme dans le monde ». La première, l'image
manifeste, soit l'image à l'œuvre dans nos transactions quotidiennes avec le monde et nos semblables, diffère de la conception que se font les matérialistes de la psychologie du sens
commun, en ce qu'elle met l'accent sur la dimension pragmatique sous-jacente à notre *Lebenswelt*. Dans ce texte de 1962,

1. W. V. Quine 1960. *Word and Object*, Cambridge (MA), MIT Press (trad.
par P. Gochet sous le titre *Le mot et la chose*, Paris, Flammarion, 1977).

2. S. P. Stich 1983. *From Folk Psychology to Cognitive Science*,
Cambridge (MA), MIT Press.

3. Dans une rubrique consacrée à la psychologie populaire, Paul
Churchland a reconnu que Sellars avait été le premier à concevoir la psychologie populaire comme une théorie empirique. Il renvoie à l'expérience de
pensée de cette communauté préhistorique dont parle Sellars dans « Empirisme
et philosophie de l'esprit » et au théoricien Jones qui élabore une théorie proche
de ce que Churchland appelle la psychologie populaire. Nous y reviendrons
plus loin. Voir Paul Churchland 1994. « Folk Psychology », *A Companion to the
Philosophy of Mind* (sous la dir. de S. Guttenplan), Oxford, B. Blackwell,
p. 308-316.

Sellars affirme le caractère irréductible de l'image manifeste à l'image scientifique en faisant valoir l'appartenance de l'homme à un réseau de normes (à une communauté). Non seulement ces deux images ne se prêtent-elles pas à une réduction ou à une élimination quelconque, mais une stratégie comme le matérialisme éliminativiste reproduirait, en dépit de son caractère apparemment révolutionnaire, cette vision "monoculaire" qui, selon Sellars, est le lot de toute l'histoire de la philosophie !

Hors du cercle de ceux qui la déclarent cliniquement morte, le statut de la psychologie intentionnelle a suscité nombre de controverses [1]. Trois de ces controverses sont associées au nom de Daniel Dennett, dont la contribution à la philosophie de l'esprit depuis les années soixante est soutenue et déterminante. La première, qui fera l'objet de la troisième section, notamment dans le texte de Hilary Putnam intitulé « La signification de "signification" », porte sur la question de savoir si les contenus d'attitudes propositionnelles auxquelles Gottlob Frege assignait la fonction de déterminer la référence sont *sui generis*, et donc immunisés contre tout facteur extérieur, qu'il soit d'ordre physique ou social. On a ici affaire au débat entre internalisme et externalisme, dont nous reparlerons dans l'introduction au tome II.

La deuxième controverse est d'ordre méthodologique, et elle oppose l'approche ou point de vue du tiers, caractéristique de toute science empirique, à l'approche des phénomènes psychiques dite à la première personne. Le premier correspond à

---

1. Nous signalons ici les titres les plus importants en anglais dont quelques-uns sont parus en traduction française. Trois anthologies portent principalement sur ce thème : P. Carruthers et P. Smith (dir.) 1996. *Theories of Theories of Mind*, Cambridge, Cambridge University Press ; M. Davies et T. Stone (dir.) 1995. *Folk Psychology. The Theory of Mind Debate*, Oxford, Blackwell ; J. Greenwood (dir.) 1991. *The Future of Folk Psychology. Intentionality and Cognitive Science*, Cambridge, Cambridge University Press.

ce que Dennett appelle l'«hétéro-phénoménologie», dont relève sa propre psychologie, qu'il oppose à l'«auto-phénoménologie», c'est-à-dire la psychologie de l'introspection, à ses yeux indissociable d'une forme de réalisme pur et dur à l'égard des états mentaux. Cela nous conduit tout droit à la troisième controverse, à laquelle Dennett prend part dans son texte «De l'existence des patterns», que nous avons placé dans la première section du présent ouvrage. Cet article porte sur le statut ontologique de notre psychologie. Il oppose le réalisme à l'égard des états mentaux à l'antiréalisme, qui consiste à nier l'existence des attitudes propositionnelles. L'antiréalisme est souvent associé à l'interprétation radicale de Davidson, ou encore à une forme d'instrumentalisme dont le jeune Dennett lui-même s'est d'ailleurs naguère fait le défenseur [1], suivant lequel le succès de nos prédictions basées sur le recours aux attitudes propositionnelles n'en garantit nullement la véracité. La position que défend Dennett dans ce texte est à mi-chemin entre un réalisme de «force industrielle» (*Industrial Strength Realism*) et un antiréalisme tout aussi radical qui veut que les états mentaux que nous attribuons à autrui et le vocabulaire intentionnel à l'aide duquel nous cherchons à décrire son comportement soient comparables à des unités de mesure en ce que leur existence s'épuise dans le rôle qui leur est assigné dans l'interprétation ou la description du comportement. Or, en dépit des différends qui opposent des philosophes comme Jerry Fodor, John Searle, Donald Davidson et Daniel Dennett sur des questions philosophiques centrales, tous reconnaissent le caractère indispensable de cette psychologie, les uns parce que leur théorie de l'esprit dépend directement de l'existence des croyances, désirs et autres attitudes supposées inhérentes à notre schème conceptuel, les autres parce qu'ils désespèrent de trouver un substitut apte à remplir adéquatement cette fonction.

---

1. Voir D. C. Dennett 1972. «Intentional Systems» (trad. sous le titre «Les systèmes intentionnels», *Philosophie*, n° 47, 1984, p. 55-80).

*

La fonction déterminée que nous assignons à chacun de
ces textes dans le contexte d'une présentation générale des
tenants et aboutissants de la philosophie de l'esprit ne doit pas
nous faire oublier que tous ces écrits sont relativement autonomes, qu'ils s'ouvrent sur de nombreuses problématiques et
qu'ils expriment, pour la plupart, des fragments d'une pensée
plus complexe dont les présupposés philosophiques ne sont
pas toujours explicites. C'est pourquoi il nous a semblé
important de présenter chacun de ces textes en indiquant à
chaque fois les informations qui nous semblent indispensables
à sa compréhension. Chacune de ces rubriques est complétée
par des indications bibliographiques énumérant les contributions les plus importantes des auteurs, des écrits sur les débats
qu'ils ont suscités et les lectures qui nous semblent utiles en
vue d'approfondir le thème en question.

Wilfrid Sellars appartient à la première génération des
philosophes de l'esprit qui ont eu à gérer l'héritage béhavioriste laissé par un disciple de Wittgenstein, Gilbert Ryle. On a
dit de son essai de 1956 *Empirisme et philosophie de l'esprit*
qu'il était responsable, au même titre que les travaux de Quine
et de Wittgenstein à la même époque, du changement de
régime qu'a connu la philosophie analytique durant les années
1950. On doit en effet à Sellars une critique de l'empirisme
classique, et en particulier de sa conception voulant que les
images que forme l'esprit soit l'effet direct des impressions
sensorielles auxquelles il est soumis. À cet empirisme, Sellars
oppose son « nominalisme psychologique », suivant lequel
l'usage du langage, par exemple, ne présuppose pas qu'on ait
conscience de l'existence des espèces. On aura reconnu en
substance sa critique bien connue du « mythe du donné », dont
une des versions importantes est le postulat fondationnaliste
d'une expérience immédiate, directe et immunisée contre
l'erreur. Daniel Dennett a dit avec raison de l'influence de

Sellars sur la philosophie de l'esprit qu'elle « a été omni-présente mais imperceptible »[1]. Omniprésente parce que ses idées ont fait leur chemin dans la philosophie contemporaine, imperceptible parce qu'on invoque rarement de manière explicite les travaux de Sellars, peut-être en raison de son style particulier, parfois un peu intriqué, ou de ses références nombreuses à une tradition philosophique peu fréquentée par ses contemporains de tendance analytique. Cela dit, les auteurs des textes de la présente section, de même que Quine dans son texte de la deuxième section, y renvoient explicitement dans le contexte d'une discussion des tenants et aboutissants de la psychologie du sens commun.

Dans son essai intitulé « La philosophie et l'image scienti-fique de l'homme », Sellars reprend le thème, déjà esquissé dans *Empirisme et philosophie de l'esprit* (§ 42), de l'opposi-tion entre image manifeste et image scientifique du monde, non sans apporter d'importantes révisions à sa position[2]. L'essai de 1956, en effet prônait une forme d'éliminativisme, dans la mesure où il préconisait le "remplacement" de cette conception du monde par l'image scientifique[3]. Dans son

---

1. D. C. Dennett 1990. *La Stratégie de l'interprète. Le Sens commun et l'univers quotidien* (trad. de P. Engel), Paris, Gallimard, p. 341. Cette influence de l'œuvre de Sellars est cependant clairement reconnue par des auteurs comme Robert Brandom (*Making it Explicit*, Cambridge, Harvard University Press, 1995) et John McDowell (*Mind and World*, Cambridge, Harvard University Press, 1994).

2. Rappelons que *Empirisme et philosophie de l'esprit* a fait l'objet d'une critique sévère de la part de Chisholm et cette critique a donné lieu à une riche correspondance entre Sellars et Chisholm parue en 1958. Cette correspondance a été publiée en traduction française par F. Cayla sous le titre *Routes et déroutes de l'intentionnalité*, Combas, Éditions de l'Éclat, 1991.

3. À la section 42 d'*Empirisme et philosophie de l'esprit* (Combas, Éditions de l'Éclat, 1992), Sellars affirme en effet que « l'image scientifique du monde *remplace* l'image du sens commun, au sens où la conception scienti-fique de « ce qu'il y a » *supplante* l'ontologie descriptive de la vie quotidienne » (p. 86).

essai de 1962, en revanche, il semble défendre une position plus œcuménique, qu'il décrit comme une vision binoculaire ou stéréoscopique du monde. Quoi qu'il en soit, la question centrale qui préoccupe Sellars dans ce texte est de savoir si l'image manifeste survit à son propre projet philosophique, soit fondre en une seule les deux conceptions contemporaines de l'homme dans le monde que sont les images manifeste et scientifique (p. 81, 62). Ces deux images, dit Sellars, ne sont en fait que deux "idéalisations" de l'«image originaire du monde», et elles représentent les deux pôles vers lesquels tend la réflexion philosophique [1]. Le cadre manifeste, auquel appartient presque tout le béhaviorisme, par exemple, est une sophistication de l'image originaire alors que l'image scientifique est en retour un raffinement de l'image manifeste. Aussi Sellars soutient-il que toute la tradition philosophique depuis Platon ne serait au fond rien d'autre qu'une description plus ou moins adéquate de l'image manifeste de l'homme dans le monde et la tentative d'en «comprendre la structure» (p. 80). En cela, elle aurait toujours été confinée à une vision monoculaire de l'homme dans le monde, et pour cette raison, elle ne saurait s'imposer comme la mesure de ce qu'il y a en réalité. Mais on ne saurait non plus réduire la philosophie à l'image scientifique et au cadre théorique de la science, en raison notamment de l'appartenance de la personne à une commu-

---

1. L'image originaire est comparable à celle que se faisait la communauté préhistorique qu'imagine Sellars dans *Empirisme et philosophie de l'esprit*. Cette communauté de "béhavioristes" à la Ryle a acquis l'usage du langage, mais elle ne possède pas encore les concepts plus sophistiqués de la psychologie du sens commun. Sellars imagine ensuite un théoricien visionnaire nommé Jones qui élabore un cadre théorique dans lequel il postule les pensées, croyances, intentions et autres éléments que nous avons associés à l'image manifeste du monde parvenue à maturité. Jones aurait réussi à convaincre cette communauté à apprendre les rudiments de sa théorie, laquelle se serait transmise de la préhistoire à nos jours et qu'on appelle aujourd'hui psychologie du sens commun.

nauté ou à un groupe et du réseau de normes dont toute communauté est indissociable. La vision stéréoscopique que recherche
Sellars consiste plutôt à enrichir le cadre scientifique de
manière à y faire entrer le langage des intentions individuelles
et collectives, qui sont, selon lui, constitutives de la personne
(p. 114-115)*.

*
* *

« Le matérialisme éliminativiste et les attitudes propositionnelles » est en quelque sorte le manifeste du matérialisme
éliminativiste que défend Paul Churchland depuis plusieurs
années. Il s'agit de « la thèse suivant laquelle notre conception
commune des phénomènes psychologiques constitue une
théorie radicalement fausse, à ce point déficiente que ses principes et son ontologie seront un jour non pas réduits en douceur
mais remplacés par les neurosciences parvenues à maturité »
(p. 117). Suivant cette définition, le matérialisme éliminativiste soutient, d'une part, que notre psychologie est une

---

* Lectures suggérées :

Sellars, Wilfrid S. 1956. *Empiricism and the philosophy of mind* (avec une
introduction de R. Rorty et une étude critique de R. Brandom), Cambridge,
Harvard University Press, 1997, trad. de Fabien Cayla, *Empirisme et
philosophie de l'esprit*, Combas, Éditions de l'Éclat, 1992.

1963. *Science, Perception and Reality*, London, Routledge.

1974. *Essays in Philosophy and its History*, Dordrecht, Reidel.

Sellars, Wilfrid S. et Roderik Chisholm. 1957. « Intentionality and the
mental : A correspondence », *Minnesota Studies in the Philosophy of Science*,
2, 507-39, trad. de Fabien Cayla, *Routes et déroutes de l'intentionnalité*,
Combas, Éditions de l'Éclat, 1991.

Devries, W. A. *et al.* (dir.) 2000. *Knowledge, Mind and the Given :
Reading Wilfrid Sellars' Empiricism and Philosophy of Mind*, Hackett.

Delaney, C.F. *et al.* (dir.) 1977. *The Synoptic Vision : Essays in the
Philosophy of Wilfrid Sellars*, Notre Dame, Notre Dame University Press.

Castaneda, H.-N. (dir.) 1975. *Action, Knowledge and Reality : Studies in
Honor of Wilfrid Sellars*, Indianapolis, Bobbs-Merrill.

théorie empirique et, d'autre part, que cette théorie est fausse ou inadéquate. Parce que, estime Churchland, elle est, comme l'alchimie, une théorie empirique fausse, la psychologie du sens commun connaîtra le même sort qu'elle, à savoir sa suppression au profit d'une théorie empirique adéquate. Or, puisque Churchland croit que ce sont les neurosciences qui sont en mesure de nous fournir celle-ci, la psychologie populaire devrait être supplantée par une théorie neurologique.

Ce texte de Churchland a été abondamment commenté et ses thèses ont fait l'objet de nombreuses critiques et objections qui, pour être souvent pertinentes, n'ont cependant jamais réussi à ébranler les convictions philosophiques de son auteur. Nous voudrions mentionner celles parmi ces objections qui appartiennent en propre à la philosophie de l'esprit. Certains philosophes ont cherché à contrer le matérialisme éliminativiste en faisant valoir qu'en dépit des apparences, la psychologie du sens commun n'est pas une théorie empirique. Par exemple, on a soutenu que contrairement aux véritables théories empiriques, cette psychologie est au fondement de notre pratique interprétative et que cette dernière est normative. Churchland admet que la psychologie du sens commun possède un caractère pratique, interprétatif et normatif, mais à ses yeux, cela ne fait que confirmer son statut de théorie empirique. Le deuxième groupe d'objections s'oppose à la thèse de Churchland suivant laquelle cette psychologie est désuète et vouée à disparaître parce qu'elle stagne depuis des millénaires, si bien qu'elle est stérile et, contrairement aux véritables théories, ne cadre pas avec nos connaissances scientifiques actuelles comme celles que nous fournissent la biologie, l'éthologie et surtout les neurosciences. Mais ce ne sont pas là des raisons qui militent en faveur de son élimination, diront certains, puisque, d'entrée de jeu, décrire la psychologie du sens commun comme une simple théorie empirique est en soi inadéquat en ce que cela témoigne d'une conception appauvrie de l'image manifeste de l'homme. Non seulement les critiques de Churchland reprochent-ils à cette description la pauvreté de ses ressources conceptuelles, mais ils en dénoncent le caractère mentaliste, c'est-à-dire la réduction de la psychologie populaire à la seule thèse voulant que tous nos états mentaux consistent en des désirs et des croyances. Un troisième groupe d'objections porte sur les modalités du remplacement éventuel de cette psychologie par une théorie adéquate, en l'occurrence les neurosciences. Personne ne conteste que les neurosciences vont contribuer de manière importante et incontournable à notre compréhension de la cognition. Cependant, l'avis du décès de la psychologie du sens commun est pour le moins prématuré, puisque les conditions que le matérialisme éliminativiste impose à l'intégration de la psychologie dans la « synthèse émergente » des sciences sont telles qu'on exige d'une théorie de niveau supérieur, la psychologie, qu'elle s'accorde parfaitement avec la théorie de niveau inférieur que sont les neurosciences. Or, pour les tenants du matérialisme non réductionniste, le fonctionnalisme ou le monisme anomal, chercher à satisfaire à cette condition reviendrait à contester l'autonomie des théories de niveau supérieur comme notre propre psychologie, ce qu'ils estiment excessif*.

* Lectures suggérées :
Churchland, Paul M. 1970. « La structure logique des explications d'actions », Marc Neuberg, (dir.).
1991. Théorie de l'action : Textes majeurs de la philosophie analytique de l'action, Liège, Mardaga.
1984. Matter and Consciousness. Cambridge (MA), MIT Press, trad. *Matière et conscience*. Seyssel, Champ Vallon, 1999.
1995. *The Engine of Reason, the Seat of the Soul : A Philosophical Journey into the Brain,* Cambridge (MA), MIT Press, trad. Le cerveau : moteur de la raison, siège de l'âme. Bruxelles, De Boeck-Wesmael,
Churchland, Paul M. et Patricia. S. Churchland. 1998. *On the Contrary*, Cambridge (MA), MIT Press.
1990. Débat : « L'intelligence artificielle ; Les machines peuvent-elles penser ? », *Pour la science*, 149, p. 46-53.

*
*   *

Dennett dit de son texte « De l'existence des patterns »
qu'il « occupe une place centrale dans [sa] pensée » (p. 153,
n. 1). Il y discute des différentes formes de réalisme et y défend
une position médiane entre le réalisme des états intentionnels,
conçus comme des propriétés intrinsèques de l'esprit, et
l'instrumentalisme, selon lequel ceux-ci servent à mesurer le
comportement d'un agent linguistique. Dennett préconise
pour sa part une forme de réalisme des états intentionnels.
En d'autres termes, il convient de l'existence de ceux-ci.
Toutefois, il accorde au camp adverse que leur connaissance
dépend de l'interprétation que nous en faisons, ces derniers ne
nous apparaissant que si nous nous plaçons d'un certain point
de vue, qu'il appelle la stratégie intentionnelle. Ainsi, dans ce
texte, Dennett propose de concevoir les états intentionnels
comme étant doués d'une existence au même titre que les
patterns. Le mot "pattern", que nous aurions pu traduire en
français par "structure", "configuration" ou "motif", désigne
le schème que présuppose la description intentionnelle d'un
comportement, c'est-à-dire la cohésion et la régularité que
manifeste un agent en se comportant de telle ou telle manière
dans telle ou telle situation. Tel le Martien observant un match

McCauley, R. N. (dir.) 1996. *The Churchlands and their Critics*. Oxford,
Blackwell.

Carruthers, P., et P. Smith. (dir.). 1996. *Theories of Theories of Mind*,
Cambridge, Cambridge University Press.

Davies, M. et T. Stone (dir.). 1995. *Folk Psychology : The Theory of Mind
Debate,* Oxford, Blackwell.

Greenwood, J. (dir.). 1991. *The Future of Folk Psychology : Intentionality
and Cognitive Science*, Cambridge, Cambridge University Press.

Stich, Stephen P. 1978. « Autonomous Psychology and the Belief-Desire
Thesis », *The Monist*, 61, 573-91.

1983. *From Folk Psychology to Cognitive Science*, Cambridge (MA), MIT
Press.

du Superbowl ou de la Coupe du monde tout en étant privé de notre psychologie intentionnelle, celui qui regarderait évoluer le jeu *Life* sur un écran d'ordinateur sans y discerner ni motifs, ni régularités n'arriverait pas à se représenter ce qui se passe. Selon lui, les croyances, désirs et autres éléments de la psychologie du sens commun existent au même titre que les configurations cellulaires du *Game of Life*, à cette différence près que ce n'est pas notre système visuel qui fonctionne de telle manière qu'il perçoit les configurations, mais notre appareil conceptuel qui, pour reprendre l'expression de Quine, pose des hypothèses analytiques. C'est donc grâce aux concepts de la psychologie du sens commun que nous percevons des configurations dynamiques dans le comportement humain, et ces configurations existent tout autant que les comportements individuels dont ils sont constitués [1*].

1. « De l'existence des patterns » a fait l'objet du numéro spécial de la revue *Philosophical Topics* (vol. 22, n° 1 et 2, 1994), qui réunit quatorze essais de philosophes comme David Rosenthal, Fred Drestke, George Rey, Ned Block, Joseph Levine, etc., et une longue réponse de Dennett intitulée « Get Real » (p. 505-568).

* Lectures suggérées :
Dennett, Daniel C. 1997. *Kinds of Minds*, New York, Basic Books, trad. par A. Abensour. *La Diversité des esprits : une approche de la conscience*, Paris, Hachette, 1998.
    1991. *Consciousness Explained*, Boston, Little, Brown, trad. par P. Engel, *La conscience expliquée*, Paris, O. Jacob, 1993.
    1987. *The Intentional Stance*. Cambridge (MA), MIT Press, trad. par P. Engel ; *La strategie de l'interprète : Le sens commun et l'univers quotidien*, Paris, Gallimard, 1990.
    1978. *Brainstorms*, Cambridge (MA), MIT Press.
    1972. « Intentional Systems », repris dans Dennett 1978, trad. Les systèmes intentionnels, *Philosophie*, 47, (1984) p. 55-80.
Brock, A. et Ross, D. (dir.) 2002. *Daniel Dennett*, Cambridge, Cambridge University Press.
Dahlbom, B. (dir.) 1993. *Dennett and his Critics*, Oxford, Blackwell.

*
*   *

Quelle que soit la valeur des prédictions du matérialisme éliminativiste sur l'avenir de la psychologie populaire, on reconnaît généralement que l'intérêt des philosophes pour l'étude des phénomènes mentaux et de la cognition depuis la fin des années cinquante doit beaucoup au retour en force du naturalisme en philosophie. Avec l'avènement des sciences cognitives, le naturalisme philosophique représente l'un des deux facteurs responsables de l'omniprésence depuis lors de ce qu'on appelle un peu partout l'étude de la cognition. Son représentant le plus éclairé et sans aucun doute le plus influent est le philosophe américain Willard V. Quine. Parmi les nombreuses contributions que nous lui devons dans plusieurs domaines de la philosophie, retenons-en deux qui nous semblent dignes d'être mentionnées ici puisque, en un sens, elles représentent les prémisses de la philosophie de l'esprit telle qu'elle se pratique aujourd'hui. La première réside dans sa critique d'un des dogmes de l'empirisme et de la philosophie analytique héritée de Gottlob Frege, soit le clivage entre les énoncés de la logique (analytiques) et ceux des sciences empiriques (synthétiques) [1]. La deuxième contribution concerne directement la philosophie de l'esprit et sa relation au naturalisme de Quine en épistémologie et elle repose sur ce qu'on appelle la « thèse du remplacement » ou « de la substitution ». Ainsi, dans l'article « L'épistémologie devenue naturelle », Quine propose de naturaliser l'épistémologie en confiant à la psychologie les questions que lui assignait traditionnellement la philosophie. « L'épistémologie, ou quelque chose de ressemblant, écrit Quine, s'est simplement conquis droit de cité à titre de chapitre de psychologie et donc

1. W. V. Quine 1953. « Les deux dogmes de l'empirisme », *De Vienne à Cambridge. L'Héritage du positivisme logique de 1950 à nos jours* (sous la dir. de P. Jacob), Paris, Gallimard, 1980.

de science naturelle. Elle étudie un phénomène naturel, à savoir un sujet humain physique »[1]. La naturalisation de l'épistémologie n'est en fait que son remplacement par cette science naturelle qu'est la psychologie, plus précisément par la psychologie béhavioriste des stimuli-réponses dont la tâche consiste à déterminer « comment les preuves empiriques sont en relation avec la théorie et de quelle façon une théorie de la nature transcende toutes les preuves disponibles »[2]. Les conséquences sont importantes : la « thèse du remplacement » confère au domaine de la psychologie un rôle central en philosophie, rôle joué traditionnellement par l'ontologie (la métaphysique), l'épistémologie, la logique, la théorie de la signification, etc. ; le naturalisme prescrit que l'étude de ce domaine de recherche ressortit aux sciences naturelles, c'est–à–dire aux sciences cognitives. D'où la multiplication des programmes de naturalisation dans la philosophie contemporaine et les débats qu'ils ont suscités sur la possibilité même de naturaliser les propriétés essentielles que l'on reconnaît généralement à l'esprit, soit l'intentionnalité, la rationalité et la conscience. Cette dernière question fera l'objet des textes de la première section du tome II de l'ouvrage.

Le béhaviorisme que Quine associait à son naturalisme philosophique demeure cependant marginal en philosophie. Car, ainsi que nous l'avons mentionné précédemment, le béhaviorisme n'a pas résisté au retour en force des conceptions de l'esprit dans lesquelles les phénomènes psychiques et les représentations mentales jouent un rôle de premier plan. Le texte de Carl Hempel est l'énoncé canonique du béhaviorisme logique ou philosophique qui a dominé le positivisme logique

---

1. W. V. Quine « L'épistémologie devenue naturelle », Trad. par J. Largeault, *La Relativité de l'ontologie et autres essais*, Paris, Aubier-Montaigne, 1977, p. 96.

2. W. V. Quine *Word and Object*, Cambridge (MA), MIT Press ; Trad. par P. Gochet, *Le Mot et la chose*, Paris, Flammarion, 1977, p. 17.

et la philosophie analytique jusqu'à Gilbert Ryle inclusivement. Quine défend pour sa part une forme de béhaviorisme plus proche du béhaviorisme méthodologique des psychologues Watson et Skinner, béhaviorisme que nous qualifierions volontiers d'éliminativiste en raison de sa volonté d'écarter l'« idiome intentionnel » dans la philosophie au profit de l'« idiome scientifique ». Donald Davidson, pour sa part, se démarque de son maître Quine en proposant une théorie non réductionniste des relations psychophysiques connue sous le nom de monisme anomal dont le troisième principe, l'anomalisme du mental, résume parfaitement sa philosophie de l'esprit.

Les textes de Hilary Putnam et de David Lewis présentent deux versions du fonctionnalisme. Putnam développe ce qu'on appelle le fonctionnalisme computationnel (*computational functionalism*), qui se distingue du fonctionnalisme du rôle causal (*causal role functionalism*) que défend ici David Lewis et qui a été développé indépendamment par David Armstrong dans les années 1960. La parenté entre ces deux formes de fonctionnalisme est assez étroite pour qu'on néglige souvent de les distinguer. Toutefois, elle ressort clairement de la structure argumentative analogue de ces deux textes. Tout comme Putnam qui soutient que le fonctionnalisme sait négocier le détroit entre le Scylla du béhaviorisme et le Charybide de l'identité psychophysique, Lewis, dans « Douleur de fou et douleur de Martien », présente son fonctionnalisme comme la seule théorie tirant profit des avantages du béhaviorisme et du réductionnisme tout en en évitant les inconvénients. L'auteur du dernier texte de cette section est Jerry Fodor qui, comme Putnam dans les années 1960 et Lewis, adhère au fonctionnalisme, mais qui lui impose deux contraintes qui sont loin de faire l'unanimité. Il s'agit de la théorie représentationnelle de l'esprit et de l'hypothèse d'un langage de la pensée dont nous reparlerons plus bas.

Contrairement au béhaviorisme méthodologique qui conçoit l'esprit humain comme un réceptacle de réflexes conditionnés et qui préconise le rejet pur et simple des concepts de notre psychologie populaire d'une étude sérieuse et scientifique, le béhaviorisme logique que défend Carl Hempel dans « L'analyse logique de la psychologie » est une conception physicaliste de la psychologie et elle se caractérise par une analyse logique des énoncés de cette science. Hempel soutient en effet qu'il est possible de réduire l'appareil conceptuel de notre psychologie au vocabulaire scientifique en traduisant le contenu des énoncés psychologiques dans le vocabulaire de la physique. Cependant, dans ce texte de 1935, ce n'est pas tant à l'esprit que s'intéresse Hempel qu'à la question : « La psychologie est-elle une science de la nature on une science de l'esprit ? ». Or, celle-ci n'est pas sans soulever le fameux débat qui avait cours à cette époque et qui porte sur la place des sciences de l'esprit et de la culture (*Geisteswissenschaften*) au sein de l'architectonique du savoir scientifique. Hempel aborde ce débat, connu aussi sous le nom de controverse *Erklären / Verstehen*, par le biais de la question de l'unité positive du savoir et, suivant les analyticiens, par le biais de la question de la signification des énoncés. Dans ce contexte, poser la question de savoir si la psychologie fait partie de la science unifiée ou si elle est une science humaine foncièrement distincte et séparée du reste de la science revient à se demander si la signification des énoncés de la psychologie est de même nature que celle des énoncés des autres sciences de la nature ou si, au contraire, elle s'apparente à la famille des « pseudo-savoirs », comme la métaphysique ou les pseudo-sciences telles l'astrologie et l'alchimie, par exemple.

Il incombe à un néopositiviste comme Hempel, qui croit que la psychologie s'intègre au système de la science unifiée, de faire la preuve que la signification des énoncés psychologiques s'apparente à celle des énoncés des autres sciences de la nature. Le béhaviorisme philosophique n'est rien d'autre que la tentative faite par Hempel et d'autres membres du Cercle de Vienne comme Rudolf Carnap de fournir une telle démonstration. Suivant la doctrine sémantique chère aux néopositivistes, soit le vérificationnisme, la signification d'un énoncé scientifique (synthétique *a posteriori*) s'épuise dans ses conditions de vérification. En d'autres mots, il y a identité entre la signification d'un énoncé et les conditions qui permettraient de déterminer sa valeur de vérité. Il s'ensuit que la signification des énoncés psychologiques sera de même nature que celle des énoncés scientifiques et que, partant, la psychologie sera unifiée au reste de la science, si ces énoncés obéissent aux mêmes conditions de vérification et que la signification de ces énoncés s'épuise dans ces mêmes conditions. Or, pour Hempel, les conditions de vérification des énoncés psychologiques sont essentiellement comportementales (mais aussi, dans certains cas, physiologiques). Il s'ensuit que la signification d'un énoncé psychologique comme « Paul a mal aux dents » s'épuisera dans les conditions de vérification de cet énoncé, soit, par exemple, Paul fait telles grimaces lorsqu'on lui demande ce qui l'afflige ; Paul émet des sons comme ceux qui composent l'énoncé « J'ai mal aux dents », et ainsi de suite. Pour Hempel, cette analyse de la psychologie démontre qu'un énoncé de la psychologie peut avoir la même signification qu'un énoncé de la physique, et cette démonstration suffit pour unir la psychologie au reste de la science. D'autres membres du Cercle de Vienne étendront cette analyse aux autres sciences humaines comme la sociologie.

L'analyse de la psychologie que nous propose le béhaviorisme logique est si étroitement liée aux thèses fondamentales du néopositivisme que sa valeur en dépend directement. Or on connaît le sort réservé aux thèses fondamentales du néopositivisme, notamment le vérificationnisme, le fondationnalisme et le réductionnisme. Le fondationnalisme des membres du

Cercle de Vienne présupposait, par exemple, que la signification de certains énoncés, comme les énoncés comportementaux auxquels est réduite la signification des énoncés de la psychologie, ne dépend en rien de celle d'énoncés psychologiques. Or on peut montrer qu'aucun énoncé comportemental n'est ainsi indépendant des énoncés psychologiques. De même, le réductionnisme pratiqué par les membres du Cercle de Vienne repose sur une distinction sémantique forte entre les énoncés analytiques et synthétiques que Quine mettra en doute dans son article « Les deux dogmes de l'empirisme »[*].

*
* *

Bien que la philosophie naturaliste de Quine ait exercé une influence majeure sur la philosophie depuis la fin des années 1950, il a consacré peu de textes traitant directement de

---

[*] Lectures suggérées :

Hempel, Carl G. 1965. *Aspects of Scientific Explanation, and other Essays in the Philosophy of Science*, New York, Free Press, 1965

1966. *Philosophy of Natural Science*, trad. B. Saint-Sernin *Éléments d'épistémologie*, Paris, Armand Colin, 1972

Essler, W.K., H. Putnam, and W. Stegmuller (dir.) 1985. *Epistemology, Methodology, and Philosophy of Science : Essays in Honour of Carl G. Hempel on the Occasion of his 80th Birthday*, Dordrecht, Reidel.

Rescher, N. (dir.) 1970. *Essays in Honor of Carl G. Hempel. A Tribute on the Occasion of his Sixty-fifth Birthday*, Dordrecht, D. Reidel.

Ryle, G. 1949. *The Concept of Mind*, trad. S. Stern-Gillet, *La Notion d'esprit : Pour une critique des concepts mentaux*, Paris, Payot, 1976.

Carnap, R. 1935. « Les concepts psychologiques et les concepts physiques sont-ils foncièrement différents ? », *Revue de synthèse*, 10, p. 43-53.

Watson, John B. 1913. « Psychology, as the Behaviorist views it », *Psychological Review*, 20, p. 158-177.

Skinner, B.F. 1957. *Verbal Behavior*, New York, Appleton-Century Crofts.

Chomsky, N. 1959. « Review of B. F. Skinner's Verbal Behavior », *Language*, 35, p. 16-58.

philosophie de l'esprit. L'article « L'esprit et les dispositions verbales », publié en 1975, est l'un des seuls textes de Quine publiés de son vivant qui portent directement sur un thème de la philosophie de l'esprit. Quine y défend une position proche de celle que nous avons attribuée à Churchland, dans la mesure où il se livre à une critique en règle de l'usage du langage mentaliste dans la philosophie et qu'il propose de bannir de l'appareil descriptif de la science tout terme faisant référence à des états mentaux et de les remplacer par des termes désignant uniquement des états physiologiques. Rappelons-nous que telle est aussi la position qu'il a défendue dans son ouvrage *Word and Object* devant l'opposition tranchée entre le réductionnisme des néopositivistes et le dualisme traditionnel qu'il impute à Brentano. Au § 45 de cet ouvrage, Quine reconnaît le bien-fondé de la critique que Chisholm oppose aux thèses réductionnistes du béhaviorisme dont nous avons déjà parlé, mais il fait valoir par ailleurs que la reconnaissance de l'irréductibilité de l'idiome intentionnel à celui des sciences naturelles ne nous force en rien à adhérer aux principes défendus par Brentano avec sa psychologie descriptive, comme le pense Chisholm. En effet, la thèse de Brentano, c'est-à-dire l'échec de toute forme de réductionnisme, peut se prêter à deux interprétations très différentes, selon que l'on adopte une attitude positive à l'égard du constat d'irréductibilité de l'idiome intentionnel, et qu'on s'engage alors sur la voie qui conduit à une théorie de l'intentionnalité ; ou bien que, et c'est l'attitude préconisée par Quine dans *Word and Object*, on souscrive au jugement des néopositivistes sur la valeur de notre psychologie et, faute de pouvoir la réduire, on écarte définitivement toute science de l'intention d'une pratique conséquente de la science faisant valoir qu'elle est vide. L'idiome intentionnel est vide parce que, d'une part, il n'obéit pas aux critères scientifiques d'extensionnalité que lui impose Quine[1], et, d'autre part, il enfreint le critère béhavioriste suivant lequel il n'y a rien d'autre dans cet idiome que ce qui est donné publiquement dans l'observation du comportement verbal et non verbal. Quine reconnaît toutefois que même si ces idiomes vides doivent être éliminés d'une pratique scientifique saine, en l'absence de tout substitut, ils sont en pratique indispensables, notamment à nos transactions quotidiennes.

Dans son texte de 1975 dont nous reproduisons ici la traduction française sous le titre « L'esprit et les dispositions verbales », Quine apporte des précisions importantes concernant le rôle de la psychologie béhavioriste dans son explication des phénomènes mentaux. Ces précisions interviennent dans le contexte d'une réflexion plus générale sur les rapports entre esprit et langage et d'une critique de la conception mentaliste du langage. Il ne s'agit plus de chercher un substitut au mentalisme et à la sémantique mentaliste, mais bien plutôt de l'identifier à une étude des dispositions au comportement verbal et « d'*interpréter* l'esprit comme un système de dispositions au comportement » à la manière de Ryle et Sellars (p. 230). Cette identification est présentée dans ce texte au moyen de la distinction entre trois niveaux d'explication :

1. L'explication mentaliste en termes d'états mentaux ;
2. L'explication comportementale en termes de dispositions au comportement ;
3. L'explication physiologique en termes de causalité et d'états ou mécanismes physiologiques.

Le premier niveau d'explication, pour être celui qui nous est le plus familier, est toutefois le plus superficiel. Nous avons dit que Quine reconnaissait déjà dans son ouvrage de 1960 son

---

1. Ce critère de scientificité s'appuie sur le statut logique des énoncés de la science et sur la différence entre énoncés extensionnels et énoncés intensionnels, ces derniers n'obéissant pas aux règles de la substitution des identiques et de la généralisation existentielle, par exemple.

irréductibilité au type d'explications qui figurent au deuxième niveau et il confirme dans le présent article qu'il n'est pas non plus réductible au niveau de l'explication physiologique et causale. Mais nous avons aussi reconnu que ce niveau est un « discours creux » ou vide. Restent donc le niveau le plus profond, celui de l'explication physiologique, et la question de son rapport avec les explications béhavioristes ou comportementales qui occupent le niveau intermédiaire. Il en va des explications comportementales en termes de dispositions au comportement comme de l'usage dans les sciences des termes dispositionnels comme solubilité, fragilité, etc. : elles ne représentent en un sens qu'une "préface" à l'explication physique recherchée par le naturalisme. Car recourir à une disposition au comportement, comme le fait l'explication comportementale, c'est aussi postuler des mécanismes et états physiologiques que l'on identifie au moyen de leurs manifestations comportementales. Mais il ne s'agit encore que d'une explication de surface, moins superficielle certes que l'explication du premier niveau, mais cependant provisoire et en attente d'une véritable explication, en l'occurrence d'une explication physiologique. La métaphore des niveaux d'explication et le référent commun à ces trois types de descriptions (mentalistes, dispositionnelles et physiologiques) témoignent d'une certaine sympathie de la part de Quine pour une théorie non réductionniste de l'identité. C'est ce que semble confirmer une remarque d'un ouvrage plus récent de Quine, qui va dans le sens d'une adhésion au monisme anomal de Davidson [1*].

1. Voir W. V. Quine 1990. *Pursuit of Truth*, Cambridge, Harvard University Press, trad. par M. Clavelin, *La Poursuite de la vérité*, Paris, Seuil, 1993, p. 70-73.

*Lectures suggérées :
Quine, Willard V. 1960. *Word and Object*, Cambridge (MA), MIT Press, trad. par P. Gochet, *Le Mot et la chose*, Paris, Flammarion, 1977.

*
* *

Donald Davidson est l'élève le plus connu de Quine. Son texte de 1968, que nous reproduisons ici sous le titre « Les événements mentaux », figurent dans la plupart des recueils de langue anglaise, et la position qu'y défend Davidson, connue sous le nom de « monisme anomal », a rallié nombre de philosophes, dont Quine lui-même. Mais il a aussi suscité de nombreuses controverses. Contrairement aux fonctionnalistes, qui rejettent tant la théorie de l'identité psychophysique que le réductionnisme, Davidson soutient dans « Les événements mentaux » que l'on peut conserver l'identité psychophysique et le monisme matérialiste qui lui est habituellement associé tout en évitant le réductionnisme habituellement associé au monisme. Suivant Davidson, on ne peut directement conclure de l'identité psychophysique au réductionnisme, car l'identité est une relation *ontologique* entre des événements (dans le cas présent), alors que la réduction est une relation *sémantique* entre des vocabulaires. Conclure directement au réductionnisme à partir de l'identité, c'est faire fi de la distinction entre les contextes opaques, caractéristiques des discours portant sur le vocabulaire, et les contextes transparents, caractéristiques des discours portant sur le monde.

1969. « Epistemology naturalized », repris dans *Ontological relativity and other essays*, New York, Columbia University Press, trad. par J. Largeault, *La Relativité de l'ontologie et autres essais*, Paris, Aubier-Montaigne, 1977.

1985. « States of Mind », *The Journal of Philosophy*, 82, 5-8.

1990. *Pursuit of truth*, Cambridge (MA), Harvard University Press, trad. par M. Clavelin, *La poursuite de la vérité*, Paris, Seuil, 1993.

Kornblith, H. (dir.). 1994. *Naturalizing Epistemology*, Cambridge (MA), MIT Press.

Kitcher, Philip. 1992. « The naturalists return », *Philosophical Review*, 101, p. 53-114.

Jacob, P. (dir.). 1980. *De Vienne à Cambridge : L'héritage du positivisme logique de 1950 à nos jours*, Paris, Gallimard.

L'identité entre événements est une relation transparente insensible à la manière dont sont décrits les événements, alors que la réduction est une relation opaque et sensible à la description. Ainsi, puisque la réduction est opaque, il ne sera possible de réduire une description à une autre que s'il existe une loi spéciale, nommée «loi de correspondance», entre deux descriptions dans toutes les circonstances possibles. Je ne peux en effet réduire la description «H_2O» à la description "eau" que si une loi m'assure que les deux descriptions dénotent toujours, et nécessairement, *la même substance*. Bref, seul un monisme *nomal*, c'est-à-dire un monisme où il existe, en plus de l'identité entre les événements, des relations nomologiques entre les différentes descriptions du même événement, permettra la réduction des vocabulaires. Or pour Davidson, il est fort peu probable qu'il existe de telles lois en ce qui concerne les identités psychophysiques, où un terme est décrit en termes mentalistes (c'est-à-dire, pour Davidson, intentionnels) alors que l'autre est décrit en termes physiques : les vocabulaires physiques et mentaux «ne se conviennent pas». Faute de telles lois de correspondance, le monisme psychophysique est *anomal*. Il y a identité, et donc monisme, mais absence de lois, car l'un des termes de l'identité est décrit en termes psychiques, d'où l'impossibilité d'une réduction. En distinguant ainsi les contextes opaques et transparents partout où ils doivent être distingués, le monisme de Davidson parvient donc à conserver une ontologie restreinte et minimaliste tout en évitant le réductionnisme commun à ce genre d'entreprise.

Le monisme anomal de Davidson est la conséquence de trois principes solides, voire, pour certaines, incontestables, mais qui sont apparemment incompatibles :

P_1 Le principe de l'interaction causale entre le physique et le psychique

P_2 Le principe du caractère nomologique de la causalité

P_3 L'anomalisme du mental.

Le premier principe stipule simplement que certains événements décrits en termes psychologiques (des événements mentaux) sont les causes ou les effets d'événements décrits en termes physiques (des événements physiques). Le second principe stipule que toute relation causale est nécessairement d'ordre nomologique, c'est-à-dire qu'elle est toujours subsumée sous des lois. Et le troisième stipule que des événements ne peuvent pas être subsumés sous des lois lorsqu'ils sont décrits à l'aide de concepts psychiques. Les deux premiers principes, sur lesquels insiste le néopositiviste, semblent impliquer que l'explication de l'action doive être nomologique, ce que nie le troisième principe cher aux wittgensteiniens. Mais cette incohérence n'est qu'apparente, et le débat est un faux débat. Le problème vient de ce que l'on n'a pas distingué les contextes causaux, qui sont transparents, et les contextes nomologiques et explicatifs, qui sont opaques. Un contexte est transparent lorsque la manière dont nous référons aux éléments des relations impliquées n'affecte pas la vérité des descriptions de ces relations. Nous avons déjà vu qu'un contexte est opaque lorsque, au contraire, la manière de décrire ces éléments affecte la vérité des descriptions. Seul le premier des trois principes est en contexte transparent. La manière dont nous référons à l'antécédent et au conséquent d'une relation causale n'affecte pas la vérité des descriptions de relations causales. Si un événement en cause un autre, il le fait sous toute description. C'est pourquoi on peut dire qu'un événement décrit en termes psychiques peut causer un événement décrit en termes physiques, et inversement. On peut dire de l'un qu'il cause l'autre, car la différence entre le physique et le mental, selon Davidson, est affaire de descriptions et la causalité est indifférente à celle-ci. En revanche, les deux derniers principes sont en contextes opaques. Une explication nomologique sera vraie ou fausse selon que l'on décrit les événements de telle ou telle manière. Par exemple, une loi de la nature veut que l'eau gèle à la température de $0°$C. La loi qui spécifie le point de congélation de l'eau est vraie lorsque le point de congélation est donné sous la description « la température de 0°C ». Mais la loi ne spécifie pas le point de congélation de l'eau sous la description « la température moyenne à Montréal en décembre », et ce même si les deux descriptions dénotaient la même température. L'eau gèle à 0°C dans tous les mondes possibles physiquement identiques au nôtre. Mais ces mêmes mondes pourront contenir des mondes possibles où la température moyenne à Montréal en décembre ne correspond pas au point de congélation de l'eau et où, par conséquent, l'énoncé « L'eau gèle à la température moyenne à Montréal en décembre » n'est pas vrai. Quant au troisième principe, il stipule que deux événements reliés par une relation causale ne peuvent être subsumés sous des lois lorsque l'un ou l'autre, ou les deux, sont décrits en termes intentionnels ou psychiques. Il ne reste plus, pour résorber l'apparente incohérence entre les trois principes et résoudre le conflit entre néopositivistes et wittgensteiniens, qu'à préciser dans quel vocabulaire deux événements liés par une relation causale peuvent être subsumés ou non sous des lois : deux événements causalement liés peuvent être subsumés sous des lois seulement *lorsqu'ils sont décrits dans un vocabulaire physique* [1*].

---

1. À noter que le monisme anomal ne représente qu'une des contributions de Davidson à la philosophie de l'esprit. On doit en outre à Davidson des textes originaux et importants sur le comportement intentionnel, notamment en théorie de l'action, sur la rationalité, l'interprétation et la philosophie du langage en général.

* Lectures suggérées :
Davidson, Donald. 2001. *Subjective, Intersubjective, Objective*, Oxford, Clarendon Press.

1991. *Paradoxes de l'irrationalité*, trad. par P. Engel, Combas, Éditions de l'Éclat.

1984. *Inquiries into Truth and Interpretation*, Oxford, Oxford University Press, trad. par P. Engel, *Enquêtes sur la vérité et l'interprétation*, Nîmes, Chambon.

*

*   *

Hilary Putnam est à la fois le père du fonctionnalisme et l'un des ses plus virulents critiques. On lui doit en effet l'hypothèse connue sous le nom de fonctionnalisme, suivant laquelle les états mentaux, chez l'être humain, ne sont rien d'autre que les états *computationnels* de son cerveau [1]. Or, il est contingent que de tels états aient pour substrat physique un cerveau humain, et non pas un automate, par exemple. Malgré le succès qu'a connu le fonctionnalisme dès les années 1960, Putnam s'en est progressivement détaché jusqu'à adopter des positions très critiques à l'endroit de cette conception de l'esprit et des présupposés philosophiques qu'elle véhicule [2]. Le thème principal de son article « La nature des états mentaux » est le réductionnisme inhérent à ce qu'on nommait à l'époque la théorie de l'identité psychophysique. Faisant allusion au béhaviorisme analytique, Putnam fait valoir que si le vérificationnisme peut nous en apprendre beaucoup sur les *concepts* psychologiques, il ne ne dit rien des propriétés et états psychologiques eux-mêmes.

1980. *Essays on Actions and Events*, Oxford, Oxford University Press, trad. par P. Engel, *Actions et événements*, Paris, P.U.F., 1993.

Hahn, L. (dir.) (1999), *The Philosophy of Donald Davidson*, La Salle, Open Court.

LePore, E. (dir.) (1986), *Truth and Interpretation,* Oxford, Blackwell.

LePore, E. et B. P. McLaughlin (dir.) (1985), *Actions and Events*, Oxford, Blackwell.

1. Cette hypothèse remonte à H. Putnam 1960. « Mind and Machine », trad. P. Blanchard « Pensée et machine », A. R. Anderson (dir.), *Pensée et machine*, Seyssel, Champ Vallon, 1983, p. 110-134.

2. Ce récit autobiographique est raconté avec force détails dans H. Putnam 1988. *Representation and Reality*, Cambridge (MA), MIT Press, trad. par C. Tiercelin sous le titre *Représentation et réalité*, Paris, Gallimard, 1990. Voir aussi H. Putnam 1997. « A Half Century of Philosophy, Viewed from within », *Deadalus*, vol. 126, n° 1, p. 175-208.

Hempel auraient évidemment rejeté cette objection comme manifestant une confusion entre questions formelles, sur lesquelles la philosophie a juridiction, et questions matérielles, sur lesquelles le philosophe n'a pas à se prononcer. Putnam doit donc montrer comment les questions d'identité peuvent avoir une portée métaphysique, contrairement à ce que croyaient les néopositivistes. Pour les membres du Cercle de Vienne, il n'existe que deux sortes d'énoncés : les énoncés analytiques *a priori*, comme les énoncés mathématiques (ils s'opposent en cela à Kant), et les énoncés synthétiques *a posteriori*, comme ceux que l'on retrouve en sciences. Putnam, mais aussi Saul Kripke, se fera le défenseur d'une nouvelle théorie de la signification qui admet une troisième forme d'énoncés, soit les énoncés analytiques *a posteriori*, auxquels appartiennent les énoncés d'identité en science. Par exemple, être de l'eau n'est rien d'autre que d'être du H_2O, ce qui nous donne l'énoncé d'identité suivant :

Eau = H_2O.

Selon cette conception de la signification, le sens des termes composant les énoncés d'identité dépend d'abord et avant tout des relations causales objectives liant ce terme à la propriété qu'il dénote. Ainsi compris, un énoncé d'identité affirme simplement que deux prédicats sont coextensifs, et sont en cela analytiques, bien que des recherches scientifiques soient requises afin de montrer que ces prédicats ont la même extension.

Contre le béhaviorisme philosophique, Putnam adresse donc l'objection suivante : est-il possible de décrire les conditions de vérification d'un énoncé psychologique sans utiliser l'énoncé psychologique lui-même ? Non, dit-il. On se heurte ici à « la difficulté qu'il y a à caractériser une disposition autrement que comme "la disposition de *X* à se comporter comme si *X* éprouvait de *la douleur*" » (p. 284-285). Cela dit, ce texte de Putnam doit son importance à la critique qu'il adresse à la théorie de l'identité psychophysique et plus encore à sa définition de cette nouvelle conception de l'esprit que nous appelons le fonctionnalisme. Il fera valoir que la question de savoir si la douleur est un état cérébral est une question empirique pour laquelle nous n'avons pas de réponse définitive et il cherchera à démontrer que la douleur est un état d'un tout autre type, soit un état fonctionnel d'un organisme entier. Comme dans ses articles antérieurs, Putnam décrit la notion d'état fonctionnel à partir de la notion d'automate probabiliste (soit une machine de Turing dont la probabilité de transition d'un état à un autre a une valeur comprise entre 1 ou 0 inclusivement). Un état fonctionnel de tels automates est un état défini en termes de tous les *inputs* et *outputs* qu'ils sont susceptibles de connaître et de tous les autres états fonctionnels de l'automate. Ainsi un état fonctionnel d'un automate simple pourrait être le suivant : l'état S tel que l'automate émettra l'output O et adoptera l'état S_1 s'il est soumis à l'input I. Affirmer que la douleur est l'état fonctionnel d'un organisme conçu comme un automate probabiliste, cela revient à dire qu'elle est un état défini par ses relations (probabilistes) aux *inputs*, *outputs* et autres états de l'organisme. Souffrir, c'est être dans l'état causé par tels et tels *inputs* (coupures, brûlures, etc.), lequel état provoque d'autres états (par exemple la peur, la panique, le désir que cesse la douleur, etc.) et certains comportements (se plaindre, gémir, etc.). Putnam admet que cette proposition demeure vague, mais, fait-il valoir, elle ne l'est pas davantage que celle qui veut que la douleur soit un état cérébral.

À l'appui de sa proposition, et contre l'hypothèse réductionniste de l'identité psycho-cérébrale, Putnam formule un argument qui demeure aujourd'hui encore l'argument le plus important en faveur du fonctionnalisme. Il s'agit de l'argument de la réalisation multiple, en lequel plusieurs philosophes voient l'argument décisif et irréfragable contre le réductionnisme et la thèse de l'identité psychophysique. Putnam part de l'idée que différents organismes, dont les cerveaux et donc les états cérébraux diffèrent, peuvent néanmoins souffrir, c'est-à-dire éprouver de la douleur. Dans ces conditions, identifier la douleur avec le fait d'être dans tel état cérébral revient à soutenir qu'un organisme constitué différemment du nôtre ne peut pas éprouver la souffrance. Les partisans de l'identité psychophysique répondront sans doute que le terme "douleur" est un terme de la langue du sens commun qui désigne nombre de phénomènes qu'il convient de distinguer sur le plan scientifique et que la « douleur-d'un-mollusque » peut fort bien être réalisée dans un état cérébral différent de celui qui réalise la « douleur-d'un-mammifère ». Quoi qu'il en soit de la valeur de l'argument contre le réductionnisme et l'identité psychophysique, l'argument de la réalisation multiple est réputé le meilleur argument en faveur du fonctionnalisme*.

* Lectures suggérées :

Putnam, Hilary. 1999. *The Threefold Cord : Mind, Body, and World*, New York, Columbia University Press.

1988. *Representation and Reality*, trad. par C. Tiercelin, *Représentation et réalité*, Paris, Gallimard, 1990.

1981. *Reason, Truth and History*, trad. par A. Gerschenfeld, *Raison, vérité et histoire*, Paris, Minuit, 1984.

1992. *Realism with a Human Face*, trad. par C. Tiercelin, *Le Réalisme à visage humain*, Paris, Seuil, 1994.

1975. *Mind, Language, and Reality,* Cambridge, Cambridge University Press.

Putnam, Hilary, Noam Chomsky et Jerry Fodor. 1975. « Sur la logique des explications innéistes », *in* Piattelli-Palmarini, Massimo (dir.), *Théories du langage, théories de l'apprentissage : Le débat entre Jean Piaget et Noam Chomsky*, Royaumont, 1975, trad. par Yvonne Noizet, Paris, Seuil, 1982, p. 414-479.

Conant, J. *et al.* (dir.) 2001. *Hilary Putnam : Pragmatism and Realism*, Londres, Routledge.

Boolos, G. (dir.) 1990. *Meaning and Method : Essays in Honor of Hilary Putnam*, Cambridge, Cambridge University Press.

Hale, B. (dir.) 1994. *Reading Putnam*, Oxford, Blackwell.

*
*   *

La douleur de fou dans le texte de Lewis « Douleur de fou
et douleur de Martien », c'est la douleur dont le béhavioriste ne
réussit pas à rendre compte de manière satisfaisante. Car ce fou
qui souffre ne manifeste pas les comportements que l'on
associe habituellement à cet état. Pour reprendre l'exemple de
Hempel, le fou est bien celui qui a mal aux dents, mais cette
douleur provoque chez lui non pas plaintes et gémissements,
par exemple, mais l'amène à chanter des chansons de Trenet et
à prouver des théorèmes mathématiques. Puisque, pour le
béhavioriste, la douleur est définie par ses manifestations
comportementales, et nous pouvons ajouter *ses manifestations
comportementales habituelles ou normales* (au risque de voir
l'ensemble des critères physicalistes de la douleur s'entendre à
l'infini ou devenir inconsistants), le fou de Lewis souffrirait,
mais il n'aurait aucune douleur, ce qui est évidemment
absurde. En revanche, la douleur du Martien, c'est la douleur
dont le réductionniste ne peut rendre compte. Car le Martien
qui souffre ne possède pas la constitution physique, par exemple neurologique, que le réductionniste identifie à la douleur.
Pour reprendre l'exemple classique des partisans de l'identité
psychophysique, notre Martien est ainsi constitué qu'il ne
possède pas les fameuses fibres C. Or, puisque, suivant le
réductionnisme, la douleur est identique à l'activation des
fibres C, le Martien qui en est dépourvu n'aurait donc pas de
douleur, ce qui n'est pas moins absurde.

Lewis reconnaît avec le béhaviorisme que la souffrance est
bel et bien associée à des comportements spécifiques, et il est
d'accord avec le réductionnisme pour dire qu'à la souffrance
correspondent des états physiques particuliers. Toutefois, il
rejette la thèse défendue tant par le béhaviorisme que le réductionnisme, suivant laquelle les comportements ou les états
physiques sont des conditions *nécessaires* des états mentaux.
Car, suivant Lewis, le lien entre les états mentaux, d'une part,

et les comportements et états physiques, d'autre part, n'est pas un lien nécessaire mais un lien contingent. Gémir et se plaindre sont bien des conditions suffisantes de la douleur, mais ce ne sont pas des conditions nécessaires. De même, les fibres C sont des conditions suffisantes de la douleur mais elles n'en sont pas des conditions nécessaires. Cette solution laisse cependant à désirer. En effet, lorsqu'on identifie la douleur à tel état cérébral ou à telle manifestation comportementale, on a spécifié une fois pour toutes la nature de la douleur et on dispose ainsi à la fois d'un principe nous permettant d'identifier toute instance de douleur et d'un concept de douleur suffisamment homogène pour figurer dans des lois scientifiques. Mais en identifiant ainsi une condition suffisante mais non nécessaire de la douleur, la possibilité demeure d'identifier de nouvelles conditions et donc rien ne nous assure que nous possédions un principe *a priori* capable de définir en compréhension l'ensemble des conditions suffisantes de la douleur, ni que cet ensemble de conditions suffisantes possédera l'unité nécessaire pour faire du concept de douleur un concept discipliné pouvant figurer dans des lois scientifiques. C'est ici qu'intervient le fonctionnalisme de Lewis. Bien que la douleur soit associée de manière contingente aux états neurologiques et aux comportements, elle est associée de manière nécessaire à un certain rôle causal : la douleur serait ainsi un type d'états occupant un certain rôle causal entre les stimulations sensorielles et les manifestations comportementales. Souffrir, selon Lewis, ce ne serait rien d'autre que d'être dans un état de ce type.

Tout état occupant ce rôle, de l'activation des fibres C chez les humains aux états jouant un rôle analogue chez les Martiens, est une condition suffisante de la douleur et fait partie de l'extension du concept de douleur. Le fou manifestant des comportements inhabituels et inappropriés souffre lui aussi, car il occupe un état qui, chez la plupart des membres du groupe auquel il appartient, cause tel et tel comportement habituellement associés à la douleur*.

*

*   *

Le dernier texte de cette section, l'article de Jerry Fodor intitulé « Pourquoi il doit encore y avoir un langage de la pensée », porte sur la structure interne des états mentaux. Fodor est d'accord avec le fonctionnalisme du jeune Putnam et de Lewis, à condition toutefois de l'appuyer sur les deux thèses suivantes :

1. *La théorie représentationnelle de l'esprit.* Tout état mental est constitué d'une représentation dont les propriétés sémantiques épuisent celles de l'état mental qu'elle constitue.

2. *L'hypothèse du langage de la pensée.* Les représentations constituant des états mentaux possèdent une structure interne essentiellement linguistique, notamment une structure syntaxique prédicative.

Nous avons vu que le fonctionnalisme faisait dépendre l'identité d'un événement mental de ses relations causales avec d'autres événements mentaux, en l'occurrence avec des sensations et des comportements. Pour Fodor, un événement mental ne peut entretenir de telles relations que s'il est constitué d'une représentation possédant une structure interne essentiellement linguistique. Comme Fodor l'admet, cette croyance découle d'un préjugé métaphysique, à savoir que les contenus d'états mentaux, en tant que tels, n'ont pas

---

* Lectures suggérées :

Lewis, David K. 2000. *On the Plurality of Worlds*, Oxford, Blackwell.

1999. *Counterfactuals. Papers in Metaphysics and Epistemology,* Cambridge, Cambridge University Press.

2000. *Papers in Ethics and Social Philosophy*, Cambridge, Cambridge University Press.

Preyer, G. et coll. (dir.) 2001. *Reality and the Humean Supervenience : Essays on the Philosophy of David Lewis*, Lanham, Rowan & Littlefield.

d'efficience causale. La sémantique et l'intentionnalité ne font pas partie du réseau causal. Fodor admet que cela fait peut-être de lui un épiphénoméniste, mais il s'agit là, selon lui, d'un épiphénoménisme inoffensif. Il s'ensuit que les éléments du contenu qui sont nécessaires à nos explications de l'action doivent avoir une présence formelle, ou syntaxique, dans l'esprit : tel est le rôle des représentations et de leur structure interne. Ainsi, l'identité d'un événement mental dépend de la structure interne de sa représentation et pas seulement, comme le pensent certains fonctionnalistes, de ses relations causales à d'autres événements. Fodor présente les choses ainsi. La majorité des fonctionnalistes conçoivent le contenu des états mentaux comme un objet complexe. Le contenu de l'état mental « croire que l'été est chaud » est la proposition « l'été est chaud », laquelle, selon plusieurs fonctionnalistes, possède une structure interne prédicative : Chaud (été). Le fonctionnaliste qui adhère à la théorie représentationnelle de l'esprit et à l'hypothèse du langage de la pensée affirmera en outre que tout événement mental est constitué d'une représentation dont la structure est propre au contenu de l'état mental.

Trois raisons poussent Fodor à se démarquer de ses collègues fonctionnalistes et à adopter les deux thèses qui caractérisent ce qu'on appelle aussi la théorie représentationnelle de l'esprit. La première est d'ordre méthodologique et elle repose sur l'idée que la complexité de nombreuses actions suggèrent l'existence de causes complexes. Or, selon Fodor, un fonctionnalisme dépourvu de la thèse représentationnaliste et de l'hypothèse d'un langage de la pensée est incapable de rendre compte de cette complexité. Les deux autres raisons avancées par Fodor dans son texte reposent sur les inférences à la meilleure explication. Cette forme d'induction, rappelons-le, veut que nous reconnaissions l'existence d'un processus lorsque la meilleure explication d'un phénomène dont nous disposons l'exige. Selon la première de ces inférences, nous devons poser l'existence de représentations linguistiquement structurées puisque, selon Fodor, les théories les plus fiables dans les sciences cognitives postulent l'existence de mécanismes opérant sur de telles représentations. La seconde inférence à la meilleure explication témoignerait, selon lui, de l'existence d'un langage de la pensée dans la mesure où nos meilleures explications de la productivité et de la systématicité de la pensée en postulent l'existence. La productivité et la systématicité sont deux propriétés que Fodor attribue à l'esprit. La productivité, soit la capacité de produire un nombre infini de pensées, ne s'explique de manière adéquate que si les pensées sont formées de représentations possédant une structure constituante analogue à la structure linguistique postulée par l'hypothèse du langage de la pensée. La productivité de la pensée résiderait en ceci que ses composantes primitives, tout comme le lexique d'une langue, peuvent se combiner de multiples manières pour former un nombre indéfini de phrases grammaticales. Comme le remarque Fodor lui-même à propos de l'argument de la productivité de la pensée, pour être convaincant, cet argument doit présupposer qu'un individu peut effectivement formuler un nombre infini de pensées. D'où l'objection contre cet argument, à savoir que l'esprit n'est pas vraiment productif et que, si on vivait suffisamment longtemps, on finirait un jour par épuiser le stock de pensées possibles.

La systématicité, d'autre part, est une propriété plus abstraite de l'esprit. Il s'agit en effet d'une propriété de second ordre attribuable à un esprit capable de formuler certaines pensées. Par exemple, la capacité de formuler la pensée « Jean aime Marie » va de pair avec celle de formuler la pensée « Marie aime Jean ». Selon Fodor, privé de l'hypothèse du langage de la pensée, l'esprit du fonctionnalisme possède une capacité très réduite puisqu'il ne peut formuler qu'une seule pensée. Cet argument fondé sur la systématicité de la pensée a suscité plusieurs réponses parce que Fodor l'a mis à profit dans son texte de 1988 intitulé « Connexionnisme et architecture cognitive : analyse critique » dont on trouvera la traduction française dans la quatrième section du présent ouvrage. Dans ce texte important co-signé par Zenon Pylyshyn, Fodor y défend la thèse que non seulement l'hypothèse du langage de la pensée permet d'expliquer le phénomène de la systématicité, comme c'est le cas ici, mais que les modèles connexionnistes ne sont pas en mesure de le faire. Nous présenterons cet argument de Fodor dans l'introduction au tome II de cet ouvrage*.

* Lectures suggérées :

Fodor, Jerry A. 1998. *In Critical Condition*, Cambridge (MA), MIT Press.

1994. *The Elm and the Expert*, Cambridge (MA), MIT Press.

1987. *Psychosemantics*, Cambridge (MA), MIT Press.

1983. *The Modularity of Mind*, Cambridge (MA), MIT Press, trad. par Abel Gerschenfeld, *La Modularité de l'esprit. Essai sur la psychologie des facultés*, Paris, Minuit, 1986.

1975. *The Language of Thought*, Cambridge, Harvard University Press.

1968. *Psychological Explanation*, New York, Random House, trad. *L'Explication en psychologie. Une introduction à la philosophie de la psychologie*, Paris, Seghers, 1972.

Loewer, B., et G. Rey (dir.). 1991. *Meaning in Mind : Fodor and his Critics*, Oxford, Blackwell.

LA PSYCHOLOGIE POPULAIRE :
MYTHE OU RÉALITÉ ?

LA PHILOSOPHIE ET L'IMAGE SCIENTIFIQUE
DE L'HOMME [1]

I. LA QUÊTE PHILOSOPHIQUE

Le but de la philosophie, pour le dire en des termes abstraits, est de comprendre comment les choses, entendues au sens le plus large possible, s'articulent les unes aux autres, au sens le plus large possible. Sous l'expression « choses entendues au sens le plus large possible », je fais tomber non seulement des éléments radicalement différents tels « les choux et les rois », mais encore les nombres, les devoirs, les possibles, les claquements de doigts, l'expérience esthétique et la mort. Réussir en philosophie, ce serait, pour employer des tournures contemporaines, « savoir se débrouiller » ou « s'y connaître » (*to know one's way around*) avec toutes ces choses,

1. Ce texte réunit deux conférences prononcées à l'Université de Pittsburgh en décembre 1960 dans le cadre d'une série de conférences sur l'histoire et la philosophie des sciences. Le texte a d'abord paru dans *Frontiers of Science and Philosophy* (sous la dir. de R. G. Colodny), Pittsburgh, University of Pittsburgh Press, 1962, p. 37-78. Le texte original de la présente traduction est tiré de Wilfrid Sellars, *Science, Perception and Reality*, Londres et New York, Routledge & Kegan Paul et The Humanities Press, 1963, p. 1-40. La texte de 1963 comporte quelques erreurs (mots ou italiques manquants, coquilles, etc.). Nous avons rectifié sur la base du texte de 1962. (N.d. T.)

non pas de manière irréfléchie, tel le mille-pattes qui savait se débrouiller jusqu'à ce qu'il se demande : « Comment fais-je pour marcher ? », mais de manière réfléchie, soit sans *a priori*.

Savoir se débrouiller, c'est, pour reprendre une distinction courante, une forme de « savoir-*faire* » (*knowing how*), par opposition à un « savoir-*que* » (*knowing that*). Il y a un monde entre savoir *faire* de la bicyclette et savoir *qu*'une pression constante exercée par les jambes d'une personne en équilibre sur les pédales imprime un mouvement en avant. Pour utiliser un exemple plus près de nos préoccupations, il y a un monde entre savoir *que* chaque étape d'une preuve donnée en mathé- matique dérive des étapes précédentes et savoir *faire* la preuve d'un théorème. Il arrive parfois que pour faire cette preuve, il faille être capable de suivre une procédure définie ; le plus souvent, il n'en est rien. On pourrait toutefois soutenir que tout ce qu'on peut proprement appeler « savoir faire quelque chose » présuppose un certain ensemble de savoir-*que* ou, pour le dire autrement, une connaissance de la vérité ou de faits. Mais alors, l'énoncé « les canards savent nager » serait tout aussi métaphorique que l'énoncé voulant qu'ils savent *que* l'eau peut les supporter. Quoi qu'il en soit, savoir faire quelque chose qui soit de l'ordre de l'activité typiquement humaine présuppose une bonne part de savoir-*que*, et à l'évidence, lorsque – et c'est là le but de la philosophie – le s'y-connaître réfléchi a pour objet l'ordre des choses, il faut une bonne part de savoir réfléchi des vérités.

Or, en un sens, l'objet de cette connaissance des vérités que suppose le « savoir-faire » philosophique tombe entièrement dans le champ des disciplines spécialisées. On pourrait dire de la philosophie qu'elle n'a pas d'objet d'étude propre par quoi elle se démarque d'autres disciplines spécialisées. Si les philo- sophes avaient un objet propre, ils pourraient le céder à un nouveau groupe de spécialistes, de même qu'ils en ont cédé aux non-philosophes au cours des vingt-cinq derniers siècles : d'abord les mathématiques, plus récemment la psychologie et la sociologie, aujourd'hui certains pans de la linguistique théorique. Car le propre de la philosophie, ce n'est pas qu'elle ait un objet d'étude particulier, mais bien qu'elle cherche à s'y connaître dans les objets d'étude de toutes les disciplines spécialisées.

Les disciplines spécialisées s'y connaissent dans leur objet d'étude, et chacune apprend à le faire à mesure qu'elle découvre des vérités touchant son objet d'étude. Mais chaque discipline spécialisée doit aussi sentir comment son lopin de terre s'agence au reste de la campagne conçue comme un tout. Bien souvent, ce sentiment n'est guère que le « s'y-connaître » irréfléchi que nous avons tous reçu en partage. Mais, redisons-le, le spécialiste doit sentir comment, dans le paysage intellectuel, s'agencent non seulement son objet d'étude, mais aussi les méthodes et les principes qui le guident quand il pense son objet d'étude. Ainsi, l'historien ne se penche pas seulement sur les événements historiques eux-mêmes, mais aussi sur ce que c'est que de penser en historien. Il lui incombe de réfléchir sur sa propre pensée – ses buts, ses critères, les embûches auxquelles elle se heurte. En traitant de questions historiques, il doit affronter et résoudre des questions qui, elles, ne sont pas d'emblée historiques. Mais il en traite à mesure qu'elles surgissent cependant qu'il tente de répondre à des questions proprement historiques.

À bien y réfléchir, on peut être rapidement conduit à conclure que le praticien *idéal* d'une discipline spécialisée quelconque examinerait son objet d'étude spécifique et la façon dont il pense son objet à la lumière d'une intuition réfléchie sur son insertion dans le paysage intellectuel considéré comme un tout. Il y a une grande part de vérité dans la conception platonicienne voulant que la philosophie mène les disciplines spécialisées à leur état d'achèvement, mais la conception connexe voulant que le philosophe doive s'y connaître dans chaque discipline à l'instar du spécialiste est depuis le début de la révolution scientifique un idéal toujours plus insaisissable. Pourtant, si le philosophe ne saurait espérer s'y connaître dans chaque discipline au même titre que le spécialiste, on pourrait du moins affirmer que le philosophe peut en un sens s'y connaître dans l'objet d'étude de celle-ci, ce qu'il doit faire au demeurant s'il veut se rapprocher du but de la philosophie.

La multiplication des sciences et des disciplines est un trait de la scène intellectuelle qui nous est familier. L'unification de cette diversité à l'aide de ponts scientifiques que l'on jette entre disciplines nous est à peine moins familière. J'y reviendrai. Mais il n'est pas si évident aux yeux du profane que (paradoxalement) la tâche qui consiste à « voir les choses dans leur ensemble » s'est elle-même fragmentée en spécialités. Or la spécialisation en philosophie *a* sa place. Car de même qu'on ne peut savoir se débrouiller avec le système autoroutier pris comme un tout si on ne sait se débrouiller avec ses parties, on ne peut espérer savoir se débrouiller avec les « choses en général » si on ne sait se débrouiller avec les grands regroupements de choses.

Ce qui distingue l'entreprise philosophique, donc, c'est qu'elle a « l'œil sur le tout », sans quoi on aurait peine à distinguer le philosophe du spécialiste réfléchi, le philosophe de l'histoire de l'historien réfléchi. Or, dans la mesure où il s'attache davantage à réfléchir sur la façon dont son propre travail de spécialiste se connecte à d'autres recherches intellectuelles qu'à poser des questions et à y répondre dans le seul cadre de son domaine, on dira à juste titre titre d'un spécialiste qu'il a l'esprit philosophique. Et en effet, on peut « avoir l'œil sur le tout » sans pour autant le fixer en tout temps, ce qui serait stérile. En outre, comme les autres spécialistes, la compréhension qu'a du tout le philosophe spécialisé peut largement découler de l'orientation préréflexive dont nous avons tous hérité. En revanche, on ne pourra guère dire d'un philosophe qu'il a l'œil sur le tout, au sens où nous l'entendons ici, s'il n'a réfléchi à la nature de la pensée philosophique. C'est cette réflexion sur la place de la philosophie elle-même dans l'ordre des choses qui constitue le trait distinctif du philosophe par opposition au spécialiste qui réfléchit : faute de réflexion critique sur l'entreprise philosophique, on est au mieux philosophe en puissance.

On a souvent dit depuis quelques années que le but du philosophe n'est pas de découvrir de nouvelles vérités, mais d'"analyser" ce que nous savons déjà. Mais si le terme d'"analyse" est utile en ce qu'il implique que la philosophie comme telle n'ajoute rien de *positif* à ce que nous savons déjà et qu'elle ne cherche en quelque sorte qu'à améliorer la *manière* dont nous le connaissons, ce terme est éminemment trompeur en raison de son opposition à celui de "synthèse". En effet, cette opposition suggère que la philosophie est de plus en plus myope, occupée qu'elle est à circonscrire des parties dans des parties et les perdant de vue à leur tour au profit de nouvelles parties. On est tenté, par conséquent, d'opposer la conception analytique de la philosophie comme myopie à la vision synoptique d'une philosophie véritable. Et il faut convenir que si l'opposition entre "analyse" et "synthèse" était effectivement à l'œuvre ici, alors une philosophie purement analytique serait une contradiction dans les termes. Mais même si nous comparions l'"analyse" à la confection de cartes à échelle de plus en plus fine d'un même territoire dans sa totalité, ce qui rend davantage justice à l'aspect synoptique, l'analogie demeurerait troublante en ce qu'elle nous oblige à comparer la philosophie à la confection de cartes à échelle fine à partir d'une carte originale plus grossière ; or, un tel exercice est trivial.

Même si l'on change d'analogie de façon à comparer l'entreprise philosophique à la mise au point (*bringing into focus*) d'une image, ce qui préserve l'aspect synoptique et suggère que le philosophe travaille dans le cadre du déjà connu tout en l'enrichissant, l'analogie est troublante à deux titres.

a) Elle suggère que les disciplines spécialisées sont confuses, de sorte que le scientifique devrait attendre que le philosophe clarifie, mette au point son objet. Mais pour montrer en quoi la philosophie joue un rôle créatif, il n'est nul besoin de dire que le scientifique ne s'y connaît pas dans son propre secteur. Il faut plutôt dire que le spécialiste s'y connaît dans son propre voisinage considéré isolément, mais pas *en tant qu'il fait partie du paysage considéré comme un tout*.

b) Notre nouvelle analogie entraîne que le changement essentiel apporté par la philosophie consiste à mettre en relief des détails à l'intérieur d'une image d'emblée saisie comme un tout. Mais, bien sûr, à supposer qu'il y ait *une* image à saisir réflexivement comme un tout, l'unité que confère la vision réfléchie est à faire. Ce n'est pas une donnée initiale. Il serait donc plus juste de comparer la recherche de cette unité à la contemplation d'un tableau vaste et complexe qu'on ne voit comme un tout qu'une fois qu'on en a exploré les parties. Cependant, notre analogie ne sera complète que si l'on prend en considération le fait que la donnée initiale sur laquelle se penche le philosophe contemporain manque d'unité à un *autre* titre. En effet, le philosophe n'a pas devant lui une seule image, mais, *en principe*, *deux* et même, dans les faits, *plusieurs*. La pluralité à laquelle je songe ne concerne pas la distinction entre la découverte de faits, l'éthique, l'esthétique, le logique, le religieux et autres facettes de l'expérience, car ce ne sont là que des facettes d'une image complexe que la réflexion doit saisir comme un tout. En tant que telle, cette image constitue l'un des termes d'une dualité cruciale à laquelle le philosophe contemporain est aux prises d'entrée de jeu. Il serait donc plus approprié de parler ici de vue stéréoscopique, deux perspectives différentes sur un paysage se fondant pour former une seule expérience cohérente.

Car le philosophe a devant lui non pas une image multidimensionnelle et complexe dont il lui faut apprendre à apprécier l'unité, mais bien *deux* images essentiellement du même ordre de complexité se présentant chacune comme une image complète de l'homme-dans-le-monde, et qu'il lui faut fondre en une seule vue après les avoir examinées séparément. Permettez que j'appelle respectivement ces deux perspectives l'image *manifeste* et l'image *scientifique* de l'homme-dans-le-monde. Permettez en outre que je m'explique sur le choix de ces termes. D'abord, en parlant d'images, mon propos n'est pas de refuser soit à l'une de ces images, soit à toutes deux le statut de "réalité". Pour reprendre l'expression de Husserl, je les « mets entre parenthèses » pour faire d'elles non plus des façons d'expérimenter le monde, mais des objets de réflexion et d'évaluation pour la philosophie. Ici, le terme d'"image" est utilement ambigu. D'une part, il suggère une opposition entre un objet, par exemple un arbre, et la projection de cet objet sur un plan ou son ombre sur un mur. En ce sens, l'image existe au même titre que l'objet dont elle est l'image, bien que la première dépende du second.

Mais en un autre sens, une "image" est quelque chose d'imaginé ; or, ce qu'on imagine peut bien ne pas exister, même si l'acte de l'imaginer existe, auquel cas nous pouvons parler de l'image comme de quelque chose de *purement* imaginaire ou irréel. Mais ce qu'on imagine *peut* exister, comme lorsqu'on imagine que quelqu'un danse dans la pièce d'à côté et qu'effectivement quelqu'un y danse. Cette ambiguïté me permet de poser que le philosophe est aux prises avec deux projections de l'homme-dans-le-monde sur l'entendement humain. J'appellerai l'une de ces projections image manifeste et l'autre, image scientifique. Ces images existent et elles sont des parties essentielles du monde au même titre que cette plate-forme ou que la constitution des États-Unis. Mais en plus d'être aux prises avec ces images comme existants, le philosophe est aux prises avec elles comme images au sens de « choses imaginées » – ou, comme je l'ai déjà mieux dit, *conçues*. Car ici, "image" désigne par métaphore une conception ; or, on sait pertinemment qu'on peut concevoir quelque chose sans qu'on puisse l'imaginer au sens habituel du terme. Le philosophe, donc, est confronté à deux conceptions, tout

aussi publiques, tout aussi peu arbitraires, de l'homme-dans-
le-monde, et il ne peut se dérober à la tentative de voir
comment elles arrivent à former une seule vue stéréoscopique.

Avant que je ne commence à expliquer en quoi s'opposent
les images que je qualifie de "manifeste" et de "scientifique",
permettez-moi de préciser qu'elles sont toutes deux des "idéalisations", au sens où un corps sans friction ou un gaz idéal sont
des idéalisations. Ces termes visent à mettre au jour la dynamique interne du développement des idées philosophiques, de
même que les idéalisations scientifiques mettent au jour le
développement des systèmes physiques. D'un point de vue
quelque peu différent, on peut encore les comparer aux « types
idéaux » de la sociologie de Max Weber. Ce qui complique le
portrait, c'est que chaque image a son histoire. Or, si les grandes
lignes de ce que j'appelle l'image manifeste se sont formées
dans la nuit des temps, l'image scientifique, à quelques signes
annonciateurs près, a pris forme sous nos yeux.

II. L'IMAGE MANIFESTE

On peut fournir de l'image "manifeste" de l'homme-dans-
le-monde deux descriptions non pas différentes mais complémentaires. L'image manifeste est d'abord le cadre grâce
auquel l'homme prend conscience de ce qu'il est un homme-
dans-le-monde. Elle est le cadre à l'intérieur duquel, pour
utiliser une tournure existentialiste, l'homme a d'abord fait
l'expérience de lui-même (*encountered himself*) – ce qui, bien
sûr, constitue le moment où l'homme est né. Car il n'est pas
accessoire que l'homme se conçoive comme un homme-dans-
le-monde. De même, la réflexion fait clairement apparaître
que « si l'homme se concevait de manière radicalement différente, il serait un homme de type radicalement différent ».

Si j'ai donné cette dimension quasi historique à la façon
dont nous concevons notre situation privilégiée, c'est parce

que je veux d'emblée mettre en relief ce qu'on pourrait appeler le paradoxe de l'homme faisant l'expérience de lui-même. En effet, l'homme ne pouvait être homme avant qu'il ne fasse l'expérience de lui-même. C'est ce paradoxe qui constitue le dernier pilier de l'idée de création spéciale. Le thème central en est que tout ce qu'on peut à bon droit appeler pensée conceptuelle ne peut se faire que dans un cadre conceptuel à l'intérieur duquel le critiquer, le défendre, le réfuter, bref, l'évaluer. Pouvoir penser, c'est pouvoir jauger ses pensées à l'aune de critères d'exactitude, de pertinence, de preuve. En ce sens, un cadre conceptuel diversifié est un tout qui, fût-il à l'état d'ébauche, est antérieur à ses parties, de sorte qu'on ne peut le concevoir comme la réunion de parties qui seraient déjà d'ordre conceptuel. Il est difficile de ne pas en conclure que passer de modèles de comportement préconceptuels à la pensée conceptuelle est une transition de nature holiste en ce qu'elle a fait opérer à l'homme un saut vers un niveau de conscience irréductiblement nouveau par quoi l'homme est né.

Il y a une vérité profonde dans la conception voulant qu'il y ait différence de niveaux radicale entre l'homme et ses précurseurs. Chercher à comprendre cette différence se révèle faire partie intégrante de nos efforts en vue d'embrasser en une seule vue les deux images de l'homme-dans-le-monde que j'ai entrepris de décrire. En effet, comme nous le verrons, cette différence de niveaux apparaît comme une discontinuité irréductible dans l'image *manifeste*, mais, et cela appelle une analyse attentive, comme une différence réductible dans l'image *scientifique*.

J'ai décrit l'image manifeste de l'homme-dans-le-monde comme le cadre à l'intérieur duquel l'homme a fait l'expérience de lui-même. Et c'est là, je pense, une façon éclairante de la décrire. Mais cette formule prête aussi à confusion, car elle suggère que l'opposition que je trace entre les images "manifeste" et "scientifique" correspond à celle entre conception préscientifique, non critique et naïve de l'homme-

dans-le-monde et conception réfléchie, rigoureuse, critique –
en un mot, scientifique. Ce n'est pas du tout ce que j'ai en tête.
Car ce que j'entends par image manifeste est un raffinement ou
une sophistication de ce qu'on pourrait appeler l'«image
originaire» (*original image*), raffinement atteignant à un tel
degré qu'elle en devient pertinente pour la scène intellectuelle
contemporaine. Ce raffinement ou sophistication peut s'analyser sous deux rubriques : a) empirique ; b) catégoriale.

Par raffinement empirique, j'entends le genre de raffinement ayant l'image pour cadre général. Celle-ci approche le
monde à l'aide de canons d'inférence assez semblables à ceux
définis par John Stuart Mill, mais aussi à l'aide de canons
d'inférence statistiques. Ce faisant, elle ajoute ou retranche au
monde tel qu'expérimenté à travers ce cadre des éléments de
même que des corrélations censées tenir entre eux. Ainsi, le
cadre conceptuel que j'appelle image manifeste est lui-même,
en un sens, une image scientifique. Non seulement il est rigoureux et critique, mais il fait lui aussi usage des pans de la
méthode scientifique que l'on pourrait faire tomber sous la
rubrique « induction corrélationnelle ». Mais il est un type de
raisonnement scientifique que, par stipulation, il ne comprend
pas, soit celui qui consiste à postuler des entités imperceptibles, et les principes s'y rattachant, afin d'expliquer le
comportement des choses perceptibles.

On voit maintenant clairement que je ne conçois pas
l'image manifeste de l'homme-dans-le-monde comme un
stade historique révolu du développement de la conception
que se fait l'homme du monde et de la place qu'il y occupe. Car
on sait fort bien qu'au fil de l'évolution de la science, les
méthodes corrélationnelle et postulationnelle ont progressé
de concert, entretenant de véritables rapports dialectiques ;
ainsi, les hypothèses postulationnelles posent des corrélations
à expliquer et suggèrent quelles corrélations possibles examiner. L'idée que la science puisse considérer strictement les
corrélations entre choses relève donc de la fiction sur les plans

tant historique que méthodologique. Elle suppose que l'on abstrait les fruits de la corrélation de leurs conditions de découverte et du cadre des théories qui les expliquent. Et pourtant, c'est là une fiction utile (et non pas une *pure* fiction), car elle va nous permettre de définir une manière de voir le monde qui, quoique rigoureuse et, en un sens étroit, scientifique, présente un contraste marqué avec l'image de l'homme-dans-le-monde que suggère implicitement la théorie scientifique contemporaine telle qu'on peut la reconstruire sur la base des postulats de la science. C'est dire qu'il vaudrait mieux qualifier ce que j'ai appelé l'image "scientifique" de l'homme-dans-le-monde pour l'opposer à l'image "manifeste" d'image "postulationnelle" ou "théorique". Mais je ne pense pas qu'en continuant à utiliser le plus souvent le premier qualificatif, je suscite trop de méprises.

L'image manifeste est importante pour notre propos en ce qu'elle définit l'un des pôles auxquels tend la réflexion philosophique. Il n'y a pas que les grands systèmes spéculatifs de la philosophie antique et médiévale qui se soient bâtis autour de l'image manifeste, mais aussi plusieurs systèmes et quasi-systèmes récents et contemporains, dont certains ont à prime abord peu ou rien en commun avec les grands systèmes classiques. On ne trouvera peut-être pas étonnant que je songe ici aux grandes écoles de philosophie continentale. Mais que j'y adjoigne aussi les courants de la philosophie britannique et américaine contemporaine, avec leur insistance sur l'analyse du « sens commun » et de l'« usage ordinaire », voilà qui pourra surprendre davantage. Pourtant, le lien de parenté qui les unit apparaît de plus en plus clairement depuis quelques années, et je crois que les distinctions que je trace dans cet essai permettront de mieux comprendre et interpréter ce lien. Car il est, je pense, fécond de concevoir toutes ces philosophies comme des descriptions plus ou moins adéquates de l'image manifeste de l'homme-dans-le-monde, ces descriptions visant à rendre

compte en termes généraux de ce que sont véritablement
l'homme et sa place dans le monde.

Qu'il me soit permis de développer ce thème en présentant
une autre conception que j'appellerai – en empruntant un
terme dont la signification n'est pas sans lien – la philosophie
pérenne de l'homme-dans-le-monde. Cette conception, qui est
le « type idéal » auquel renvoient toutes les philosophies dans la
mouvance platonicienne, consiste tout simplement à épouser
l'image manifeste. Elle prétend dresser la carte générale de la
réalité, carte dont la science fournirait pour sa part un relevé
détaillé et une méthode d'interprétation élaborée.

Peut-être l'idée vous a-t-elle effleurés que les étiquettes
« image manifeste » et « philosophie pérenne » ont des conno-
tations négatives. Et en un sens, c'est bel et bien le cas. Je *suis*
en train de suggérer que la philosophie pérenne se compare à
ce que l'on observe quand on regarde à travers un stéréoscope
avec un œil dominant. L'image manifeste domine la scène et
déloge l'image scientifique de sa place. Mais si la philosophie
pérenne de l'homme-dans-le-monde contient en ce sens une
distorsion, il va nous falloir en tirer une conséquence importante. Car j'ai aussi suggéré que l'homme est *essentiellement*
l'être qui se conçoit *par un renvoi à une image que la philosophie pérenne raffine et cautionne*. J'ai donc l'air de dire que
la conception que se fait l'homme de sa place dans le monde ne
s'harmonise pas aisément à l'image scientifique, qu'il y a entre
elles une véritable tension, que l'homme n'est pas tel qu'il se
conçoit et que, jusqu'à un certain point, son existence se
construit sur une erreur. Si c'était bien ce que je voulais dire, je
serais en bonne compagnie. Que l'on songe à Spinoza, par
exemple, qui opposait l'homme tel qu'il se conçoit à travers
une image fausse à l'homme tel qu'il se découvre dans l'entreprise scientifique. On pourrait fort bien affirmer que Spinoza a
opéré une distinction entre image "manifeste" et image "scientifique" de l'homme, rejetant la première comme fausse et
acceptant la seconde comme vraie.

Mais si Spinoza interprète l'image scientifique de telle manière qu'elle domine la vision stéréoscopique (l'image manifeste apparaissant comme un réseau d'erreurs explicables), le fait même que je recours à l'analogie de la vision stéréoscopique suggère qu'à mes yeux, l'image manifeste ne se perd pas au cours de la synthèse.

Mais avant que ces comparaisons ne présentent quelque intérêt, il me faut décrire ces images avec plus de précision, ajouter de la chair aux os nus que j'étale devant vous. Je vais consacrer le reste de cette section et la section III à montrer en quoi consiste l'image manifeste. Dans les dernières sections, je vais définir l'image scientifique et tenter de décrire certains aspects clés de la façon dont les deux images se fondent pour former une véritable vue stéréoscopique.

J'ai distingué plus haut les deux dimensions responsables du passage de l'image "originaire" à l'image "manifeste" : l'empirique et la catégoriale. Je n'ai encore rien dit de cette dernière. C'est pourtant sur cette dimension que porteront mes observations les plus importantes. C'est par un renvoi à celle-ci que je parviendrai à décrire la structure générale de l'image manifeste.

Car pour tout cadre conceptuel surgit une question fondamentale : « De quel type sont les objets de base de ce cadre ? ». Cette question implique d'une part une opposition entre un objet et ce que l'on peut dire de vrai de ses propriétés, relations et activités, d'autre part une opposition entre les objets de base que pose le cadre et les différents types de groupes que ces objets peuvent former. Les objets de base que pose un cadre n'ont pas besoin d'être des choses au sens restreint d'objets physiques perceptibles. Ainsi, les objets de base que pose la physique théorique actuelle sont notoirement imperceptibles et inimaginables. S'ils sont des objets de base, c'est parce qu'ils ne sont pas des propriétés ou des regroupements de quoi que ce soit de plus fondamental (au moins jusqu'à avis contraire). Les questions « Les objets de base que pose le cadre de la théorie

physique sont-ils *du même ordre que les choses* (*thing-like*)?
Si oui, dans quelle mesure?» sont douées de sens.

Or, demander «Quels sont les objets de base d'un cadre
(donné)?», ce n'est pas demander de produire une *liste*, mais
une *classification*. Cette dernière sera plus ou moins "abstraite"
selon le point que l'on vise à éclaircir. La classification à
laquelle s'intéresse le philosophe doit être suffisamment
abstraite pour fournir une vue synoptique des contenus du
cadre, mais ne pas aller jusqu'à les désigner simplement
comme des objets ou des entités. C'est dire que nous cherchons à répondre à la question «Quels sont les objets de base
de l'image manifeste?» lorsque nous disons qu'elle comprend
les personnes, les animaux, les formes de vie inférieures et les
choses «purement matérielles» telles les rivières et les pierres.
Cette liste ne se veut pas exhaustive, encore qu'elle prétende
faire écho aux degrés inférieurs de la «grande chaîne de
l'être» de la tradition platonicienne.

La premier point que je voudrais établir, c'est qu'en un
sens important, les objets premiers de l'image manifeste
sont des *personnes*. Et comprendre en quoi c'est le cas, c'est
comprendre des thèmes centraux et même cruciaux de
l'histoire de la philosophie. Peut-être la meilleure façon de me
faire comprendre est-il de renvoyer à ce que j'ai appelé image
"originaire" de l'homme-dans-le-monde et de décrire celle-ci
comme le cadre à l'intérieur duquel *tous* les "objets" sont des
personnes. De ce point de vue, le raffinement que connaît
l'image "originaire" pour former l'image manifeste consiste à
"dépersonnaliser" graduellement tous les objets qui ne sont
pas des personnes. On sait qu'historiquement, c'est ce qui se
produit avec les progrès de la civilisation. Les progrès du point
de vue scientifique, dit-on (à tort, je pense), conduisent même
à une dépersonnalisation des personnes.

Je voudrais maintenant faire valoir que s'il est généralement
admis que l'image originaire s'est graduellement dépersonn-
nalisée, c'est se tromper du tout au tout que d'assimiler ce

processus à un abandon progressif de la superstition. L'homme primitif ne *croyait* pas que l'arbre devant lui était une personne, au sens où il pensait qu'il était à la fois un arbre *et* une personne, de même que je pourrais penser que la brique devant moi est un butoir. Car si tel avait été le cas, son concept d'arbre aurait pu demeurer inchangé après qu'il eut abandonné l'idée que les arbres sont des personnes, et ce bien que ses croyances touchant les arbres eussent changé. En fait, *à l'origine*, être un arbre était *une façon d'être une personne*, de même que, pour utiliser une analogie toute proche, être une femme est une façon d'être une personne, ou encore qu'être un triangle est une façon d'être une figure plane. On ne saurait dire de quelqu'un qu'il *croit* qu'une femme est une personne. Mais cet exemple est par trop historiquement chargé. Aussi vaut-il la peine de lui substituer notre autre exemple : on ne saurait dire de quelqu'un qu'il croit qu'un triangle est une figure plane. Lorsque l'homme primitif a cessé de concevoir ce que nous appelons des arbres comme des personnes, il s'est opéré un changement plus radical qu'un simple changement de croyance ; il s'est agi d'un changement de catégorie.

L'esprit humain n'est pas confiné aux seules catégories qu'il a extraites par raffinement de l'image originaire de l'homme primitif, de même que ce que nous pouvons concevoir n'est pas confiné dans les limites de ce que nous pouvons imaginer. Les catégories de la physique théorique ne sont pas des essences du cadre de l'expérience perceptuelle après distillation. Pourtant, si l'esprit humain peut concevoir de *nouvelles* catégories, il peut aussi raffiner les anciennes, et il importe tout autant de ne pas surestimer le rôle de la créativité dans le développement du cadre à travers lequel vous et moi expérimentons le monde que de ne pas sous-estimer son rôle dans l'entreprise scientifique.

Comme je l'ai indiqué plus haut, suivant la conception que j'ai appelée l'image "originaire" de l'homme-dans-le-monde, tous les "objets" sont des personnes et tous les types d'objets des manières d'être des personnes. Cela signifie que dans ce cadre, on dira des objets des choses du même ordre que pour les personnes. Je précise que par "personnes", je ne veux pas dire "âme" (*spirit*) ou "esprit" (*mind*). Au cours du développement intellectuel humain, on a invoqué en faveur de l'idée que l'homme forme une équipe de deux choses, un esprit *et* un corps, des raisons de plusieurs ordres, et toutes n'avaient pas le même poids. Mais si l'on y réfléchit bien, il est manifeste que quel que soit le traitement que les philosophes aient réservé à l'idée d'esprit (*mind*), quand il lui a préexisté une conception préphilosophique d'esprit (*spirit*), celle-ci a correspondu à celle de *personne* fantomatique analogue à la personne en chair et en os qu'elle "habite" ou avec laquelle elle entretient quelque autre rapport intime. On a donc affaire à un développement *au sein du cadre des personnes*, si bien qu'il serait inexact de reconstruire l'image manifeste de manière que les personnes y soient des objets composites. Par ailleurs, pour fonctionner, il faut que le cadre manifeste confère un sens à l'assertion selon laquelle ce qu'il est d'usage d'appeler personne est en fait un composite formé d'une personne proprement dite et d'un corps. Dans un même temps, il faut que soit aussi douée de sens l'opinion contraire, soit celle qui veut que, nonobstant le fait que les hommes sont doués de toutes sortes d'aptitudes, tant celles qu'ils partagent avec les êtres tout en bas de l'échelle que celle de se livrer à la réflexion scientifique et philosophique, chacun n'en est pas moins un objet, et non pas une équipe. Car ainsi que nous le verrons, le dualisme essentiel dans l'image manifeste n'oppose pas deux substances, l'esprit et le corps, mais plutôt deux façons radicalement différentes pour l'individu humain d'être relié au monde. Pourtant, force est de convenir que la plupart des théories philosophiques dominées par l'image manifeste prônent un dualisme des substances. Plusieurs facteurs expliquent cet état de choses, et en traiter nous ferait déborder du cadre de cet essai. Mais parmi les facteurs qui nous intéressent, l'un tient à l'influence du développement de l'image scientifique de l'homme. Il en sera question dans la section suivante. L'autre tient au fait que l'on cherche à élucider l'image manifeste dans les termes mêmes qu'elle pose.

Pour comprendre en quoi l'image manifeste raffine ou dépersonnalise l'image "originaire", il faut se rappeler la gamme d'activités caractéristiques des personnes. Car lorsque j'affirme que les objets de l'image manifeste sont d'abord et avant tout des personnes, je suggère que ce que *sont* et *font* d'abord et avant tout les objets de ce cadre, c'est ce que sont et font les personnes. Ainsi, les personnes sont "impétueuses" ou « figées dans leurs habitudes ». Elles suivent de vieilles lignes de conduite ou en adoptent de nouvelles. Elles agissent par habitude ou évaluent des options. Elles sont immatures ou ont un caractère bien établi. Pour les fins de cette discussion, il convient d'abord d'opposer les actions qui sont les expressions du caractère à celles qui ne sont *pas* les expressions du caractère, d'une part, et les actions habituelles aux actions délibérées, d'autre part. Le premier point que je voudrais souligner, c'est qu'à proprement parler, c'est seulement d'un être capable de délibération qu'on dira qu'il agit, que ce soit sous le coup d'une impulsion ou selon son habitude. Car au sens complet et non métaphorique, une action, c'est ce qui peut se faire délibérément. Nous disons d'actions qu'elles *entrent* dans nos habitudes, et cela n'est pas un accident. Aussi convient-il de noter que parler d'"habitude" s'agissant du ver de terre qui prend l'habitude de tourner à droite dans un labyrinthe en T est une extension métaphorique du terme. Il n'y a pas grand mal à recourir à cette métaphore pourvu qu'on n'aille pas commettre l'erreur de présumer que les habitudes des personnes sont du même ordre que les "habitudes" (au sens métaphorique) des vers de terre et des rats blancs.

Par ailleurs, lorsque nous affirmons que ce qu'une personne a fait était l'expression de son caractère, nous voulons dire que cela « lui ressemble » (*it is « in character »*), qu'il fallait s'y attendre. Nous ne voulons pas dire que c'était dans ses *habitudes*. Quand quelqu'un fait quelque chose qui lui est *habituel*, cela lui ressemble, mais le contraire n'est pas vrai. Dire de l'action de quelqu'un qu'elle « lui ressemble », qu'il fallait s'y attendre, c'est dire qu'elle était prévisible – *non pas*, cependant, *a priori*, mais étant donné les actions passées de la personne en question et l'angle sous lequel elle envisageait les circonstances. Ainsi, en toute logique, il n'est pas possible que quelqu'un *se mette* à agir d'une manière qui lui ressemble, pas plus qu'il ne peut *se mettre* à agir conformément à ses habitudes.

Il est particulièrement important de voir que si ce qui "ressemble" à quelqu'un est prévisible, le contraire n'est pas vraie. De ce que, chez un être humain, un geste est prévisible, il ne s'ensuit pas qu'il est l'expression de son caractère. Ainsi, le comportement qu'adoptera un enfant brûlé vis-à-vis du feu est prévisible, mais il n'est pas une expression de son caractère. Si nous utilisons l'expression « nature d'une personne » pour embrasser tout ce qui peut être prédit *a priori* au sujet de cette personne, il nous faut prendre soin de ne pas identifier la *nature* de cette personne à son *caractère*, bien que celui-ci fasse "partie" de sa nature au sens large. Ainsi, supposons que nous disposions de suffisamment de renseignements sur une personne et sur les circonstances où elle était placée. Si tout ce qu'elle a fait était (en principe) prévisible, si bien que ses actions étaient une « expression de sa nature », il ne s'ensuivrait pas que chacun de ses gestes était une expression de son *caractère*. Manifestement, dire d'une personne que tout ce qu'elle fait est une expression de son caractère, c'est dire que sa vie consiste à suivre les habitudes et les lignes de conduite qu'elle a formées. Dans la vraie vie, un tel être n'est qu'un type imparfaitement réalisé. Même les actions d'une personne parvenue à maturité ne lui ressemblent pas toujours. Et comme nous l'avons vu, il n'est pas possible qu'une personne ait toujours agi d'une façon qui lui ressemble. Pourtant, si le déterminisme est vrai, tout ce que fait une personne est l'expression de sa "nature".

Cela posé, je suis maintenant en mesure d'expliquer ce que j'entends quand j'affirme que les objets premiers de l'image manifeste sont des personnes. Je veux dire que celle-ci est la version modifiée d'une image où *tous* les objets étaient capables de la *gamme complète* des activités propres aux personnes, la modification consistant en ce qu'on a graduellement émondé les conséquences découlant d'une assertion voulant qu'un objet inanimé ait *fait* quelque chose. Ainsi, dans l'image originaire, dire du vent qu'il a abattu sa maison impliquait *soit* que le vent a décidé de l'abattre à une certaine fin, si bien qu'on aurait peut-être pu l'en dissuader, *soit* qu'il a agi sans réfléchir (par habitude ou bien sous le coup d'une impulsion) ou, peut-être, par inadvertance, auquel cas l'occupant de la maison aurait pu lui faire prendre conscience de l'énormité qu'il s'apprêtait à faire.

Lors des premiers stades du développement de l'image manifeste, le vent n'a plus été conçu comme agissant délibérément, en vue d'une fin, mais plutôt par habitude ou sous le coup d'une impulsion. La nature est devenue le refuge des « personnes tronquées », celui des choses dont le comportement est prévisible, de leurs habitudes ; celui des choses dont le comportement est désordonné, de leurs impulsions. Les choses inanimées ont cessé de *faire* des choses au sens où les personnes en font. Non pas qu'on soit parvenu à créer une *nouvelle* catégorie à laquelle appartiendraient les choses inanimées et leurs processus. Mais c'est une forme élaguée ou tronquée de la catégorie de *personne* qu'on leur a accolée. Ce serait se livrer à une grossière exagération que de décrire une personne comme une « pure créature d'habitudes et d'impulsions », mais lors des premiers stades du développement de l'image manifeste, le monde a compris des personnes tronquées qui *n'étaient* que pures créatures d'habitudes, suivant une routine bien établie seulement brisée par des impulsions, et dont la vie ne décollait jamais du niveau où nous sommes dans nos moments les moins réfléchis. Enfin, on a encore élagué le sens où le vent "fait" quelque chose, si ce n'est à des fins poétiques et rhétoriques – et, pourrait-on être tenté d'ajouter, philosophiques – de manière qu'on ne puisse plus suggérer qu'il « sait ce qu'il fait » ou « sait dans quelles circonstances il agit ».

De même qu'il importe de ne pas confondre le "caractère" et la "nature" d'une personne, c'est-à-dire la prévisibilité d'une action soit sur la base d'actions antérieures, soit *a priori* (*no holds barred*), il importe de ne pas confondre le fait qu'une action soit *prévisible* et le fait qu'elle soit *causée*. On traite souvent ces termes comme des synonymes, ce qui ne fait que prêter à confusion. Ainsi, dans l'image "originaire", une personne peut être la cause de ce qu'une autre personne fait quelque chose qu'elle n'aurait pas fait sinon. Mais la plupart des gestes que posent les personnes n'appartiennent pas à la catégorie de ce qui a une *cause*, même s'ils sont fort prévisibles. Par exemple, lorsqu'une personne a des habitudes bien arrêtées, ce qu'elle fait dans certaines circonstances est fort prévisible, ce qui ne fait pas de son action quelque chose de *causé*. Parce qu'elle s'oppose à la catégorie plus vaste de prévisibilité, la catégorie de causalité trahit ses origines dans l'image "originaire". Quand il n'y avait que des personnes, la conception voulant que tout ce que fait une personne a une cause n'était certainement pas une conception-cadre, non plus, bien entendu, que le principe voulant que tout ce que fait une personne est prévisible. Dans la mesure où les relations entre "personnes" tronquées du cadre manifeste étaient analogues aux relations causales entre personnes, la catégorie elle-même a continué d'être utilisée, même après qu'on l'eut élaguée de manière à ce qu'elle ne revienne plus à imputer des plans, des fins et des lignes de conduite. Au niveau de l'inanimé, l'analogue le plus évident qu'on puisse trouver à la causalité au sens originaire est le cas où une boule de billard est la cause de ce qu'une autre boule dévie de sa trajectoire. Mais on observera que quiconque distingue causalité et prévisibilité ne demandera jamais : « Quelle est la cause de ce que la boule de billard a continué de rouler en ligne droite sur une surface lisse ? ». Ce qui distingue la révolution scientifique, c'est sa conviction qu'on peut prédire tous les événements pour peu que l'on dispose des renseignements pertinents, pas que tous ont, dans l'un ou l'autre des sens ordinaires du terme, une cause.

III. La philosophie classique
et l'image manifeste

J'ai décrit le concept d'image manifeste comme l'un des pôles auxquels tend la pensée philosophique. Cela m'engage bien sûr à soutenir que l'image manifeste n'est pas une pure norme extérieure dont se sert qui s'intéresse au développement de la philosophie pour classer des positions philosophiques, mais qu'elle possède un mode d'existence objectif dans la réflexion philosophique, pour ne pas dire dans la pensée humaine en général. Et il me faut aussi dire qu'elle ne peut influencer la réflexion philosophique que si son mode d'existence est tel qu'il transcende en quelque sorte la pensée de tout un chacun. J'y reviendrai tantôt pour m'interroger sur la façon dont une image du monde, donc une façon de penser, *peut* transcender l'individu qu'elle influence. (La réponse à cette question est en gros évidente, mais on n'a pas toujours su en tirer les conséquences). Je veux pour le moment souligner un point : puisque cette image, en tant qu'existant, transcende chacun, *on peut en dire des choses vraies ou fausses, même s'il se peut qu'en dernière analyse, on doive la rejeter comme fausse.*

Ainsi, que le monde tel qu'il se donne à nous dans la perception et la conscience de soi soit en dernière analyse réel ou non, il est à coup sûr incorrect d'affirmer à l'instar de certains philosophes par exemple que les objets physiques que nous rencontrons dans le monde sont des « complexes de sensations », ou encore qu'*en réalité* les pommes ne sont pas colorées, ou que les états mentaux sont des « dispositions comportementales », ou qu'on ne peut avoir l'intention de faire quelque chose sans savoir qu'on en a l'intention, ou que dire qu'une chose est bonne c'est dire qu'elle nous plaît, etc. On peut en effet fournir une description exacte ou non de l'image objective que nous avons du monde où nous vivons, et on peut en évaluer le degré d'exactitude. J'ai déjà affirmé qu'on peut considérer une grande partie de la tradition philosophique comme une tentative de la part des individus de tracer les contours de l'image manifeste (non identifiée comme telle, cela va sans dire), image tout à la fois immanente à leur réflexion et la transcendant. C'est ainsi qu'on estimera qu'une philosophie est pénétrante ou obtuse, qu'elle est erronée ou exacte, fût-on prêt à convenir que l'image dont les philosophes tracent les contours n'est jamais qu'une des manières dont la réalité apparaît à l'esprit humain. C'est dire combien il est primordial de cerner cette image, d'autant qu'elle concerne l'homme lui-même. Car, comme nous l'avons dit plus tôt, l'homme est ce qu'il est parce qu'il se pense dans les termes posés par cette image. Aussi faut-il avoir compris cette dernière avant qu'il ne convienne de demander : « Dans quelle mesure l'homme manifeste survit-il dans la vue synoptique donnant à l'image scientifique que nous avons maintenant devant nous la place qui lui revient ? ».

Je pense qu'on peut à juste titre affirmer que la tradition dite "analytique" qui marque depuis quelques années la philosophie britannique et américaine, en particulier sous l'influence du second Wittgenstein, rend de mieux en mieux justice à l'image manifeste. Elle parvient de mieux en mieux à l'isoler sous une forme à peu près pure et elle montre clairement combien il est vain de chercher à la remplacer petit à petit par une adjonction de fragments de l'image scientifique.

Ce faisant, elle met au jour les liens de continuité entre la tradition pérenne et l'image manifeste et elle saisit de mieux en mieux l'importance de cette dernière.

Or, l'un des traits les plus intéressants de la philosophie pérenne, c'est qu'elle cherche à comprendre le statut qu'a chez un individu donné le cadre des idées à travers lequel il se saisit comme personne dans le monde. Ainsi, comment des individus en viennent-ils à penser dans les termes que pose ce cadre conceptuel complexe ? Comment forment-ils cette image ? Ici, deux remarques s'imposent : 1) L'image manifeste ne présente pas la pensée conceptuelle comme un complexe d'éléments qui, pris isolément et donc sans égard aux relations qu'ils entretiennent, ne sont pas de nature conceptuelle. (Les candidats les plus plausibles au statut d'éléments sont des images. Cependant, toutes les tentatives qu'on a faites pour comprendre les pensées comme des motifs complexes d'images ont échoué. Comme nous le savons, il était inévitable qu'il en soit ainsi.) ; 2) Quels que soient les constituants ultimes de la pensée conceptuelle, le processus grâce auquel l'esprit d'un individu pense le monde doit, de manière plus ou moins adéquate, faire écho à la structure intelligible du monde.

Bien entendu, la tentation a été grande non seulement de se représenter les constituants de la pensée comme qualitativement similaires aux constituants du monde, mais aussi de se représenter le monde comme la cause de ce que les constituants forment des motifs, lesquels font écho à ceux que décrivent les événements. Quand les précurseurs de la psychologie scientifique ont cherché à décrire la genèse de la pensée conceptuelle chez un individu en invoquant l'"association" de processus élémentaires qui n'étaient pas eux-mêmes d'ordre conceptuel – le cas paradigmatique étant celui de l'enfant qui a peur du feu après s'être brûlé –, ils ont prématurément cherché à fournir une image scientifique de l'homme.

La tradition pérenne n'a aucune sympathie pour de telles tentatives. Elle a reconnu que : a) l'association de *pensées* n'est pas une association d'images, et en tant qu'elle présuppose un cadre de pensée conceptuelle, elle ne saurait en rendre compte ; b) l'action qu'exerce directement sur un *individu* la nature perceptible, *en tant qu'elle est perceptible*, peut expliquer les liens qu'il fait par association, *mais non pas les liens rationnels que pose la réflexion conceptuelle*.

Et pourtant, le monde *est* de quelque manière la cause de l'image du monde que se fait l'individu. Or, on le sait, la tradition pérenne a longtemps été dominée par la conception voulant que le monde, en tant qu'il est intelligible, exerce une influence causale directe sur l'esprit. Ce thème, que l'on doit à Platon, aura traversé toute la pensée occidentale jusqu'à nos jours. Ainsi, dans la tradition platonicienne, on attribue un tel mode de causalité à un être qui s'apparente à divers degrés à une personne. Même l'aristotélicien distingue la façon dont les sensations permettent à l'homme d'accéder à la structure intelligible des choses et celle dont les aléas de l'expérience perceptuelle crée des attentes chez les animaux et leur permettent de s'adapter de manière non rationnelle à leur environnement. Cela dit, comme nous le savons aujourd'hui, il y a de bonnes raisons de convenir que si la réalité est bien la "cause" de la pensée conceptuelle humaine se la représentant, on ne saurait assimiler ce rôle causal au conditionnement que pourrait en principe exercer l'environnement sur un individu sans la médiation de la famille et de la communauté. La conception à la Robinson Crusoé voulant que le monde engendre directement chez l'individu la pensée conceptuelle pèche par excès de simplicité. Mais la tradition pérenne s'est longtemps bornée à expliquer que si un individu dispose d'un cadre de pensée conceptuelle, c'est parce que la réalité, étant intelligible, exerce sur son esprit un mode d'action unique. Sur bien des points, les philosophes ont certes différé, mais sur le fond, leur opinion a été la même. Il a fallu attendre Hegel pour qu'on reconnaisse le rôle de médiation essentiel que joue le groupe. S'il nous est facile de voir en quoi les cadres conceptuels immanents à un individu et le transcendant sont un phénomène social et si nous discernons aujourd'hui dans l'image même que nous nous faisons de l'homme une reconnaissance implicite de cette dimension, reste qu'il a fallu attendre le dix-neuvième siècle pour que ce trait de l'image manifeste soit, même de manière inadéquate, pris en compte.

La théorie platonicienne voulant que les aptitudes conceptuelles viennent de ce que les essences intelligibles ont "éclairé" l'esprit a réduit à la portion congrue le rôle du groupe et, en particulier, de la famille, ceux-ci n'ayant d'autre fonction que de faire appel à ces aptitudes – rôle qu'aurait pu jouer en principe l'expérience perceptuelle – et d'enseigner les moyens dont elles peuvent s'exprimer verbalement. Pourtant, le caractère essentiellement social de la pensée conceptuelle apparaît clairement si l'on songe qu'on ne saurait penser hors de normes communes d'exactitude et de pertinence, normes reliant ce que *je* pense *en effet* à ce que *doit* penser *quiconque*. Car il n'y a pas de pensée rationnelle sans opposition entre "je" et "quiconque".

Il est d'usage de comparer les normes intersubjectives sans quoi il n'y aurait pas de pensée aux normes intersubjectives, sans quoi il n'y aurait pas de jeu et l'acquisition d'un cadre conceptuel à l'apprentissage des règles d'un jeu. Cependant, il convient de noter que la pensée conceptuelle est à deux titres un jeu unique : a) on ne peut apprendre à y jouer par un exposé des règles ; b) quelles que soient les possibilités qu'ouvre par ailleurs la pensée conceptuelle – et sans elle, il n'y a en effet rien de proprement humain –, elle le fait toujours en vertu de ce qu'elle fournit une manière de se représenter le monde.

Lorsque j'affirme qu'un individu, en tant qu'il pense conceptuellement, est par essence le membre d'un groupe, cela ne signifie évidemment pas que, par exemple, l'unique survivant d'une catastrophe atomique ne saurait subsister hors du groupe, pas plus que le fait que les échecs se jouent à deux ne signifie qu'on ne peut jouer contre soi-même. Un groupe n'est un groupe, au sens pertinent du terme, que s'il se compose d'un certain nombre d'individus se pensant chacun comme un "*je*" par opposition aux "autres". Ainsi, le mode d'existence d'un groupe tient à la façon dont ses membres se représentent. Il n'est pas fortuit que la pensée conceptuelle soit ce qui est *communiqué* à autrui, pas plus qu'il n'est fortuit que la décision de déplacer une pièce se traduise par un déplacement sur l'échiquier posé entre deux personnes.

Il faut par conséquent penser l'image manifeste comme se concevant comme un phénomène de groupe, celui-ci servant de médiateur entre l'individu et l'ordre intelligible. Cependant, toute tentative d'*expliquer* cette médiation dans le cadre de l'image manifeste est vouée à l'échec. En effet, l'image manifeste ne dispose des ressources nécessaires à cette entreprise qu'au sens où elle fournit les fondations sur lesquelles une théorie scientifique arrive à bâtir un tel cadre d'explication. C'est dire que si les structures conceptuelles de cette image se construisent sur l'image manifeste, on ne peut les définir en son sein. Aussi, à l'instar du platonicien dont il est l'héritier, l'hégélien cherchant à expliquer les rapports entre ordre intelligible et esprits en a-t-il été réduit à recourir à des analogies.

C'est au sein de l'image *scientifique* de l'homme-dans-le-monde qu'on entrevoit la manière dont l'homme est parvenu à avoir une image de lui-même-dans-le-monde. En effet, c'est elle qui nous permet d'y voir un processus d'ordre évolution-naire affectant le groupe, processus qui, pour prendre un exemple relevant d'un stade d'évolution plus simple, est assez semblable à la correspondance entre la danse d'une abeille ouvrière et la position par rapport au soleil de la fleur dont elle vient. On ne saurait expliquer cette correspondance non plus que la relation entre l'image "originaire" de l'homme et le monde en invoquant l'impact direct de l'environnement sur le conditionnement de l'individu.

J'ai attiré l'attention sur le fait que l'image manifeste met en jeu deux types d'impact causal du monde sur l'individu. C'est, comme je l'ai signalé, cette dualité, en vertu de laquelle l'image manifeste interdit qu'on réduise à des processus plus élémentaires la pensée conceptuelle sous toutes ses formes, qui constitue le dualisme premier et essentiel de la philosophie pérenne. La conception dualiste de l'esprit et du corps, certes caractéristique de la *philosophia perennis* mais qui n'en est nullement un trait invariable, découle en partie de cette dualité au niveau de la causalité et des processus. Cependant, on verra qu'elle découle aussi en partie de l'impact qu'ont eu certains thèmes déjà présents dans l'image scientifique à son stade embryonnaire.

Mon souci premier dans cet essai est de répondre à la question : « En quel sens et dans quelle mesure l'image manifeste de l'homme-dans-le-monde survit-elle quand, en vue de former un champ intellectuel unifié, on cherche à l'unir à l'image de l'homme conçu par renvoi aux objets postulés par la théorie scientifique ? ». Ce qui rend cette question épineuse, nous l'avons vu, c'est que l'homme est l'être qui se conçoit dans les termes de l'image manifeste. Dans la mesure où le manifeste ne subsiste pas dans la vue synoptique, l'homme lui-même ne peut y subsister. Quant à savoir si adopter la vue synoptique affranchirait l'homme asservi, comme le croyait Spinoza, ou asservirait l'homme libre, comme beaucoup le redoutent, la question ne se pose vraiment qu'une fois qu'on a examiné les prétentions de l'image scientifique.

IV. L'IMAGE SCIENTIFIQUE

Dans les sections précédentes, je me suis attaché à définir ce que j'ai appelé l'image "manifeste" de l'homme-dans-le-monde. J'ai fait valoir qu'il fallait comprendre cette image comme une sophistication ou raffinement de l'image en vertu de laquelle l'homme a pour la première fois pris conscience de ce qu'il était homme-dans-le-monde et, bref, s'est fait homme. J'ai signalé que dans la mesure où elle est relative à l'homme, pour peu que cette image soit fausse de quelque manière, cette fausseté menace l'homme même, en tant qu'il est l'être qui a cette image de soi. J'ai fait valoir qu'on peut concevoir ce qu'on a appelé la tradition pérenne en philosophie – la *philosophia perennis* – comme cherchant à comprendre la structure de cette image, à savoir se débrouiller avec elle de manière réfléchie, sans *a priori*. J'ai analysé quelques-uns des principaux traits de l'image et montré comment les catégories à travers lesquelles elle aborde le monde peuvent être considérées comme des émondages progressifs de catégories relatives à la personne et ses rapports à d'autres personnes et au groupe. J'ai soutenu que par tradition pérenne, il ne fallait pas seulement comprendre la tradition platonicienne au sens large, mais aussi les philosophies du « sens commun » et de l'« usage ordinaire ». J'ai fait valoir que ce qu'ont en commun toutes ces philosophies, c'est qu'elles conviennent de la *réalité* de l'image manifeste. C'est dans ce cadre qu'elles cherchent à comprendre les réalisations de la science théorique, subordonnant les catégories de la science théorique aux catégories de l'image manifeste. Enfin, j'ai suggéré que la façon la plus féconde d'aborder le problème de l'intégration de la science théorique et du cadre du sens commun raffiné au sein d'une même vue synoptique ne consiste pas à procéder petit à petit – par exemple en cherchant à agencer la conception que se fait le sens commun des objets physiques à la physique théorique, puis, dans un deuxième temps, en cherchant à agencer la conception que se fait le sens commun de l'homme à la psychologie théorique – mais à formuler deux manières globales de considérer la totalité des choses, deux images de l'homme-dans-le-monde, puis à tenter de les fondre en une vue "stéréoscopique".

Je me propose maintenant de faire pour l'image scientifique ce que j'ai fait pour l'image manifeste, puis de conclure
cet essai avec quelques commentaires sur leur apport respectif
à une vision unifiée de l'homme-dans-le-monde, à laquelle
prétend la philosophie.

Bien entendu, l'image scientifique de l'homme-dans-le-
monde est une idéalisation au même titre que l'image manifeste – elle l'est même davantage, dans la mesure où elle est en
train de se former. On se rappellera aussi que mon propos n'est
pas d'opposer une conception *non scientifique* de l'homme-
dans-le-monde à une conception *scientifique*, mais plutôt la
conception qui ne va pas au-delà de ce que les techniques
corrélationnelles peuvent nous dire des événements accessibles à la perception et l'instrospection à celle qui postule des
objets et événements imperceptibles dans le but d'expliquer
les corrélations entre choses perceptibles. Nous avons bien sûr
admis qu'historiquement, plusieurs de ces corrélations ont été
suggérées par des théories visant à expliquer des corrélations
établies antérieurement, si bien qu'il y a eu jeu dialectique
entre procédures corrélationnelles et postulationnelles. (Ainsi,
on aurait pu ne pas remarquer que le papier de tournesol rougit
dans l'acide faute d'avoir fait l'hypothèse que l'absorption et
la réflexion de la radiation électromagnétique est fonction de la
composition chimique des objets. Or, on pouvait en principe
découvrir cette corrélation familière avant qu'on eût développé
une telle théorie, et c'est bien ce qui s'est produit). Ce sont donc
deux conceptions idéales que nous opposons : a) l'« image
originaire » une fois qu'on en a raffiné les corrélations et les
catégories, que j'appelle l'image manifeste ; b) l'image tirée
des fruits de la construction d'une théorie postulationnelle,
que j'appelle l'image scientifique.

On pourrait m'opposer à ce stade de mon exposé que
*l'*image de l'homme construite sur des entités et des processus
postulés n'existe pas, et qu'il y a plutôt autant d'images de
l'homme qu'il y a de sciences portant sur des aspects du

comportement humain. Et, bien entendu, c'est en un sens vrai. *Il y a* autant d'images scientifiques de l'homme qu'il y a de sciences ayant quelque chose à dire de l'homme. Ainsi, il y a l'homme tel qu'il apparaît au physicien théorique, soit un tourbillon de particules, de forces et de champs. Il y a l'homme tel qu'il apparaît au biochimiste, au physiologiste, au béhavioriste, au sociologue, et toutes ces images doivent être opposées à l'homme tel qu'il apparaît à lui-même dans le sens commun sophistiqué, l'image manifeste qui, encore aujourd'hui, contient le gros de ce qu'il sait de lui-même à un niveau proprement humain. Ainsi, la conception de *l'*image scientifique ou de *l'*image postulée est une idéalisation au sens où elle intègre une multiplicité d'images qui appliquent chacune à l'homme un cadre de concepts jouissant d'une certaine autonomie. Car, du point de la méthodologie, chaque théorie scientifique est une structure bâtie sur son propre "site" et qui use de procédures qui lui sont propres au sein du monde intersubjectivement accessible des choses perceptibles. C'est dire que « l' » image scientifique du monde est une construction à partir d'un certain nombre d'images, chacune *soutenue* par le monde manifeste.

Parce que chaque image théorique est une construction qui a pour fondation l'image manifeste, et que, *sur le plan méthodologique*, elle présuppose celle-ci, la tentation est grande de supposer que l'image manifeste est *première* au sens où les catégories d'une science théorique dépendent logiquement des catégories appartenant à sa fondation méthodologique, soit le monde manifeste suivant le sens commun sophistiqué. Dès lors, il y aurait quelque chose d'absurde à la notion de monde illustrant ses principes méthodologiques *sans illustrer aussi les catégories et principes du monde manifeste*. Pourtant, quand notre attention se porte sur « l' » image scientifique telle qu'elle émerge des diverses images propres aux diverses sciences, nous observons que bien que cette image dépende méthodologiquement du monde du sens commun sophistiqué, de sorte que sans lui, elle ne pourrait tenir debout, elle se veut tout de même une image complète en ce qu'elle définit un cadre susceptible de dire *toute la vérité* sur ce dont elle est l'image. Ainsi, quoique, sur le plan méthodologique, elle se soit développée *au sein* de l'image manifeste, l'image scientifique se présente comme une image *rivale*. Pour elle, l'image manifeste sur laquelle elle repose est un reflet de la réalité "inadéquat" mais utile sur le plan pragmatique, réalité dont l'image scientifique fournit pour la première fois un reflet (en principe) adéquat. Je dis « en principe » parce que l'image scientifique est en train de se former. J'y reviendrai en conclusion.

À tout cela, bien sûr, l'image manifeste, ou plus exactement la philosophie pérenne qui fait siennes ses prétentions, rétorque que l'image scientifique ne peut remplacer le manifeste sans du coup rejeter ses propres fondations.

Mais avant de tenter de mettre en lumière les prétentions respectives de ces deux perspectives sur le monde, il nous faut revenir sur la façon dont se constitue *l'*image scientifique à partir des diverses images scientifiques qu'elle est censée intégrer. On a relativement peu de mal à télescoper *certaines* des images "partielles" pour former une seule image. Ainsi, en prenant les précautions qui s'imposent, on peut unifier les images biochimique et physique ; pour cela, il suffit d'apprécier en quel sens on peut établir une identité entre objets du discours biochimique et configurations complexes d'objets de la physique théorique. Effectuer une telle identification, bien entendu, ne revient pas à identifier les deux sciences, puisque le fait qu'il s'agisse de deux sciences implique justement qu'elles se servent de procédures et d'instruments différents pour relier leurs entités théoriques à des traits intersubjectivement accessibles du monde manifeste. Mais une telle diversité est compatible avec une identité "intrinsèque" des entités théoriques elles-mêmes, en ce sens que l'on peut dire des composés biochimiques qu'ils sont "identiques" à des configurations de particules subatomiques. En effet, faire cette "identification", c'est tout simplement dire que *deux* structures théoriques, chacune entretenant sa relation propre au monde perceptible, pourraient être remplacées par *un* cadre théorique relié au monde perçu *à deux niveaux de complexité* au moyen de différents instruments et procédures.

J'ai distingué plus haut l'unification des *entités* postulées par deux sciences de l'unification de ces *sciences*. Il faut aussi distinguer l'unification des *entités* théoriques de deux sciences de l'unification de leurs *principes* théoriques. Car s'il est vrai qu'en un sens, affirmer que les substances biochimiques sont des complexes de particules physiques entraîne que les lois auxquelles obéissent les substances biochimiques sont des « cas particuliers » des lois auxquelles obéissent les particules physiques, le danger est grand qu'on se méprenne sur le sens de cette assertion. À l'évidence, une configuration spécifique de particules physiques obéissant aux lois de la biochimie ne peut obéir à des lois de la physique différentes. Mais il se peut que le comportement de configurations très complexes de particules physiques n'entretienne pas de rapport simple avec celui de configurations moins complexes. Ainsi, il est fort possible que les lois relatives aux systèmes complexes de particules que sont les composés biochimiques ne puissent être *découvertes* qu'au moyen des techniques et procédures propres à la biochimie, seules adéquates pour le traitement des substances biochimiques.

Il y a par conséquent une ambiguïté dans l'affirmation : Les lois de la biochimie sont des « cas particuliers » des lois de la physique. Elle peut signifier : a) la biochimie ne requiert aucune variable qu'on ne puisse définir par un renvoi aux variables de la physique atomique ; b) les lois relatives à certaines configurations complexes de particules subatomiques ayant pour homologues les composés biochimiques entretiennent des rapports simples avec les lois gouvernant les configurations moins complexes. Il va de soi que l'identification des objets théoriques des deux sciences ne nous engage qu'à la première de ces propositions.

Des considérations similaires valent, *mutatis mutandis*, pour les images physiologique et biochimique de l'homme. Les réunir en une seule image, ce serait montrer que des entités physiologiques (en particulier neurophysiologiques) peuvent être identifiées à des systèmes biochimiques complexes et donc que, au moins au sens faible du terme, les principes théoriques relatifs aux premières peuvent être interprétés comme des « cas particuliers » des principes relatifs aux seconds.

Des problèmes plus intéressants surgissent lorsque nous considérons la place que devrait occuper au sein de « l' » image scientifique l'homme tel que le conçoit la science du comportement (*behaviouristics*). En premier lieu, on notera que le terme « psychologie béhavioriste » a plus d'une signification ; or, il est important pour notre propos de voir que dans au moins l'une de ses acceptions, sa place n'est pas dans l'image scientifique (au sens où j'utilise le terme) mais plutôt dans l'image manifeste, avec son continuel raffinement au plan corrélationnel. Une psychologie est béhavioriste au sens large si, tout en s'autorisant à recourir à toute la gamme des concepts psychologiques appartenant au cadre manifeste, elle confirme ses hypothèses sur les événements psychologiques à l'aide de critères comportementaux. Les concepts de sensation, d'image, de sentiment, de pensée consciente ou inconsciente, qui appartiennent tous au cadre manifeste, ne suscitent pas chez elle d'anxiété particulière, mais elle exige qu'on ne puisse parler d'un cas de sensation de douleur, par exemple, que si l'on s'appuie sur des comportements. Le béhaviorisme ainsi conçu est simple affaire de bon sens. Il n'est pas besoin de redéfinir la façon dont nous parlons des événements mentaux en termes de critères comportementaux pour qu'il soit vrai que le comportement observable tend à prouver la présence d'événements mentaux. Et, bien sûr, même dans le monde du sens commun, même dans l'image manifeste, le comportement observable est le seul élément de preuve *intersubjectif* de la présence d'événements mentaux.

Il est clair que le "béhaviorisme" ainsi compris n'exclut pas que nous portions attention à ce que disent les gens d'eux-mêmes. Car *se servir d'affirmations autobiographiques comme éléments de preuve* pour déterminer quels sont les pensées et sentiments d'un individu et y donner notre *assentiment*, ce sont là deux choses différentes. La force des affirmations auto-biographiques dans le discours ordinaire – et ce n'est pas sans lien avec la façon dont les enfants apprennent à faire de telles affirmations – tient en partie à ce que, toutes choses étant égales par ailleurs, si une personne dit « Je suis dans l'état Ψ », il est raisonnable de croire qu'elle est dans l'état Ψ, la proba-bilité allant de la quasi-certitude dans le cas de « J'ai mal aux dents » à une incertitude marquée dans le cas de « Je ne hais pas mon frère ». Il n'y a pas que les psychologues de profession qui écartent éventuellement un comportement verbal ou non comme élément de preuve.

Ainsi, le béhaviorisme, au premier sens, constitue simple-ment un raffinement au sein du cadre manifeste tablant sur des connexions empiriques préexistantes entre, d'une part, les comportements verbaux et non verbaux publiquement obser-vables et, d'autre part, des états et processus mentaux. Aussi faut-il le considérer comme appartenant à l'image manifeste plutôt qu'à l'image scientifique telles que je les ai définies. En un second sens, non seulement le béhaviorisme n'admet comme base empirique que le comportement publiquement observable, mais il considère que sa tâche est de trouver des corrélations entre constructions de son cru, constructions qu'il définit par un renvoi à des traits publiquement accessibles de l'organisme et son environnement. Cela soulève une question intéressante : « Y a-t-il lieu de croire que le cadre de corréla-tions entre constructions de ce type permettrait de comprendre scientifiquement le comportement humain ? ». La réponse à cette question dépend en partie de la façon dont on l'interprète, et il importe de voir pourquoi il en est ainsi.

Considérons d'abord le cas du comportement animal. Nous savons évidemment que les animaux sont des systèmes physiologiques complexes et, du point de vue d'une approche plus fine, des systèmes biochimiques. Cela signifie-t-il qu'une science du comportement animal doive être formulée en termes neurophysiologiques ou biochimiques ? En un sens, la réponse est : « Bien sûr que non ». Notre étude du comportement animal s'appuie sur un savoir d'arrière-plan de variables à grande échelle pertinentes pour la description et la prédiction du comportement d'animaux selon leur environnement. Que ces variables à grande échelle (que l'on fait tomber sous les rubriques "stimulus", "réponse", « comportement orienté vers un but », "privation", etc.) permettent de comprendre le comportement de l'animal, non seulement notre savoir d'arrière-plan le suggère, mais la théorie de l'évolution l'*explique*. Certes, les corrélations peuvent être découvertes au moyen de procédures statistiques, corrélations qu'il est important d'établir. Mais encore faut-il distinguer les procédures dont se sert la science du comportement pour les découvrir et les confirmer de l'*explication* qu'on en donne en termes d'entités postulées et de processus d'ordre neurophysoiologique. Le fait est que des considérations d'ordre neurophysiologique peuvent *suggérer* des corrélations à tester. Ces dernières doivent cependant pouvoir être établies hors de toute considération de cet ordre, sans quoi, « par définition », il n'y aurait pas de science du comportement distincte.

Ainsi, si, par « science du comportement du ver de terre », nous entendons l'établissement de corrélations entre variables à grande échelle relatives au ver de terre et son environnement, elle peut ne se ramener qu'à peu de choses, une corrélation ne relevant de la « science du comportement du ver de terre » que si elle relie ces variables à grande échelle. En revanche, il est manifeste que ce ne sont pas toutes les vérités scientifiques touchant les vers de terre qui entrent dans la science du comportement du ver de terre, à moins qu'on ne donne à cette étiquette une acception à ce point distendue qu'elle ne désigne plus rien de précis. Il s'ensuit qu'on ne peut expliquer tout ce que fait un ver de terre par renvoi à une science du comportement du ver de terre *ainsi définie*. La science du comportement du ver de terre se déploie sur un fond de connaissances d'arrière-plan des « conditions normales », conditions où les corrélations faisant appel aux catégories dans lesquelles tombe le comportement du ver de terre *suffisent* à expliquer et prédire ce que font les vers de terre, dans la mesure où cela relève de ces catégories. Ce savoir d'arrière-plan fait à l'évidence partie intégrante de l'appréhension scientifique de ce que font les vers de terre, bien qu'il n'entre pas dans la science du comportement du ver de terre, car il ne consiste en effet qu'à appliquer aux vers de terre ce que nous savons de la physique, de la chimie, de la parasitologie, de la médecine et de la neurophysiologie.

Il nous faut aussi prendre en considération le fait que la plupart des constructions intéressantes de la science du comportement corrélationnelle seront des « propriétés-si » (*iffy properties*) d'organismes, soit des propriétés telles que *si*, à un moment donné, un certain stimulus *devait* survenir, on *assiste-rait* à une certaine réponse. Ainsi, pour emprunter un exemple à un autre domaine, nous sommes en mesure de mettre en corrélation le fait qu'un courant électrique a parcouru une bobine à l'intérieur de laquelle on a placé un morceau de fer et cette « propriété-si » de la bobine : *si* l'on *devait* placer près de la bobine de la limaille de fer, celle-ci *serait* attirée par celle-là.

Or, selon qu'on se trouve à tel ou tel stade du développement scientifique, il peut se révéler utile ou non de supposer que des « propriétés-si » d'organismes sont liées à des états d'un système d'entités postulées opérant conformément à certains principes eux aussi postulés. Cela se révèle utile si les entités en question sont suffisamment spécifiques et peuvent être reliées à diverses variables à grande échelle suffisamment nombreuses pour qu'on puisse prédire de nouvelles corrélations. On a peut-être exagéré l'utilité au plan méthodologique des procédures postulationnelles pour une science du comportement des organismes inférieurs, d'abord et avant tout parce que jusqu'à une époque toute récente, l'état de nos connaissances en neurophysiologie ne nous permettait guère de jeter un éclairage sur les corrélations à grande échelle qui intéressent la science du comportement. Les choses se sont cependant révélées d'emblée quelque peu différentes dans le cas de la science du comportement de l'homme. En effet, le comportement humain se distingue du fait que *par essence*, la succession de deux comportements observables met en jeu des « faits-si » complexes, fort complexes même, relatifs à ce que l'individu *aurait dit ou fait* à chaque instant *si on lui avait posé certaines questions*. Or, il se trouve qu'eu égard à notre savoir d'arrière-plan, il est raisonnable de supposer que ces « faits-si » sont réunis *parce qu'il se déroule un processus intérieur qui, sur des points importants, est analogue au comportement verbal manifeste et dont chaque stade s'exprimerait tout naturellement au moyen de déclarations*. J'y reviendrai.

Ainsi, il se révèle *bel et bien* utile pour la science du comportement humain de postuler une séquence d'événements intérieurs afin d'interpréter ce que, de manière plus austère, on pourrait en principe formuler au moyen de corrélations entre états et propriétés comportementaux, y compris ceux, *fort* importants, pour ne pas dire *essentiels*, que nous appelons « états et propriétés-si ». Cependant, et c'est là un point capital, les épisodes postulés ne le sont pas pour des raisons d'ordre neurophysiologique – du moins c'était vrai jusqu'à une époque toute récente –, mais en raison de notre savoir d'arrière-plan voulant qu'il se déroule quelque chose d'analogue à la parole quand les gens restent plantés là, « muets comme des carpes ».

Pour les fins de notre discussion, peu importe que nous disions que la science du comportement humain *comme telle* postule des processus intérieurs semblables à la parole ou bien que, quel que soit l'apport de ces derniers pour l'explication et la découverte, ils tombent par définition hors du champ de la science du comportement proprement dite. Que la science du comportement humain, en tant que science distincte, se prononce ou non sur des entités postulées, les corrélations qu'elle établit doivent trouver des homologues dans l'image postulée, comme on l'a vérifié dans le cas des corrélations établies par la science du comportement du ver de terre. Ainsi, l'explication scientifique du comportement doit prendre en compte les cas où les corrélations caractéristiques de l'organisme dans des circonstances "normales" n'opèrent plus. Et en effet, aucun béhavioriste ne songerait à nier que les corrélations qu'il cherche à établir ont en quelque sorte pour homologues des connexions neurophysiologiques et, par conséquent, biochimiques, ni que ces dernières sont des cas particuliers au sein d'un spectre de connexions *biochimiques* (chez les organismes humains), dont beaucoup se reflètent dans des phénomènes observables qui, *du point de vue de la science du comportement*, font capoter l'explication. Par conséquent, j'assumerai à titre provisoire que bien que la science du comportement et la neurophysiologie demeurent des sciences distinctes, le contenu corrélationnel de la première suggère une structure de processus et de principes postulés qui s'emboîtent à ceux de la théorie neurophysiologique, avec toutes les conséquences que cela entraîne. De cette hypothèse, il découle qu'en dernière analyse, l'image scientifique de l'homme le dépeint comme un système physique complexe.

V. LE CHOC DES IMAGES

Suivant cette interprétation provisoire, comment donc évaluer les prétentions respectives de l'image manifeste et de l'image scientifique à être *la* description *vraie* et, en principe, *complète* de l'homme-dans-le-monde ?

Quels choix s'offrent à nous ? Il sera utile à cet égard d'examiner l'impact qu'a eu sur la philosophie la science postulationnelle à ses premiers stades. Il convient donc de se pencher sur les efforts déployés par Descartes en vue d'une telle synthèse, car cela nous permettra de faire ressortir les tensions importantes que suscite toute tentative pour créer une vue synoptique. À l'époque de Descartes, la science théorique n'avait évidemment encore rien dit qui fût d'ordre neurophysiologique, si ce n'est sous la forme de promesses maladroites. Dans un premier temps, l'image scientifique a entrepris de défier la vision que se faisait l'image manifeste de la nature inanimée. Suivant une voie préfigurée par l'atomisme grec, elle a proposé de considérer les choses physiques comme des systèmes de particules imperceptibles dénuées des qualités perceptibles de la nature manifeste. Trois perspectives semblaient alors possibles : 1) Les objets manifestes sont identiques à des systèmes de particules imperceptibles de même qu'une forêt est identique à un certain nombre d'arbres. 2) Les objets manifestes sont seuls doués d'une existence véritable, les systèmes de particules imperceptibles étant des manières "abstraites" ou "symboliques" de les représenter. 3) Les objets manifestes sont les "apparences" que prend pour l'esprit humain une réalité constituée de systèmes de particules imperceptibles. Bien que l'option 2) mérite sérieusement d'être envisagée et ait été défendue par des philosophes compétents, c'est 1) et 3), en particulier cette dernière, que je me propose d'abord et avant tout d'explorer.

Pour commencer, quelques brèves remarques sur 1). Il n'y a rien d'immédiatement paradoxal à penser qu'un objet puisse être à la fois un objet perceptible aux qualités perceptibles *et* un système d'objets imperceptibles dont aucun n'a de qualités perceptibles. Un système ne peut-il pas avoir des propriétés que ses parties n'ont pas ? La réponse à cette question est "oui" si l'on prend pour cas paradigmatique celui où un système de pièces de bois peut être une échelle bien qu'aucune de ses parties n'en soit une. Ici, on pourrait dire que pour qu'un système considéré comme un tout puisse être une échelle, il faut que ses parties aient telle ou telle forme, telle ou telle taille et soient reliées les unes aux autres de telle ou telle manière. Les systèmes ayant des propriétés que leurs parties n'ont pas ne soulèvent donc pas de difficulté *si ces propriétés tiennent au fait que les parties ont telles ou telles qualités et sont reliées les unes aux autres de telles ou telles manières.* Mais il semble clair qu'on ne peut traiter ainsi le cas d'un cube de glace rose. Il ne paraît guère plausible d'affirmer que pour qu'un système de particules soit un cube de glace rose, il faut que celles-ci aient telle ou telle qualité imperceptible et soient reliées les unes aux autres de manière à former plus ou moins un cube. Il ne semble pas que *rose* se compose de qualités imperceptibles à la façon dont être une échelle, c'est être cylindrique (les barreaux), rectangulaire (les montants), en bois, etc. Le cube manifeste nous apparaît comme de bout en bout quelque chose de rose, comme un continuum de rose dont toutes les régions, si petites soient-elles, sont roses. Il nous apparaît comme *en dernière analyse homogène* (*ultimately homogenous*); aussi, quand bien même un cube de glace serait bigarré et non pas de couleur homogène, il serait, au sens sur lequel j'attire votre attention, « en dernière analyse homogène » par ce trait générique qui consiste à être coloré.

La réflexion sur cet exemple suggère maintenant un principe que l'on peut formuler en gros en ces termes :

Si un objet est *au sens strict* un système d'objets, alors chaque propriété de l'objet doit consister dans le fait que ses

> constituants ont telles et telles qualités et entretiennent telles et telles relations,

ou, plus grossièrement :

> Chaque propriété d'un système d'objets consiste en les propriétés et relations réciproques de ses constituants.

C'est en ayant un tel principe à l'esprit qu'on a soutenu que si un objet physique est *au sens strict* un système de particules imperceptibles, alors cet objet envisagé comme un tout ne peut posséder les qualités perceptibles caractéristiques des objets physiques dans l'image manifeste. On en a conclu que les objets physiques manifestes sont l'"apparence" de systèmes de particules imperceptibles *pour des sujets humains percevants*, ce qui correspond à l'option 3) citée plus haut.

L'option 3) prête cependant le flanc à une objection d'ordinaire dirigée non pas contre elle, mais contre une formulation obtuse de 3), soit la thèse voulant que les choses perceptibles autour de nous « n'ont en réalité pas de couleur ». L'objection formulée contre *cette* formulation a le mérite d'attirer l'attention sur le fait que dans le cadre manifeste, il est absurde d'affirmer qu'un objet visible n'a pas de couleur, de même qu'il est absurde d'affirmer d'un triangle qu'il n'a pas de forme. Cependant, si elle porte sur l'option 3) telle qu'elle a été formulée plus haut, soit que *les objets mêmes* sont pour des sujets percevants l'apparence de systèmes de particules imperceptibles, l'objection se révèle n'être d'aucun poids. L'objection, que l'on doit directement ou non au philosophe anglais du « sens commun » G. E. Moore, s'énonce comme suit :

> Les chaises, les tables, etc., telles que nous les pensons d'ordinaire ne peuvent être l'"apparence" de systèmes de particules dépourvues de qualités perceptibles, parce que nous *savons* qu'il y a des chaises, des tables, etc. ; or c'est un trait constitutif des chaises, des tables, etc., que d'avoir des qualités perceptibles.

Elle *disparaît* tout bonnement une fois qu'on reconnaît qu'interprétée comme il se doit, l'assertion qu'en réalité les objets physiques ne possèdent pas de qualités perceptibles n'est pas analogue à l'assertion qu'une affirmation généralement tenue pour vraie est en fait fausse. Elle ne consiste pas à nier une croyance *au sein d'un cadre*, mais à remettre ce cadre en question. Elle affirme que même si le cadre des objets perceptibles, le cadre manifeste de la vie quotidienne, est adéquat dans la vie de tous les jours, il est en dernière analyse inadéquat et ne devrait pas être accepté comme une description de ce qui existe, *tout bien considéré*. Une fois cela compris, on se rend compte que l'argument de la "connaissance" tombe à plat, car le raisonnement :

> Nous savons qu'il y a des chaises, des cubes de glace roses, etc. (des objets physiques). Les chaises, les cubes de glace roses sont colorés, ce sont des objets perceptibles aux qualités perceptibles. Donc les objets physiques perceptibles aux qualités perceptibles existent,

opère *au sein* du cadre de l'image manifeste et ne peut l'*étayer*. Il ne parvient pas à fournir un point de vue hors de l'image manifeste d'où on pourrait évaluer cette dernière.

Un argument plus sophistiqué ferait valoir que c'est en utilisant le cadre conceptuel des objets physiques colorés dans l'espace et dans le temps que nous arrivons à nous débrouiller dans la vie ; ce cadre représente donc les choses telles qu'elles sont en réalité. Cet argument a une certaine force, mais on pourrait lui opposer que le cadre conceptuel par lequel on veut le remplacer peut expliquer pourquoi nos efforts pour vivre, penser et agir dans les termes posés par le cadre manifeste sont couronnés de succès. Il s'agirait de montrer qu'il y a suffisamment de similitudes entre les objets manifestes et leurs homologues scientifiques [1].

On se rappellera la stratégie bien connue visant à défendre la réalité de l'image manifeste contre des considérations d'ordre *logique* plutôt que *scientifique*. Ainsi, on a fait valoir que le cadre des objets physiques dans l'espace et dans le temps était incohérent, impliquait des antinomies ou des contradictions et que ce cadre était donc irréel. On a souvent contré cette objection non pas par une réfutation point par point des arguments prétendant montrer que le cadre est incohérent, mais plutôt par un raisonnement du genre :

> *Nous savons* que cette collision-ci s'est produite dans un lieu et à un moment différents de cette collision-là.
> Donc l'affirmation voulant que la première collision s'est produite dans un lieu et à un moment différents de l'autre collision *est vraie*.
> Donc l'affirmation voulant que les deux collisions se sont produites à des moments et dans des lieux différents *est consistante*.
> Donc les affirmations au sujet d'événements survenant à des moments et dans des lieux divers sont, en tant que telles, consistantes.

Cet argument, comme celui que nous avons déjà examiné, ne prouve pas ce qu'il cherche à prouver, parce qu'il opère au sein du cadre à évaluer et ne fournit pas de point de vue extérieur d'où le défendre. Il repose sur l'hypothèse tacite que si un cadre est inconsistant, son incohérence doit être telle qu'elle conduit tout droit à des inconsistances, si bien que ceux

---

1. Il peut sembler que le cadre manifeste explique le succès du cadre scientifique, de sorte que la situation est symétrique. Mais je crois qu'une analyse de l'explication théorique plus pénétrante que celle que j'ai pu esquisser dans ce texte montrerait que cette affirmation est illusoire. Je traite de ce point plus longuement dans le chapitre 4 de mon livre *Science, Perception and Reality*, « The Language of Theories », p. 106-126.

qui y recourent en sont réduits à se contredire à tous coups. Voilà qui est certes faux. Le cadre de l'espace et du temps peut contenir des incohérences tout en étant un outil conceptuel efficace dans nos transactions quotidiennes. Nous avons un tel exemple d'outil incohérent dans la théorie mathématique, où des inconsistances peuvent être présentes sans apparaître au grand jour dans l'usage routinier.

Cependant, je ne cherche pas à faire valoir que l'image manifeste est irréelle parce qu'elle est en dernière analyse incohérente au sens étroitement logique du mot. Les philosophes qui ont adopté cette ligne de pensée a) ou bien se sont arrêtés là (Hume, le scepticisme), b) ou bien ont tenté de localiser la source de l'inconsistance dans les traits du cadre et interprété la réalité comme une structure dont on a une connaissance inadéquate, structure *analogue* à l'image manifeste mais dépourvue des traits responsables de l'inconsistance. La critique de l'image manifeste à laquelle nous nous livrons repose au contraire sur des considérations logiques en un sens plus large et plus constructif, où il s'agit de montrer en quoi elle se compare défavorablement à une description *plus* intelligible de ce qui est.

On sait que les traits du monde manifeste qui ne jouent aucun rôle dans les explications mécanistes ont été relégués par Descartes et d'autres interprètes de la nouvelle physique à l'esprit du sujet percevant. On a dit de la couleur, par exemple, qu'elle existait seulement dans la sensation, que son *esse* était *percipi*. On a en effet soutenu que ce que la réflexion scientifiquement motivée reconnaît comme des états du sujet percevant, l'expérience ordinaire y voit des traits de choses physiques indépendantes, voire que les présumées choses colorées indépendantes sont en fait des constructions conceptuelles singeant les systèmes mécaniques du monde réel.

Les considérations qui ont conduit des philosophes à refuser la réalité aux choses perceptibles les ont aussi conduits à une théorie dualiste de l'homme. Car si le corps humain est un système de particules, le corps ne peut pas être le sujet qui pense et sent, *à moins qu'on puisse interpréter la pensée et le sentiment comme des interactions complexes de particules physiques*, à moins, donc, qu'on puisse substituer au cadre manifeste faisant de l'homme *un* être, une *personne* capable de choses de types radicalement différents l'image postulationnelle en faisant un complexe de particules physiques, et ce sans perte au niveau de la description et de l'explication.

Le dualisme, bien entendu, niait que la sensation, ou les sentiments, ou la pensée conceptuelle puissent ainsi être conçus comme des interactions complexes de particules physiques, ou l'homme comme un système physique complexe. Les dualistes étaient prêts à dire qu'une *chaise* est en réalité un système de particules imperceptibles "apparaissant" dans le cadre manifeste comme un « solide de couleur » (cf. notre exemple du cube de glace), mais pas que l'homme est un système physique complexe "apparaissant" à lui-même comme une chose du même type que l'homme dans l'image manifeste.

Examinons plus en détail comment Descartes a tenté d'unifier l'image manifeste et l'image scientifique. Ici, ce qu'il y a d'intéressant à noter, c'est que Descartes a pris comme allant de soi (sans fournir d'autre garantie) que l'image scientifique comprendrait des éléments ayant pour homologues les sensations, images et sentiments du cadre manifeste. Ces homologues seraient des états du cerveau complexes obéissant à des lois purement physiques, états dont les rapports de ressemblance et de dissemblance correspondraient à ceux observés entre les états conscients auxquels ils seraient corrélés. Pourtant, comme chacun sait, Descartes a nié que des états du cerveau fussent de même les homologues cérébraux de la pensée conceptuelle.

Or, si nous demandions à Descartes : « Pourquoi ne pouvons-nous pas affirmer que les sensations « sont en réalité » des processus cérébraux complexes de même que, selon vous, nous *pouvons* affirmer que les objets physiques

« sont en réalité » des systèmes complexes de particules imperceptibles ? », il aurait un certain nombre de réponses. Certaines découleraient de sa conviction que la sensation, les images et les sentiments appartiennent à la même famille que croire, choisir, s'interroger, bref, ce sont tous des exemples de pensée conceptuelle de niveau inférieur et qui partagent son irréductibilité présumée aux états cérébraux. Mais une fois toutes ses cartes abattues, il lui resterait l'argument suivant :

> Nous avons retiré les qualités perceptibles de l'environnement physique et les avons mises dans les sensations. Si nous affirmons maintenant qu'une sensation n'est rien d'autre qu'une interaction complexe de particules cérébrales, alors nous les avons entièrement retirées de notre image du monde. Nous avons rendu inintelligible la proposition voulant que les choses puissent même *apparaître* colorées.

Quant à la pensée conceptuelle, Descartes n'a pas seulement refusé de l'identifier à un processus neurophysiologique. Cela ne lui est même pas apparu comme une option possible, parce qu'il lui semblait évident qu'aucun processus neurophysiologique complexe ne pouvait être suffisamment analogue à la pensée conceptuelle pour aspirer sérieusement à définir ce qu'est « en réalité » la pensée conceptuelle. Non seulement Descartes n'a pas accordé qu'il puisse y avoir des processus neurophysiologiques étonnamment analogues à la pensée conceptuelle mais qu'il serait philosophiquement inexact de les *identifier* à la pensée conceptuelle (de même qu'il a identifié les objets physiques du monde manifeste à des systèmes de particules imperceptibles). Il n'a pas même sérieusement envisagé qu'*il y eût* de tels processus neurophysiologiques.

L'aurait-il fait, cependant, il est clair qu'il aurait rejeté cette identification en s'appuyant sur le fait que nous avions une idée « claire et distincte » de ce qu'est la pensée conceptuelle avant même que nous ne soupçonnions que le cerveau a quelque chose à voir avec la pensée. Pour le dire succinctement : nous savons ce qu'est la pensée sans la concevoir comme un processus neurophysiologique complexe ; donc elle ne peut *être* un processus physiologique complexe.

Or, il en est bien entendu de même pour les objets physiques. Nous savions ce qu'était un objet physique bien avant de savoir qu'il y a des particules physiques imperceptibles. Suivant un raisonnement analogue, nous devrions conclure qu'un objet physique ne peut *être* un complexe de particules imperceptibles. De ce point de vue, si Descartes avait eu des raisons de croire à l'existence de processus neurophysiologiques étonnamment analogues à la pensée conceptuelle, il apparaîtrait qu'il aurait dû *ou bien* changer de refrain s'agissant des objets physiques, *ou bien* dire que la pensée conceptuelle *est en réalité* un processus neurophysiologique.

À la lumière des récents développements en neurophysiologie, les philosophes se sont rendu compte qu'il n'y avait pas de raison de supposer qu'il ne peut y avoir de processus neurophysiologiques qui soient à la pensée conceptuelle ce que les états sensoriels du cerveau sont aux sensations conscientes. Et, il est vrai, il n'a pas manqué de philosophes (à commencer peut-être par Hobbes) pour défendre l'idée que la philosophie devait considérer cette analogie comme une *identité* et, donc, qu'une image du monde comprenant *à la fois* les pensées *et* les homologues neurophysiologiques des pensées serait redondante, à l'instar d'une image du monde qui contiendrait *à la fois* les objets physiques de l'image manifeste *et* des configurations complexes de particules physiques. Mais à cette proposition, on peut adresser l'objection évidente que de même que l'affirmation « Les objets physiques sont des complexes de particules imperceptibles » laisse entier le problème de rendre compte du statut des qualités perceptibles des objets manifestes, l'affirmation « Les pensées, etc., sont des processus neurophysiologiques complexes » laisse entier le problème de rendre compte du statut des *qualités intro-spectibles* (*introspectable qualities*) des pensées. Et il paraît manifeste que ce serait s'engager dans une régression vicieuse que de dire que ces qualités existent dans la prise de conscience introspective de pensées apparemment douées de telles qua-lités mais qui ne sont pas dans les pensées mêmes. Car, voudrait l'argument, l'introspection est assurément une forme de pensée. On ne dépouillerait donc une pensée (Pierre) de sa qualité que pour en en revêtir une autre (Paul).

Nous comprenons donc mieux qu'on soit tenté d'affirmer que bien qu'il y ait des processus cérébraux étonnamment analogues à la pensée conceptuelle, ce sont là des processus qui *se déroulent parallèlement* à la pensée conceptuelle (et ne peuvent être identifiés à elle), de même que les états sensoriels du cerveau *se déroulent parallèlement* aux sensations conscientes. Et nous comprenons donc mieux qu'on soit tenté de dire que la source de tous nos embarras tient au fait qu'on a pris au sérieux les prétentions de *toute* partie de l'image scien-tifique à être *ce qui est en réalité* et de se rabattre sur la position que la réalité, c'est le monde de l'image manifeste. Toutes les entités postulées de l'image scientifique seraient dès lors des « outils symboliques » (du même ordre que le dispositif qu'on fait rouler sur une carte pour mesurer les distances) fonction-nant de telle manière qu'ils nous aident à nous débrouiller dans le monde mais ne décrivant pas les véritables objets et proces-sus. De ce point de vue, les homologues théoriques de *tous* les traits de l'image manifeste seraient *tout aussi* dépourvus de réalité. Aussi la conception philosophique correcte de l'homme-dans-le-monde reprendrait-elle à son compte l'image manifeste et donnerait-elle à l'image scientifique la place revenant à un outil conceptuel dont se sert l'homme manifeste dans sa pratique scientifique.

VI. LE PRIMAT DE L'IMAGE SCIENTIFIQUE : PROLÉGOMÈNE

Est-ce là le fin mot de l'affaire ? L'image manifeste, bien entendu sujette à de continuels raffinements empiriques et catégoriaux, est-elle la mesure de ce qu'il y a en réalité ? Je ne le pense pas. J'ai déjà indiqué que parmi les trois options que nous envisageons touchant les mérites comparés de l'image manifeste et de l'image scientifique, la première, qui, telle un enfant, réclame « les deux », est exclue en vertu d'un principe que je ne défends pas ici, bien qu'il appelle une justification. Je viens de reformuler et de rejeter la deuxième option. Je suggère donc de réexaminer les objections contre la troisième option, soit le primat de l'image scientifique. Ma stratégie consistera à faire valoir que la difficulté, soulevée plus haut, qui semble faire obstacle à l'identification de la pensée à des processus cérébraux vient de ce qu'on suppose à tort que dans la conscience de soi, la pensée conceptuelle se présente à nous sous des allures qualitatives. Comme nous le verrons, les sensations et les images qui se présentent à nous ont *effectivement* un caractère qualitatif, ce qui explique qu'elles soient des pierres d'achoppement pour quiconque tente de faire accepter la réalité de l'image scientifique. *Mais*, de nos jours, il est à peine besoin de rappeler que si intimes que soient les rapports liant la pensée conceptuelle aux sensations et images, on ne peut identifier la première aux secondes non plus qu'aux complexes en quoi consistent ces dernières.

Il n'est pas fortuit que lorsqu'un romancier souhaite représenter ce qui se passe dans l'esprit d'une personne, il le fait en "citant" les pensées de celle-ci de même qu'il pourrait citer ce que dit quelqu'un. Car non seulement les pensées sont le genre de choses qui s'expriment ouvertement dans le langage, mais nous les concevons comme analogues à la parole. Ainsi, l'image manifeste conçoit les *pensées* non pas en termes de "qualités", mais plutôt comme des "événements" (*goings-on*) intérieurs analogues à la parole et s'exprimant ouvertement dans la parole, quoique, il va sans dire, pouvant se dérouler en l'absence de telles manifestations. Il n'est pas fortuit que l'on apprend à penser cependant qu'on apprend à parler.

Dans cette perspective, on mesure mieux les risques de malentendu que comporte le terme "introspection". Car s'il y a en effet une analogie entre la connaissance directe que nous avons de nos propres pensées et la connaissance perceptuelle que nous avons de ce qui passe dans le monde autour de nous, elle ne vaut que dans la mesure où la conscience de soi et l'observation perceptuelle sont des formes de base du savoir non inférentiel. Celles-ci diffèrent cependant en ce que dans l'observation perceptuelle, nous savons des objets qu'ils ont une certaine qualité, tandis que dans la connaissance directe de ce que nous pensons (par exemple quand je pense qu'il fait froid dehors), ce que nous savons de manière non inférentielle, c'est *qu'il se déroule en moi quelque chose d'analogue à la phrase « il fait froid dehors » que l'on exprime adéquatement par cette phrase.*

C'est là un point important, car si le concept de pensée correspond à celui d'état intérieur analogue à la parole, cela laisse ouverte la possibilité que l'état intérieur ainsi conçu soit par *son caractère qualitatif* un processus neurophysiologique. Pour faire un parallèle : si je commence à penser la cause d'une maladie comme une substance (qu'on appellera "germes") analogue à une colonie de lapins en ce qu'elle est capable de se reproduire selon une progression géométrique mais qui, contrairement aux lapins, est imperceptible et qui, si elle est présente en quantité suffisante dans le corps humain, peut être la cause des symptômes de la maladie et provoquer des épidémies en se répandant de personne en personne, aucune barrière logique ne m'empêche par la suite d'identifier les "germes" ainsi conçus aux *bacilles* qu'un examen au microscope aura révélés.

Mais on n'a pas tout dit en mettant en relief l'analogie entre pensée conceptuelle et parole manifeste, car tout aussi décisives sont l'analogie entre la parole et ce que peuvent faire les ordinateurs sophistiqués et, enfin, celle entre les circuits informatiques et les configurations concevables d'organisation neurophysiologique. Tout cela relève toujours de la conjecture, quoique à un degré moindre qu'il y a encore quelques années. Ce qui intéresse le philosophe, c'est la question de principe, et ici, la première étape, soit la reconnaissance que le concept de pensée fonctionne par analogie, est décisive. En outre, il nous suffit de reconnaître la force de l'affirmation de Spinoza : « Personne, il est vrai, n'a jusqu'ici déterminé ce que peut le corps, c'est-à-dire que l'expérience n'a jusqu'ici enseigné à personne ce que, grâce aux seules lois de la Nature, – en tant qu'elle est uniquement considérée comme corporelle, – le corps peut ou ne peut pas faire »[1] (*Éthique*, 3e partie, proposition II, scolie).

Voici une autre analogie qui pourrait être plus utile encore. Supposons que nous suivions le déroulement d'une partie d'échecs à l'étranger grâce à un compte rendu télégraphique.

Supposons en outre que nous soyons suffisamment sophistiqués pour savoir que les pièces d'échecs peuvent être de toutes formes et de toutes tailles, que les échiquiers peuvent être horizontaux ou verticaux, voire déformés en tous sens, pourvu qu'ils conservent certains traits topologiques de l'échiquier qui nous est familier. Il est alors clair que lorsque nous nous représentons les joueurs à l'étranger comme déplaçant des rois, des pions, etc., roquant et matant, les concepts que nous nous faisons des pièces qu'ils déplacent et de leurs déplacements sont tout simplement les concepts que nous nous faisons d'éléments et de changements jouant un rôle analogue aux pièces et aux déplacements qui se produisent lorsque *nous* jouons au échecs. Nous savons que les éléments doivent posséder certaines qualités intrinsèques (forme, taille, etc.),

1. Spinoza, *Éthique* (traduit du latin par R. Caillois), coll. « Idées », Paris, NRF, p. 150-151. (N.d. T.)

mais nous nous représentons ces qualités comme «celles qui rendent possible une séquence de changements structurel-lement similaires aux changements survenant sur nos propres échiquiers».

Ainsi, notre concept de «ce que sont les pensées» pourrait, à l'instar de notre concept de roque aux échecs, être abstrait en ce sens qu'il n'a pas trait au caractère *intrinsèque* des pensées mais au fait que ce sont des *éléments pouvant entretenir des relations de forme analogue à celles qu'entretiennent les phrases les unes avec les autres et avec leurs contextes d'utilisation.*

Or, si les pensées sont des éléments que l'on conçoit en fonction du rôle qu'ils jouent, il n'y a *en principe* aucun obsta-cle à l'identification de la pensée conceptuelle à un processus neurophysiologique. Il n'y aurait aucun résidu "qualitatif" à expliquer. Chose curieuse, l'identification serait même plus directe que celle des choses physiques de l'image manifeste aux systèmes complexes de particules physiques. Et par cet aspect-clé, sinon décisif, soit leur préoccupation pour la pensée conceptuelle (qui est le trait distinctif de l'homme), *les images manifeste et scientifique pourraient se fondre sans heurt dans une vue synoptique.*

Qu'en est-il de la sensation et du sentiment? Toute tenta-tive d'identification de ces éléments à un processus neuro-physiologique se heurte à une difficulté à laquelle nous avons déjà fait allusion et que nous sommes maintenant en mesure de décrire plus précisément. C'est en raison de cette difficulté qu'à quelques exceptions près, les philosophes prêts à identifier la pensée conceptuelle à un processus neurophysio-logique n'ont *pas* été prêts à en faire autant pour la sensation.

Avant de reformuler le problème, notons que curieu-sement, les deux cas se ressemblent davantage qu'on ne le reconnaît généralement. Car la réflexion montre que de même que l'image manifeste fait une analogie entre pensée conceptuelle et parole, elle en fait une entre la sensation et sa cause extérieure, les sensations étant les états de personnes dont les similitudes et les dissemblances correspondent à celles chez les objets qui, dans des conditions normales, les suscitent. Présumons que l'analogie est juste. Mais alors, pourquoi ne pas supposer que les états intérieurs que, *en tant que sensations*, on conçoit comme analogues à leurs causes normales sont *in propria persona* des épisodes neurophysiologiques complexes dans le cortex cérébral ? Ce faisant, la conclusion aurait pour parallèle celle que nous étions prêts à tirer dans le cas de la pensée conceptuelle.

Pourquoi sentons-nous qu'il y aurait quelque chose d'extrêmement bizarre, voire d'absurde, à une telle supposition ? La clé de la réponse consiste à reconnaître une différence importante entre l'identification des pensées à des états neurophysiologiques et celle des sensations à de tels états. Si l'on conçoit tant les pensées que les sensations par analogie avec des éléments publiquement observables, dans le premier cas, l'analogie porte sur le *rôle* des pensées, d'où la possibilité que *par leur caractère intrinsèque*, celles-ci diffèrent radicalement du comportement verbal en vertu duquel elles sont conçues par analogie. Mais dans le cas des sensations, l'analogie porte sur la qualité elle-même. Ainsi, on conçoit une « sensation bleue et triangulaire » comme analogue à la surface (vue de face) bleue et triangulaire d'un objet physique qui, lorsqu'on l'observe à la lumière du jour, en est la cause. Cela soulève un point crucial : peut-on, dans le cadre de la neurophysiologie, définir des états suffisamment analogues par leur caractère *intrinsèque* aux sensations pour rendre une identification plausible ?

Il semble clair que la réponse est "non". Non pas que les états neurophysiologiques ne peuvent être définis (en principe) de façon à présenter un degré élevé d'analogie avec les sensations de l'image manifeste. Que cela puisse se faire constitue un fait élémentaire de la psychophysique. Les difficultés tiennent plutôt à ce trait auquel nous avons fait allusion, soit le caractère « en dernière analyse homogène » des choses perceptibles, par exemple la couleur, dont semble essentiellement dépourvu le domaine des états nerveux et de leurs interactions. Pour le dire grossièrement, les étendues de couleur dans l'image manifeste consistent en régions qui sont elles-mêmes des étendues de couleur, lesquelles consistent à leur tour en régions qui sont des étendues de couleur, et ainsi de suite. En revanche, l'état d'un groupe de neurones, bien qu'il comporte des régions qui sont aussi des états de groupes de neurones, comporte en dernière analyse des régions qui ne sont *pas* des états de groupes de neurones mais plutôt des états de neurones pris isolément. Et il en est de même si nous passons au niveau plus fin des processus biochimiques.

Du reste, nous ne voulons pas dire que le caractère en dernière analyse homogène de la sensation de rectangle rouge tient à ce que chaque particule physique dans la région du cortex appropriée *a* une couleur, car quelque difficulté qu'entraînerait ce point de vue par ailleurs, on ne saurait dire que les particules de la théorie physique sont colorées. Or, le principe de réductibilité, que nous avons accepté sans discuter, exclut que des groupes de particules puissent avoir des propriétés qui ne se "réduisent" pas aux propriétés et relations des éléments du groupe.

Il vaut la peine de noter que nous voyons ici ressurgir dans ses traits essentiels le problème des « deux tables » d'Eddington, soit, dans notre terminologie, la table de l'image manifeste et celle de l'image scientifique. Le problème consistait alors à "agencer" la table manifeste à la table scientifique. Ici, le problème consiste à agencer la sensation manifeste à son homologue neurophysiologique. Et, chose intéressante, le problème est essentiellement le même dans les deux cas : *comment concilier le caractère en dernière analyse homogène de l'image manifeste à celui en dernière analyse non homogène du système des objets scientifiques* ?

Nous sommes en train de rejeter l'idée que l'image scientifique ne serait qu'un simple « outil symbolique » pour nous débrouiller dans l'image manifeste et d'accepter celle que l'explication scientifique du monde est (en principe) l'image adéquate. Ayant donc situé les qualités perceptibles des objets manifestes au lieu qui est le leur, c'est-à-dire dans la sensation, nous avons dû affronter le problème suivant : s'agissant du lien entre les sensations conscientes et leurs analogues dans le cortex visuel, faut-il opter pour le dualisme ou pour l'identité ? Or, l'argument précédent nous pousse clairement dans la voie du dualisme. Le caractère « en dernière analyse homogène » des qualités perceptibles, qui nous empêchait entre autres d'*identifier* les qualités perceptibles des objets physiques aux propriétés complexes des systèmes de particules physiques, fait également obstacle à l'*identification*, par opposition à la *corrélation*, des sensations conscientes aux processus neuronaux complexes auxquels elles sont à l'évidence liées.

Mais un tel dualisme est une solution insatisfaisante, parce qu'*ex hypothesi*, les sensations sont essentielles pour expliquer comment nous en venons à construire l'"apparence" qu'est le monde manifeste. Elles sont essentielles pour expliquer comment il se fait qu'il *semble* y avoir des objets colorés. Mais l'image scientifique se présente comme un système d'explications clos, et *si nous continuons de donner à l'image scientifique l'interprétation que nous en avons donnée jusqu'ici*, il faudra que notre explication renvoie aux constructions de la neurophysiologie, lesquelles, si l'on suit notre raisonnement, *n'ont pas ce caractère en dernière analyse homogène dont il s'agit d'expliquer l'apparence dans l'image manifeste*.

Nous sommes donc confrontés à une antinomie : *ou bien* a) l'image neurophysiologique est *incomplète*, c'est-à-dire qu'il faut lui ajouter de nouveaux objets (les « champs sensoriels », *sense fields*) en dernière analyse homogènes et dont la présence se manifeste de quelque manière dans un système de particules physiques, le cortex visuel; *ou bien* b) l'image neurophysiologique est complète et le caractère en dernière analyse homogène des qualités sensibles (et, du coup, les qualités sensibles elles-mêmes) est *pure apparence* au sens radical qu'il n'existe en rien dans le monde spatio-temporel.

La situation est-elle irrémédiable? L'hypothèse de la réalité de l'image scientifique nous conduit-elle à un dualisme des particules et des champs sensoriels, de la matière et de la "conscience"? Dans ce cas, considérant les rapports manifestement intimes entre sensation et pensée conceptuelle (dans la perception, par exemple), il nous faut certes faire marche arrière et ne plus songer à faire cette identification entre pensée conceptuelle et processus neurophysiologique qui semblait tellement plausible tout à l'heure. Nous pourrions alors faire valoir que même si, en l'absence d'autres considérations, il serait plausible de poser une équivalence entre pensée conceptuelle et processus neurophysiologique, une fois toutes nos cartes abattues, il nous faut plutôt convenir que bien que la pensée conceptuelle et le processus neurophysiologique soient chacun analogues au comportement verbal comme phénomène social public (la première en vertu de la manière dont on forme la notion même de pensée, le second en tant qu'il est un fait scientifiquement constaté), ils sont aussi *purement* analogues l'un à l'autre, de sorte qu'on ne peut les identifier. Dans ce cas, les conceptions manifeste et scientifique *tant* des sensations *que* de la pensée conceptuelle s'agenceraient dans la vue synoptique à la manière de processus parallèles, dualisme qu'on ne pourrait éviter qu'en interprétant l'image scientifique *tout entière* comme un « dispositif symbolique » pour transiger avec le monde tel qu'il se présente à nous dans l'image manifeste.

Avons-nous d'autres choix? Tant que les constituants de l'image scientifique seront des particules formant des systèmes de particules de plus en plus complexes, nous ferons inévitablement face au choix que je viens de décrire.

Cependant, l'image scientifique n'est pas encore complète; nous n'avons pas encore percé tous les secrets de la nature. Et il pourrait s'avérer qu'on doive considérer comme les entités primitives non pas les particules mais des singularités dans un continuum spatio-temporel que – *au moins dans des contextes inorganiques* – l'on pourrait "découper" sans perte significative en particules interagissant entre elles. Nous ne ferions alors pas face au problème que posent pour la neurophysiologie les rapports entre *conscience sensorielle* (avec son caractère en dernière analyse homogène) et *systèmes de particules*. Nous pourrions dire plutôt que même si, dans divers contextes, le système nerveux peut s'analyser sans perte comme un système de particules physiques, nous ne parviendrons à comprendre adéquatement les rapports entre conscience sensorielle et processus neurophysiologique que si nous mettons au jour la fondation non particulaire de l'image particulaire et reconnaissons que dans l'image non particulaire, les qualités sensorielles constituent une dimension d'un processus naturel toujours lié à des processus physiques complexes, processus qui, une fois "découpés" en particules douées des traits auxquels nous renvoyons lorsque nous cherchons le plus petit dénominateur commun aux processus physiques présents tant au niveau organique qu'inorganique, correspondent au système de particules complexe qu'*est*, dans l'image scientifique actuelle, le système nerveux central.

VII. QUELLE PLACE DONNER À L'HOMME
DANS L'IMAGE SCIENTIFIQUE

Même si l'on arrivait à développer l'hypothèse de travail qui clôt la section précédente de manière à décrire adéquatement comment l'image scientifique pourrait recréer en ses propres termes les sensations, images et sentiments de l'image manifeste, cela ne suffirait pas à faire décoller la thèse du primat de l'image scientifique. Il faudrait encore montrer qu'on peut concilier les catégories relatives à l'homme comme *personne* confrontée à des normes (éthiques, logiques, etc.), normes entrant souvent en conflit avec ses désirs et ses impulsions et auxquelles elle peut ou non se conformer, et l'idée que l'homme est bien ce que la science en dit.

À première vue, il apparaîtrait qu'il n'y a qu'une façon de réintroduire ce qu'il y a de spécifiquement humain dans le cadre de l'image scientifique. Il se pourrait qu'on reconstruise sans perte les catégories de la personne à l'aide des concepts fondamentaux de l'image scientifique selon un processus analogue à la reconstruction que l'on fait (en principe) des concepts de la biochimie dans les termes de la physique subatomique. À cette suggestion, on opposera d'abord cette objection familière : en tant qu'agents responsables faisant de véritables choix entre de véritables options et qui, en bien des circonstances, auraient pu faire ce qu'ils n'ont effectivement pas fait, les personnes ne peuvent tout simplement pas être conçues comme des systèmes physiques (même interprétés au sens large de façon à comprendre des sensations et sentiments) évoluant conformément aux lois de la nature (statistiques ou non). On peut s'attendre à ce que ceux qui feraient un telle objection rétorqueraient (en s'appuyant sur les distinctions contenues dans la section I) qu'une fois reconstruits, les concepts dans lesquels nous pensons le "caractère" d'une personne, ou le fait qu'elle « aurait pu agir autrement », ou que « ses actions étaient prévisibles » apparaîtraient d'une extra-ordinaire complexité, de sorte qu'on ne saurait les confondre avec les concepts dans lesquels nous pensons la "nature" du NaCl, ou le fait que « le système X ne se serait pas trouvé dans l'état S étant donné telles conditions initiales », ou le fait qu'« il était prévisible que le système X se trouve dans l'état S étant donné telles conditions intiales ». Or, je pense qu'on pourrait contrer *cette* objection sur la reconstruction des catégories relatives aux personnes en s'appuyant sur les mêmes distinctions.

Toutefois, même à supposer que la reconstruction proposée puisse répondre à ce qu'on pourrait appeler l'objection du «libre arbitre», elle échoue de manière décisive sur un autre point. En effet, je crois que l'on peut montrer de manière concluante qu'une telle reconstruction est *en principe* impossible, cette impossibilité étant d'ordre strictement logique. (Je ne défendrai pas ce point explicitement, mais les remarques suivantes contiennent les indices essentiels). Cela semblerait devoir clore le débat. Mais alors, ne sommes-nous pas à nouveau confrontés au choix suivant : a) un dualisme opposant les hommes comme objets scientifiques aux "esprits" qui sont la source et le principe de leur existence comme personnes ; b) l'abandon tant de la réalité des personnes que des objets physiques manifestes au profit de la réalité exclusive des objets scientifiques ; c) le retour une fois pour toutes à la thèse du statut purement "computationnel" (*calculational*) ou "auxiliaire" des cadres théoriques et du primat de l'image manifeste ?

À supposer, comme nous incite à le faire toute notre discussion, qu'aucune de ces options ne soit satisfaisante, y a-t-il une voie de sortie ? Je le pense, et même s'il faudrait un volume entier pour en faire un exposé et une défense appropriés, on peut en formuler l'essentiel en quelques mots. Dire d'une certaine personne qu'elle désirait faire *A* bien qu'elle eût le devoir de faire *B* mais qu'elle a été forcée de faire *C*, ce n'est pas la *décrire* comme on décrirait un spécimen scientifique. On la décrit, certes, mais on fait quelque chose de plus. Et c'est ce quelque chose de plus qui constitue le noyau irréductible du cadre des personnes.

En quoi consiste ce quelque chose de plus ? Un point relativement superficiel nous indiquera la voie. Penser un bipède sans plumes comme une personne, c'est le penser comme un être auquel on est lié par un réseau de droits et de devoirs. De ce point de vue, l'irréductibilité du "personnel" est

celle du "devoir" (*ought*) à l'"être" (*is*). Mais il y a plus fondamental encore (même si, comme nous le verrons, les deux
points de vue coïncident), à savoir que se représenter un bipède
sans plumes comme une personne, c'est concevoir son
comportement par renvoi à son appartenance actuelle ou
potentielle à un groupe englobant chacun de ceux qui s'en
considèrent membres. Appelons un tel groupe "communauté".
Elle correspondait jadis à la tribu primitive, aujourd'hui
(presque) à la "fraternité" des hommes et, potentiellement, à la
"république" des êtres rationnels (cf. le « royaume des fins » de
Kant). Un individu peut appartenir à plusieurs communautés,
certaines se chevauchant, d'autres s'emboîtant comme des
poupées russes. La communauté la plus englobante à laquelle
il appartient est constituée des individus avec qui il peut
amorcer un discours significatif. Elle embrasse tous ceux
qu'embrasse le "nous" quand, dans un usage non métaphorique, on lui donne la portée la plus large possible. Le "nous",
en ce sens premier (où il a pour équivalent le français "on" ou
l'anglais *one*), n'est pas moins fondamental que les autres
"personnes" auxquelles se conjuguent les verbes. Ainsi,
reconnaître comme une personne un bipède sans plumes, ou un
dauphin, ou un Martien, c'est penser de soi-même et cette
autre créature qu'ils appartiennent à une communauté.

Or, les principes fondamentaux d'une communauté, qui
définissent ce qui est "correct" ou "incorrect", "bien" ou
"mal", ce qui « se fait » ou ce qui ne « se fait pas », sont les
intentions les plus générales que partage cette communauté à
l'égard du comportement des membres du groupe. Il s'ensuit
que reconnaître comme une personne un bipède sans plumes,
ou un dauphin, ou un Martien requiert qu'on ait des pensées de
la forme « Nous (on) devons faire (ou nous abstenir de faire)
des actions du type *A* dans des circonstances du type *C* ». Avoir

des pensées de ce type, ce n'est pas *classifier* ou *expliquer*, mais *répéter (rehearse) une intention* [1].

Ainsi, le cadre conceptuel des personnes est le cadre où nous nous pensons les uns les autres comme partageant les intentions collectives (*community intentions*) dont sont tributaires les principes et normes ambiants (par-dessus tout ceux qui rendent possibles le discours doué de sens et la rationalité elle-même), cadre à l'intérieur duquel nous vivons chacun notre vie. On peut quasi définir une personne comme un être ayant des intentions. Ainsi, il ne s'agit pas de *concilier* le cadre conceptuel des personnes au cadre scientifique mais de l'y *joindre*. Aussi avons-nous besoin d'enrichir l'image scientifique non pas de diverses manières de dire ce qui est le cas, mais du langage des intentions individuelles et communautaires, de sorte que lorsque nous concevons en termes scientifiques les actions que nous avons l'intention de poser et les circonstances où nous avons l'intention d'agir, nous établissons un rapport *direct* entre le monde tel que le conçoit la théorie scientifique et nos fins. Ce faisant, il devient *notre* monde, et non plus un appendice étranger au monde où se déroule notre vie. Bien entendu, dans l'état actuel des choses, il n'y a qu'en imagination que nous arrivons à incorporer directement l'image scientifique à notre façon de vivre. Mais le faire ne serait-ce qu'en imagination, c'est déjà transcender le dualisme des images manifeste et scientifique de l'homme-dans-le-monde.

WILFRID SELLARS

Traduit de l'anglais par Yves Bouchard et Dominique Boucher

1. Les intentions collectives («On doit…») ne sont pas seulement des intentions privées («Je dois…») que chacun a. (Voilà une autre façon de formuler l'irréductibilité du "nous" mentionnée plus haut). Il y a cependant un lien logique entre intentions collectives et privées. Car on ne partage vraiment une intention communautaire, si fréquemment qu'on la répète, qu'à condition que dans les cas pertinents, elle se reflète dans l'intention privée correspondante.

LE MATÉRIALISME ÉLIMINATIVISTE
ET LES ATTITUDES PROPOSITIONNELLES

Le matérialisme éliminativiste est la thèse suivant laquelle notre conception commune des phénomènes psychologiques constitue une théorie radicalement fausse, à ce point déficiente que ses principes et son ontologie seront un jour non pas réduits en douceur mais remplacés par les neurosciences parvenues à maturité. Notre compréhension mutuelle et même notre introspection pourront alors être reconstituées dans le cadre conceptuel des neurosciences, lesquelles constituent une théorie beaucoup plus puissante que la psychologie du sens commun qu'elle remplace et bien mieux intégrées au sein des sciences physiques en général. Mon objectif ici est d'examiner ces prévisions, en particulier en ce qui concerne leur impact sur 1) les éléments principaux de la psychologie du sens commun, à savoir les attitudes propositionnelles (croyances, désirs, etc.), et 2) la conception de la rationalité où ceux-ci s'inscrivent.

L'intérêt que porte le matérialisme éliminativiste aux attitudes propositionnelles est un phénomène nouveau. On croyait il y a vingt ans que les émotions, les *qualia* et les « sensations brutes » constituaient les principales pierres d'achoppement du programme matérialiste. Mais la résistance s'est déplacée avec la disparition de ces barrières [1]. Désormais, c'est plutôt du domaine de l'intentionnel, donc du domaine des attitudes propositionnelles, que l'on dit qu'il ne peut être ni réduit au domaine matériel ni remplacé par celui-ci. Il nous faut examiner si cela est bien vrai, et pourquoi.

Cet examen ne prendra tout son sens que si l'on reconnaît dès le départ que le réseau de concepts du sens commun constitue une théorie empirique en bonne et due forme, avec toutes les fonctions, toutes les vertus *et tous les périls* qu'implique ce statut. Je débuterai donc en esquissant brièvement cette conception de la nature de la psychologie du sens commun et en rappelant brièvement les raisons qui la motivent. L'opposition qu'elle rencontre me surprend encore; après tout, le sens commun nous a déjà donné plusieurs théories. Souvenons-nous de la croyance qu'il existe une direction privilégiée dans l'espace vers laquelle toutes les choses tombent; de celle voulant que le poids est une propriété intrinsèque des corps; ou bien encore de celle affirmant qu'un objet en mouvement sans que s'exerce sur lui une force quelconque reviendra rapidement au repos; ou encore de la théorie voulant que la sphère céleste effectue une rotation quotidienne; et ainsi de suite. Si tous acceptent que ces exemples illustrent bien la nature théorique du sens commun, c'est que, semble-t-il, il est aisé d'admettre une composante théorique au sens commun lorsque 1) la théorie et le sens commun impliqués appartiennent heureusement à l'histoire ancienne, et que 2) il est à ce point évident que la théorie en question est fausse qu'il est impossible de nier sa nature spéculative. Il est vrai qu'il est

1. Voir P. Feyerabend (1963), «Materialism and the Mind-Body Problem», Review of Metaphysics, n° 65, p. 49-66; R. Rorty (1965), «Mind-Body Identity, Privacy, and Categories», Philosophical Studies, n° 73, p. 24-54; P. M. Churchland (1979), Scientific Realism and the Plasticity of Mind, New York et Cambridge, Cambridge University Press.

plus aisé de discerner les théories dans ces conditions : quand il s'agit de regarder derrière soi, l'acuité de notre regard est toujours 20 sur 20. Mais aspirons à regarder devant nous pour faire changement.

I. Pourquoi la psychologie
du sens commun est-elle une théorie ?

Lorsqu'on voit dans le cadre conceptuel du sens commun une théorie, il est possible d'organiser simplement et d'unifier la plupart des thèmes importants en philosophie de l'esprit, y compris l'explication et la prédiction du comportement, la sémantique des prédicats mentaux, la théorie de l'action, le problème de l'esprit d'autrui, l'intentionnalité des états mentaux, la nature de l'introspection et le problème de la relation entre le corps et l'esprit. Toute conception de l'esprit parvenant à circonscrire un tel ensemble mérite un examen approfondi.

Commençons avec l'explication du comportement humain (et animal). Le fait est que le commun des mortels savent expliquer, même prédire, le comportement d'autrui avec une facilité et un succès remarquables. Ces explications et prédictions renvoient communément aux désirs, croyances, peurs, intentions, perceptions, et ainsi de suite, qu'on attribue aux agents. Ces explications supposent cependant des lois – au moins approximatives – liant les conditions explicatives au comportement expliqué. La même chose vaut pour les prédictions de comportements ainsi que la justification d'énoncés comportementaux au subjonctif et au conditionnel. Il est rassurant de pouvoir en effet reconstituer un riche réseau de lois inhérent au sens commun à partir de ce commerce quotidien fait d'explications et d'anticipations ; ses principes font les sermons de tous les jours et les fonctions que ceux-ci remplissent sont limpides. Si nous nous comprenons si bien les uns les autres, c'est parce que nous maîtrisons tous tacitement un corps intégré de connaissances traditionnelles au sujet des relations nomologiques liant les circonstances externes, les états internes et le comportement manifeste. Étant données sa nature et sa fonction, nous pourrions très bien appeler « psychologie du sens commun » ce savoir traditionnel [1].

Cette approche implique que la sémantique des termes du vocabulaire mentaliste habituel doit être comprise de la même manière que la sémantique des termes théoriques en général : la signification de tout terme théorique est déterminée ou constituée par le réseau de lois où celui-ci figure. (Cette position est tout à fait distincte du béhaviorisme logique. Nous nions que les lois en question soient analytiques ; le poids sémantique est porté par les connexions nomologiques dans leur ensemble, et non pas seulement par les connexions avec le comportement manifeste. Cette position explique toutefois la plausibilité du béhaviorisme philosophique, si ténue fut-elle).

La reconnaissance de la nature théorique de la psychologie du sens commun offre aussi, et cela est plus important encore que ce qui précède, une solution simple et décisive à un ancien problème sceptique : le problème de l'esprit d'autrui. La conviction qui fait problème ici c'est qu'un autre individu soit aussi le sujet de certains états mentaux. Celle-ci n'est ni inférée déductivement à partir du comportement de l'individu, ni inductivement, par analogie avec sa propre expérience, dangereusement isolée : c'est plutôt une *hypothèse explicative* singulière tout à fait ordinaire. La fonction de l'hypothèse c'est, à l'aide des lois de la psychologie du sens commun, d'expliquer/prédire/comprendre les comportements d'autrui,

---

1. Nous examinerons quelques-unes de ces lois à l'instant. Pour un échantillonnage plus complet des lois de la psychologie du sens commun, voir le quatrième chapitre de mon livre *Scientific Realism and the Plasticity of Mind*, *op. cit.* Pour un examen détaillé des principes populaires qui sous-tendent l'explication de l'action, voir mon article de 1970, « The Logical Character of Action Explanations », *Philosophical Review*, n° 79, p. 214-236.

et l'hypothèse vaut dans la mesure où elle le fait mieux que ses rivales. Dans l'ensemble, ces hypothèses remplissent leur fonction, et c'est pourquoi il est raisonnable de croire que les autres jouissent eux aussi d'états mentaux tels que conçus par la psychologie du sens commun.

La connaissance de l'esprit d'autrui ne dépend donc aucunement de celle du nôtre. En appliquant les principes de la psychologie du sens commun à notre comportement, un Martien pourrait très bien nous attribuer tous nos états mentaux habituels, et ce même si sa propre psychologie était fort différente de la nôtre ; il n'aurait donc pas à « généraliser à partir de sa propre expérience ».

De la même manière, nos propres jugements introspectifs n'auraient pas non plus un statut ou une intégrité particulière. Selon cette conception, un jugement introspectif ne serait rien d'autre qu'une réponse conceptuelle, apprise par habitude, en réaction à nos propres états internes, et l'intégrité de telles réponses dépend toujours de celle du cadre conceptuel acquis (la théorie) au sein duquel elles s'inscrivent. Par conséquent, la certitude *introspective* voulant que l'esprit soit le siège des croyances et désirs est peut-être aussi erronée que la certitude *visuelle* de l'homme de l'Antiquité voulant que le firmament tourne quotidiennement autour de la Terre.

Une autre énigme est l'intentionnalité des états mentaux. Les « attitudes propositionnelles ». pour utiliser le terme de Russell, forment le noyau systématique de la psychologie du sens commun ; leur individualité et leurs propriétés logiques anormales en a incité plus d'un à y voir un contraste fondamental avec les phénomènes physiques. La clé de cette énigme réside là encore dans la nature théorique de la psychologie du sens commun. Selon celle-ci, l'intentionnalité des états mentaux n'est pas un mystère de la nature mais une caractéristique structurelle des concepts de la psychologie du sens commun. Ironiquement, ces caractéristiques structurelles révèlent la parenté étroite que la psychologie du sens commun entretient avec les théories dans les sciences physiques. Je m'explique.

Considérez ce que l'on pourrait appeler les «attitudes numériques» et que l'on retrouve dans le cadre conceptuel des sciences physiques : «… possède une masse$_{kg}$ de n», «… possède une vélocité de n», «… possède une température$_K$ de n», et ainsi de suite. Ces expressions permettent la formation de prédicats : on a un prédicat dès lors qu'on insère un terme singulier désignant un nombre à la position occupée par "n". De plus, les relations qui en résultent, entre les différentes «attitudes numériques» sont précisément les relations entre les nombres "contenus" dans ces attitudes. Qui plus est, la position occupée par les termes singuliers de nombres est sujette à quantification. Tout ceci permet la formulation de généralisations au sujet des relations nomologiques entre les différentes attitudes numériques dans la nature. Ces lois impliquent une quantification sur l'ensemble des nombres, et elles exploitent les relations mathématiques qui valent dans ce domaine. Par exemple :

1) $(x)(f)(m)$ [((x possède la masse m) & (x subit une force nette de f)) ⊃ (x accélère à raison de f/m)].

Considérez maintenant la variété des attitudes propositionnelles : «… croit que p», «… désire que p», «… craint que p», «… est heureux que p», etc. Ces expressions permettent aussi la formation de prédicats. Lorsqu'on substitue un terme singulier de proposition à la position marquée par le "p", on obtient un prédicat précis ; par exemple «… croit que Tom est grand». (Les phrases ne fonctionnent pas en général comme des termes singuliers, mais il est difficile d'échapper à l'idée qu'elles fonctionnent de cette manière lorsqu'elles occupent la position marquée par le "p". J'y reviendrai dans ce qui suit). De plus, les relations qui en résultent entre les différentes attitudes propositionnelles sont justement celles qui valent entre les propositions "contenues" dans ces attitudes, soit des relations comme l'implication logique, l'équivalence logique et l'incompatibilité. Qui plus est, la position occupée par les termes singuliers de propositions est sujette à quantification. Tout ceci permet la formulation de généralisations concernant les relations nomologiques entre les différentes attitudes propositionnelles. Ces lois impliquent une quantification sur l'ensemble des propositions, et elles exploitent les relations variées qui valent dans ce domaine. Par exemple :

2) $(x)(p)$ [$(x$ craint que $p) \supset (x$ désire que $\sim p$)]

3) $(x)(p)$ [$((x$ espère que $p)$ & $(x$ découvre que $p)) \supset (x$ est heureux que p)]

4) $(x)(p)(q)$ [$((x$ croit que $p)$ & $(x$ croit que (si p alors q))) $\supset$ (sauf confusion, distraction, etc., x croit que p)]

5) $(x)(p)(q)$ [$((x$ désire que $p)$ & $(x$ croit que (si q alors p)) & $(x$ est capable de faire en sorte que q)) $\supset$ (sauf désirs contradictoires ou autres stratégies de prédilection, x fait en sorte que q)] [1].

La psychologie du sens commun est donc une théorie ; en fait, il est tellement *évident* que c'est une théorie que c'est à se demander pourquoi les philosophes ne s'en sont pas aperçus avant la seconde moitié du vingtième siècle. Les caractéristiques structurelles de la psychologie du sens commun vont

---

1. Si nous optons pour une conception objectuelle des quantificateurs, la manière la plus simple de comprendre systématiquement les expressions comme « x croit que p » et les phrases fermées ainsi formées sera vraisemblablement de comprendre comme des termes singuliers les éléments enchâssés dans les positions tenues par "p", "q", etc. En conséquence, les connecteurs standards liant les éléments qui occupent ces positions y seront interprétés comme des opérateurs s'appliquant à des termes singuliers pour en former d'autres, et non comme opérateurs s'appliquant à des phrases. Les termes singuliers complexes qui sont ainsi formés dénoteront les propositions complexes appropriées. Naturellement, une conception substitutionnelle de la quantification nous donnera une conception différente des attitudes propositionnelles, et il existe d'autres approches. L'approche prosententielle de D. Grover, J. Camp et N. Belnap (dans « A Prosentential Theory of Truth », *Philosophical Studies*, n° 27, p. 73-213) est particulièrement intéressante à ce sujet. Mais la solution de ces questions n'est pas essentielle à la présente discussion.

de pair avec celles de la physique mathématique, l'unique différence touchant au domaine d'entités abstraites qu'elles exploitent (les nombres dans le cas de la physique, les propositions dans le cas de la psychologie).

Enfin, la reconnaissance de la nature théorique de la psychologie du sens commun permet de jeter un nouveau regard sur le problème de la relation entre le corps et l'esprit. La question devient alors celle de savoir comment l'ontologie d'une théorie (la psychologie du sens commun) sera ou non liée à celle d'une autre théorie (les neurosciences, lorsqu'elles seront parvenues à maturité); les positions philosophiques principales concernant la relation corps-esprit peuvent dès lors être vues comme autant d'anticipations sur ce que révéleront les recherches futures à propos du statut interthéorique et de l'intégrité de la psychologie du sens commun.

Le partisan de la théorie de l'identité psychophysique s'attend avec optimisme à ce que la psychologie du sens commun soit à terme *réduite* en douceur par les neurosciences, et que son ontologie soit préservée grâce aux identités interthéoriques. Le partisan du dualisme s'attend à ce qu'on ne parvienne *pas* à terme à la réduire aux neurosciences puisqu'elle se veut la description non redondante d'un domaine non physique autonome parmi les phénomènes naturels. Le fonctionnaliste s'attend lui aussi à ce qu'on ne parvienne *pas* à la réduire, mais, dans son cas, c'est parce qu'il croit que l'économie interne décrite par la psychologie du sens commun n'est pas, en dernière analyse, une économie d'états mentaux gouvernés par des lois, mais bien une organisation abstraite d'états fonctionnels, organisation qui peut se réaliser dans une variété de substrats matériels distincts. Elle est donc irréductible aux principes spécifiques à l'un quelconque de ces substrats.

Enfin, le partisan du matérialisme éliminativiste est lui aussi pessimiste quant aux perspectives de réduction, mais la raison en est que la psychologie du sens commun est à ses yeux une explication absolument inadéquate de l'activité interne, qu'elle est trop confuse et défectueuse pour survivre à la réduction interthéorique. Elle sera selon lui tout simplement supplantée par une théorie qui rend mieux compte de cette activité.

Nous tenterons maintenant de prédire la destinée véritable de la psychologie du sens commun. Il faut garder à l'esprit à partir de maintenant que nous explorerons le destin d'une *théorie*, une théorie systématique, corrigible et spéculative.

II. POURQUOI LA PSYCHOLOGIE DU SENS COMMUN POURRAIT (EN FAIT) ÊTRE FAUSSE ?

Puisque la psychologie du sens commun est une théorie empirique, il est à tout le moins possible que ses principes soient radicalement faux et son ontologie illusoire. Aucune des principales positions philosophiques à part le matérialisme éliminativiste ne prend cependant au sérieux cette possibilité. Aucune d'elles ne doute de l'intégrité fondamentale ni de la vérité de la psychologie du sens commun, et toutes anticipent un avenir où les lois et catégories de cette psychologie seront conservées. Ce conservatisme n'est pas sans fondements. Après tout, la psychologie du sens commun jouit d'un succès prédictif et explicatif certain. N'est-ce pas là la meilleure raison pour avoir confiance en l'intégrité de ses catégories ?

En effet ! Et pourtant, née de l'ignorance et de vues étroites, la présomption en faveur de la psychologie du sens commun est fallacieuse. Un examen minutieux révèle en effet une image différente. D'abord, il faut mesurer non seulement les succès de la psychologie du sens commun, mais aussi ses échecs, tant leur ampleur que leur importance. Ensuite, il faut tenir compte de la longue histoire de la psychologie du sens commun, de son développement, de sa fertilité, et de ses promesses de développement futur. Enfin, il faut considérer quelles sortes de théories *promettent* de décrire correctement l'étiologie de notre comportement, étant donné ce que nous avons par ailleurs récemment appris de nous-mêmes. Bref, nous devons évaluer la cohérence de la psychologie du sens commun et sa continuité avec les théories fertiles et bien établies que l'on retrouve dans les domaines adjacents de la psychologie du sens commun, voire celles des domaines qui empiètent sur le sien (la théorie de l'évolution, la biologie et les neurosciences, par exemple) parce que la mesure finale de toute hypothèse est peut-être sa compatibilité avec ce que nous croyons connaître.

Un recensement minutieux des failles de la psychologie du sens commun révèle une situation très trouble, qui nous amènerait à douter de toute théorie qui nous serait moins familière et moins chère. Voici quelques éléments en faveur de ce que j'avance. Quand on se penche non pas sur les phénomènes que la psychologie du sens commun peut expliquer, mais sur ceux qu'elle ne peut pas expliquer, ou n'aborde pas, on se rend compte qu'il y en a beaucoup. Pour illustrer l'ensemble des phénomènes mentaux importants mal ou pas du tout expliqués par la psychologie du sens commun, pensons à la nature et la dynamique des troubles mentaux, à l'imagination créatrice ou encore aux fondements des différences individuelles en matière d'intelligence. Pensons aussi à notre ignorance totale de la nature et des fonctions psychologiques de sommeil, cet état curieux dans lequel nous passons le tiers de notre vie. Pensons à notre capacité d'attraper une fausse balle au champ extérieur tout en courant à vive allure, ou d'atteindre une voiture en mouvement avec une boule de neige. Pensons à la construction d'une image visuelle tridimensionnelle à partir de différences subtiles d'alignement bidimensionnel des stimulations rétiniennes. Pensons aux nombreuses illusions perceptuelles, visuelles et autres. Pensons au miracle de la mémoire et de sa capacité de retrouver une information en un éclair. La psychologie du sens commun éclaire peu ces phénomènes mentaux, et combien d'autres.

La nature des processus d'apprentissage demeure un cas particulièrement énigmatique, surtout lorsque ceux-ci comportent des changements conceptuels importants dans leur forme prélinguistique, voire entièrement non linguistique (comme c'est le cas chez les enfants en bas âge et les animaux), cette dernière forme étant de loin la plus répandue dans la nature. Sur cette question, la psychologie du sens commun est confrontée à des difficultés particulières car sa conception de l'apprentissage, comme manipulation et enregistrement d'attitudes propositionnelles, s'abîme sur le fait que la manière de formuler, de manipuler et d'enregistrer des attitudes propositionnelles est elle-même une capacité cognitive apprise et, qui plus est, que ce n'en est qu'une parmi plusieurs. Non seulement la psychologie du sens commun est-elle incapable de rendre compte de ce problème fondamental, mais elle est incapable même de le poser [1].

Si importants soient-ils, ces déboires ne prouvent pas encore la fausseté de la psychologie du sens commun. Mais ils suggèrent néanmoins que sa fausseté est du domaine du possible et montrent hors de tout doute que la psychologie du sens commun n'est, *au mieux*, qu'une théorie fort superficielle, une glose partielle et peu sagace sur une réalité plus profonde et complexe. Étant parvenu à cette opinion, on nous pardonnera d'explorer la possibilité que cette psychologie représente notre dynamique interne de manière franchement fallacieuse : à notre sens, le succès de l'image qu'elle offre tient davantage au fait qu'on applique la théorie de manière

---

1. Une réponse possible sera d'insister sur le fait que l'activité cognitive des animaux comme des enfants en bas âge repose sur des éléments, des structures et un traitement dont la forme est essentiellement linguistique, et ce depuis la naissance. J. A. Fodor (*The Language of Thought*, New York, Crowell, 1975) a développé une théorie de la pensée sur la prétention que les formes innées de l'activité cognitive ont justement la forme que je rejette ici. Pour une critique de la théorie de Fodor, voir P. S. Churchland (1978), « Fodor on Language Learning », *Synthese*, n° 38, p. 149-159.

sélective, et qu'on doit bien interpréter d'une manière ou d'une autre, et non pas du fait qu'elle repose sur une authentique compréhension théorique.

Un coup d'œil à l'histoire de la psychologie du sens commun, qui est une histoire de recul, de stérilité et de décadence, renforcera ces doutes. Le domaine présumé de la psychologie du sens commun était jadis beaucoup plus étendu qu'il ne l'est maintenant. Dans les cultures primitives, on s'expliquait le comportement de la plupart des éléments de la nature en termes intentionnels. Le vent pouvait être en colère, la lune être jalouse, le fleuve généreux, la mer en furie, et ainsi de suite. Qu'on ne se méprenne pas : ce n'était pas des métaphores. On a offert des sacrifices et pris des augures pour calmer ou prédire les passions changeantes des dieux. En dépit de sa stérilité, cette approche animiste de la nature a dominé notre histoire, et nous n'avons limité son application littérale aux seuls animaux supérieurs que depuis les deux ou trois derniers millénaires.

Et cependant, même dans ce domaine de prédilection, le contenu comme les succès de la psychologie du sens commun n'ont pas beaucoup évolué en deux ou trois mille ans. La psychologie du sens commun des Grecs est essentiellement celle que nous pratiquons aujourd'hui, et nous expliquons à peine mieux le comportement humain en termes intentionnels que ne le faisait Sophocle. Il s'agit là pour une théorie d'une très longue période de stagnation et de stérilité, en particulier lorsqu'on considère les nombreuses anomalies accumulées et toutes les énigmes qui persistent, même dans son domaine propre. On dira peut-être que les théories parfaites n'ont pas à évoluer, mais la psychologie du sens commun est loin d'être parfaite. Par conséquent, son incapacité à développer ses propres ressources et étendre son domaine d'application est énigmatique et curieuse, et l'on se doit de remettre en question l'intégrité de ses catégories fondamentales. Pour utiliser des termes d'Imre Lakatos, la psychologie du sens commun est un programme de recherche stagnant ou en dégénérescence, et ce depuis des millénaires.

Bien entendu, il n'y a pas que la capacité actuelle d'explication qui témoigne des vertus ou promesses d'une théorie. Une théorie problématique ou stagnante peut mériter patience et sollicitude pour d'autres raisons, par exemple parce que c'est la seule théorie ou approche théorique qui s'accorde bien avec les théories des domaines adjacents, ou encore qui promet de se réduire à une théorie générale dont le domaine subsume le sien ou d'être expliquée par elle. Bref, on peut accepter une théorie au passé peu reluisant si elle est promise à une intégration théorique. Quelles sont donc les chances d'intégration de la psychologie du sens commun ?

C'est probablement sur ce point que la psychologie du sens commun fait le plus piètre figure. L'histoire naturelle et les sciences physiques peuvent rendre compte avec cohérence de la constitution de l'espèce *Homo sapiens*, de son développement et de ses dispositions comportementales. Cette explication fera appel à la physique des particules, la théorie atomique et moléculaire, la chimie organique, la théorie de l'évolution, la biologie, la physiologie et les neurosciences matérialistes. Bien qu'incomplète à plusieurs niveaux, celle-ci est déjà extrêmement puissante, surpassant souvent la psychologie du sens commun même dans son domaine d'application propre. Cette explication cherche délibérément, et explicitement, à s'intégrer d'une manière cohérente au reste de la conception du monde en voie de développement. Bref, la plus grande synthèse théorique dans l'histoire de l'humanité est à notre portée, et celle-ci propose déjà des descriptions et des explications des intrants sensoriels humains, de l'activité nerveuse et du contrôle moteur.

La psychologie du sens commun ne fait toutefois pas partie de cette nouvelle synthèse. Ses catégories intentionnelles font bande à part, et on voit mal comment elles se réduiront un jour à ce grand corps de connaissances. On ne peut pas, bien sûr, écarter une fois pour toute la possibilité que ces catégories se réduisent à celles de la synthèse, mais considérant le manque de pouvoir d'explication et la longue stagnation de la psychologie du sens commun, il est douteux que celles-ci puissent se refléter systématiquement dans le cadre de la neurologie. Cette psychologie rappelle au contraire quelle figure devaient faire l'alchimie lorsque la chimie élémentaire a pris forme, la cosmologie aristotélicienne lorsqu'on a commencé à articuler la mécanique classique, ou encore la conception vitaliste de la vie pendant le développement de la chimie organique.

Pour présenter une image équitable de la situation, il faut en particulier faire l'effort d'oublier que la psychologie du sens commun est au cœur de notre *Lebenswelt* actuelle et constitue le vecteur principal de notre commerce interpersonnel. Ces faits donnent à la psychologie du sens commun une inertie conceptuelle qui excède de loin ses vertus proprement théoriques. En nous limitant à cette dimension, il faut souligner les échecs monumentaux de la psychologie du sens commun au plan de l'explication, sa stagnation depuis au moins vingt-cinq siècles, le fait que ses catégories semblent (jusqu'à présent) incommensurables avec celles des sciences physiques, ou orthogonales à elles, et le fait qu'on ne peut nier à ces dernières la prétention d'expliquer un jour le comportement humain. Toute théorie qui répond à cette description doit être admise comme une candidate sérieuse à l'élimination pure et simple.

Une conclusion plus forte n'est pas justifiée à ce stade, évidemment, et tel n'est pas mon propos. Nous explorons une éventualité et les faits exigent ni plus ni moins qu'elle soit prise au sérieux. Le matérialisme éliminativiste se caractérise justement par le fait qu'il prend cette éventualité très au sérieux.

III. LES ARGUMENTS CONTRE L'ÉLIMINATION

Résumons l'argument fondamental motivant le matérialisme éliminativiste : la psychologie du sens commun est une théorie et c'est fort probablement une théorie fausse ; essayons donc de la dépasser.

Cet argument est clair et simple, mais plusieurs le trouvent peu convaincant. On fera valoir que la psychologie du sens commun n'est pas, à proprement parler, une théorie *empirique* ; qu'elle n'est pas fausse, ou du moins qu'on ne peut pas la réfuter par de simples considérations empiriques ; qu'on ne peut pas ou ne doit pas l'éliminer comme on élimine d'habitude les théories physiques réfutées. Dans ce qui suit, j'examinerai ces objections sous la forme qu'elles prennent au sein du plus populaire et du mieux fondé des programmes en philosophie de l'esprit, soit le fonctionnalisme.

Deux thèmes distincts, communs au sein du fonctionnalisme contemporain, expliquent l'aversion de plusieurs à l'égard de l'éliminativisme. Le premier thème porte sur le caractère *normatif* de la psychologie du sens commun, ou du moins le caractère normatif du noyau central de cette psychologie, à savoir les attitudes propositionnelles. Certains diront que la psychologie du sens commun décrit un mode d'activité interne qui est idéal, ou à tout le moins louable. Elle esquisse non seulement ce que signifie posséder et manipuler des croyances et des désirs, mais également (et inévitablement) comment les gérer rationnellement. Certes, l'idéal fixé par la psychologie du sens commun peut être imparfaitement réalisé chez les humains en chair et en os, mais cela ne milite pas contre cette psychologie en tant que description normative. Ce fait ne milite pas non plus contre la psychologie du sens commun conçue comme une description de l'activité interne, car il demeure néanmoins vrai qu'elle permet de comprendre efficacement, et avec justesse, nos actions comme rationnelles *sauf* lors de manquements occasionnels dus au bruit, à l'interférence ou à toute autre défaillance, que la recherche empirique pourra éventuellement éclaircir. En conséquence, bien que la neurologie puisse un jour compléter la psychologie du sens commun, il n'est ni nécessaire ni urgent de la remplacer, même comme théorie descriptive; du reste on ne pourrait pas la remplacer, en tant que caractérisation normative, par une théorie des mécanismes nerveux, puisque la rationalité se définit en termes d'attitudes propositionnelles. La psychologie du sens commun est donc ici pour rester.

Daniel Dennett a défendu un argument semblable [1]. Cet argument trouve aussi des partisans chez les tenants du dualisme de propriétés. Karl Popper et Joseph Margolis en appellent tous deux à la nature normative de l'activité mentale et linguistique comme obstacle à l'élimination de la psychologie du sens commun en faveur d'une théorie descriptive ou matérialiste, voire une pénétration de la première par la seconde [2]. J'espère dans ce qui suit rendre cet argument moins attrayant.

Le second thème touche la nature *abstraite* de la psychologie du sens commun. La thèse centrale du fonctionnalisme veut que les principes de cette psychologie décrivent nos états internes sans faire référence à leur nature intrinsèque ou leur constitution physique. Elle les décrirait plutôt en termes de réseau de relations causales qu'ils entretiennent les uns avec les autres de même qu'avec les stimulations sensorielles et le comportement manifeste. Étant donnée cette description

---

1. Il l'a défendu le plus explicitement dans son article de 1981, « Three Kinds of Intentional Psychology » (repris dans *The Intentional Stance*, Cambridge, Mass., MIT Press, 1987; traduction française, *La Stratégie de l'interprète*, Paris, Gallimard, 1990), mais ce thème remonte tout droit à son « Intentional Systems » de 1971 (repris dans *Brainstorms*, Montgomery, Vermont, Bradford Books, 1978).

2. Voir K. Popper (1972), *Objective Knowledge*, New York, Oxford University Press; K. Popper et J. Eccles (1978), *The Self and its Brain*, New York, Springer Verlag; J. Margolis (1978), *Persons and Minds*, Boston, Reidel.

abstraite, l'économie psychologique interne pourrait se réaliser dans une multitude de systèmes physiques totalement différents les uns des autres. La constitution physique de ces systèmes peut différer, même radicalement, bien qu'à un autre niveau ils partagent la même nature. Cette conception de la nature des états internes, indique Fodor, « est compatible avec une interprétation forte de l'inéliminabilité de l'idiome mentaliste des théories comportementales »[1]. La réalisation multiple dans des substrats physiques hétérogènes étant une possibilité bien réelle, il est par conséquent impossible d'éliminer la description fonctionnelle en faveur du niveau de description propre à un substrat en particulier. Une telle élimination nous empêcherait de rendre compte de l'organisation (abstraite) que ce système partage avec les autres. Il est donc impossible d'éliminer la description fonctionnelle des états internes.

Comme le précédent, ce deuxième thème assigne à la psychologie du sens commun une nature quelque peu autoritaire, comme s'il revenait aux systèmes empiriques de réaliser fidèlement l'organisation fonctionnelle qu'elle dicte, et non pas à la psychologie du sens commun de s'accorder fidèlement à l'activité interne d'une classe de systèmes empiriques. Cette impression est renforcée par les exemples illustrant habituellement les thèses fonctionnalistes : souricières, calculettes, ordinateurs, robots, et autres dispositifs semblables. Mais ce sont là des artefacts, des objets façonnés pour remplir une fonction préconçue. Dans le cas des artefacts, il est vrai que la responsabilité incombe au système physique, pas à sa description fonctionnelle, lorsque l'un et l'autre ne s'accordent pas. Ce fait isole les descriptions fonctionnelles de toute critique empirique, comme peu de théories empiriques. Un fonctionnaliste éminent, Hilary Putnam, a même carrément soutenu que la psychologie du sens commun n'est pas une

---

1. J. A. Fodor (1968), *Psychological Explanation*, New York, Random House, p. 116.

théorie empirique appelée à être corrigée [1]. De toute évidence, lorsqu'on conçoit ainsi la psychologie du sens commun, et on le fait régulièrement, la question de son intégrité empirique est peu susceptible de se poser, encore moins de recevoir une réponse critique.

Bien que les remarques qui précèdent valent pour certains fonctionnalistes, il n'en va pas de même pour Fodor. Pour lui, la psychologie a pour but d'identifier la *meilleure* description fonctionnelle de l'humain, et il s'agit là d'une question empirique. En outre, son argument en faveur de l'inéliminabilité de l'idiome intentionnel ne porte pas sur notre psychologie du sens commun actuelle. Sa position exige seulement qu'une description fonctionnelle abstraite quelconque soit conservée, par exemple une version revue et corrigée de la psychologie du sens commun.

Fodor a néanmoins une mauvaise opinion de l'élimina-tivisme. Il croit d'abord que, de toute évidence, il n'y a rien de fondamentalement erroné dans la psychologie du sens commun. Au contraire, le cœur de l'activité cognitive selon cette psychologie – la manipulation d'attitudes proposition-nelles – se retrouve au cœur de la théorie qu'il a lui-même développée pour rendre compte de la nature de la pensée (Fodor, 1968, p. 175). Du reste, peu importe s'il faut la corriger un peu : il demeure que la psychologie du sens commun ne peut être supplantée par aucune théorie naturaliste décrivant la constitution physique des systèmes, puisque ce sont les aspects fonctionnels abstraits de ses états internes, et non la chimie de leur substrat, qui font une personne.

1. H. Putnam (1964), « Robots : Machines or Artificially Created Life ? », *Journal of Philosophy*, vol. LXVI, p. 668-691.

Tous ces arguments sont attrayants. Mais il me semble qu'ils nagent presque entièrement dans l'erreur. Le fonctionnalisme a trop longtemps joui de la réputation d'être audacieux et avant-gardiste. Il faut maintenant le démasquer et montrer quelle position myope et réactionnaire il est en réalité.

IV. LA NATURE CONSERVATRICE DU FONCTIONNALISME

L'histoire suivante peut nous ouvrir des perspectives intéressantes sur le fonctionnalisme. Pour commencer, souvenons-nous de la théorie alchimique de la matière inanimée. Certes, la «théorie alchimique» est en fait une longue tradition comptant de multiples théories et non pas une seule, mais nous pouvons nous satisfaire ici d'une ébauche.

Les alchimistes concevaient l'"inanimé" en parfaite continuité avec la matière animée : les propriétés sensibles et comportementales des diverses substances dépendaient de l'animation (*ensoulment*) d'une matière vile par divers esprits ou essences. On croyait que ces propriétés non matérielles se développaient de la même manière que les plantes, les animaux et les humains croissent et que leur âme se développe. La compétence particulière de l'alchimiste tenait à son savoir-faire : sa capacité d'ensemencer, de nourrir et de porter à maturité l'un ou l'autre des esprits matérialisés selon les combinaisons appropriées.

Une théorie commune à l'époque nommait les quatre esprits fondamentaux (infusant la matière "inanimée") "mercure", "soufre", "arsenic jaune" et "sel ammoniaque". On croyait chacun de ces esprits responsable d'un syndrome approximatif, mais caractéristique, de propriétés sensibles, combinatoires et causales de la matière. On croyait par exemple l'esprit mercure responsable de certains des aspects typiques des métaux, que ce soit leur lustre, le fait qu'ils se liquéfient, et ainsi de suite. De même, on croyait le soufre responsable d'autres aspects communs des métaux, ainsi que de certains traits typiques des minerais métallifères. Bref, toute substance métallique était une combinaison particulière de ces deux esprits. Une explication semblable valait pour les deux autres esprits et, à eux quatre, ces esprits rendaient intelligibles un certain domaine de propriétés et transformations physiques et ils en permettaient le contrôle.

Bien sûr, le contrôle exercé sur le réel était limité. Mieux encore : l'alchimiste devait davantage ses prévisions et son contrôle à l'expérience acquise comme apprenti auprès d'un maître qu'à un savoir réel conféré par la théorie. La théorie a suivi la pratique beaucoup plus qu'elle ne l'a dictée. Il n'en reste pas moins que la théorie a donné un certain sens à la pratique et, en l'absence d'une option de rechange bien développée, était suffisamment attrayante pour soutenir une tradition longue et tenace.

La tradition alchimique s'était déjà fragmentée et étiolée lorsque surgit la chimie élémentaire de Lavoisier et de Dalton, qui la remplaça une fois pour toutes. Mais supposons qu'elle ait persisté un peu plus longtemps – peut-être parce que l'orthodoxie avait acquis un statut pratique dans le sens commun de l'homme de la rue – et examinons la nature du conflit entre les deux théories et quelques avenues possibles de résolution.

Il est indéniable que le déplacement pur et simple de l'alchimie constitue la résolution la plus simple, et c'est celle qui, historiquement, s'est produite. Une interprétation dualiste des quatre essences – comme des esprits immatériels – paraîtra inepte et inutile en raison de la puissance de la taxonomie corpusculaire de la chimie atomique. Et puisque les deux théories organisent le même domaine tout à fait différemment, il semble qu'il soit hors de question de réduire l'ancienne taxonomie à la nouvelle. L'élimination pure et simple semble dès lors la seule option possible – sauf si un défenseur capable et déterminé de l'alchimie avait eu l'esprit assez vif pour suggérer la défense suivante.

En fait, être « animé par le mercure ». ou « par le soufre ». ou par l'un ou l'autre des deux autres soi-disant esprits est un état *fonctionnel*. Le premier se définit par exemple par la disposition de refléter la lumière, de se liquéfier sous la chaleur, de s'unir à la matière dans le même état, et ainsi de suite. Chacun des quatre états fonctionnels est lié aux autres de telle sorte que l'ensemble de propriétés manifestées par une substance donnée varie selon que tel ou tel autre état y est également matérialisé. Le niveau de description propre au vocabulaire alchimique est donc abstrait : les diverses substances matérielles, "animées" comme il se doit, peuvent afficher les traits caractéristiques de tout métal, même ceux de l'or. Car c'est l'ensemble des propriétés occurrentes et causales qui importe, et non les détails corpusculaires de leur réalisation. En somme, l'alchimie décrit le réel à un niveau d'organisation distinct du niveau propre à la chimie corpusculaire, et le premier est irréductible au second.

Cette conception aurait certes pu en convaincre plus d'un. Après tout, il dispense les alchimistes de défendre l'existence d'âmes immatérielles qui vont et viennent, il les libère des exigences sévères d'une réduction naturaliste, et enfin, il leur épargne le choc et la confusion résultant de l'élimination pure et simple des esprits immatériels. La théorie alchimique en serait ressortie gagnante sur tous les fronts. En prime, les alchimistes n'auraient pas paru trop têtus ou dogmatiques aux yeux des défenseurs de la théorie corpusculaire. Ils pourraient concéder que l'alchimie nécessite désormais une réorganisation assez substantielle et qu'il faut en cette matière se laisser guider par l'expérience. Mais du même souffle, ils pourraient rappeler que le déplacement naturaliste de l'alchimie n'est nullement à craindre, puisque c'est la constellation particulière des propriétés occurrentes et causales qui fait d'un échantillon de matière de l'or, et non les détails idiosyncrasiques de sa réalisation corpusculaire. Une autre circonstance aurait rendu cette affirmation encore plus plausible. Le fait est que les alchimistes *savaient* comment fabriquer de l'or, en ce sens relativement affaibli du concept d'"or", et ils pouvaient même en fabriquer de différentes façons. Hélas, leur "or" n'était jamais aussi parfait que l'"or" couvé dans les entrailles de la nature, mais, de toute façon, quel mortel peut aspirer à égaler les compétences de la nature elle-même ?

Morale de cette histoire : il se peut à tout le moins que les astuces, les thèses et les ripostes qui caractérisent le fonctionnalisme ne constituent qu'un outrage à la raison et à la vérité, et qu'elles le font parées d'une vraisemblance tout à fait effrayante. L'alchimie est une théorie monstrueuse ne méritant rien de mieux qu'une élimination totale et sans appel. La défense que nous venons d'explorer est réactionnaire, obscurantiste, rétrograde et tout simplement fausse. Mais à l'époque, sans le bénéfice du recul, elle aurait pu paraître parfaitement sensée, même à des personnes raisonnables.

L'alchimie est un exemple délibérément clair de ce que l'on pourrait appeler « la stratégie fonctionnaliste ». et il est facile d'en imaginer d'autres. Voici par exemple comment l'on construirait une excellente défense de la théorie phlogistique de la combustion. Interprétez « être fortement phlogistiqué » et « être déphlogistiqué » comme des états fonctionnels définis par un certain ensemble caractéristique de dispositions causales ; montrez la grande variété des substrats capables de combustion et de calcification ; revendiquez une intégrité fonctionnelle irréductible à ce à quoi votre théorie n'assigne pas d'intégrité naturelle ; enfin, cachez les défauts qui restent derrière la promesse d'améliorations futures. Une telle recette donnera un regain de vie aux quatre humeurs de la médecine médiévale, à l'*archée* ou l'essence vitale de la biologie prémoderne, et ainsi de suite.

Si ces exemples enseignent quelque chose, c'est que la stratégie fonctionnaliste est un écran de fumée dont l'unique

fonction est de préserver l'erreur et la confusion. D'où vient
que nous avons l'assurance qu'on ne nous fait pas le même
coup au nom de la psychologie du sens commun dans les
périodiques contemporains ? Le parallèle avec l'alchimie tient
sur toute la ligne, jusqu'au parallèle entre la recherche de l'or
artificiel et celle de l'intelligence artificielle !

Qu'on me comprenne bien sur ce dernier point : il s'agit là
d'objectifs valables. Il est désormais possible grâce à la
physique nucléaire de fabriquer de l'or artificiel (et véritable),
ne fut-ce qu'en infime quantité ; et l'intelligence artificielle (et
véritable) sera aussi un jour à notre portée. Mais de même qu'il
s'est avéré impossible de fabriquer de l'or en arrangeant
soigneusement un ensemble de propriétés superficielles, car
ce n'était tout simplement pas la façon de s'y prendre, on ne
produira pas de l'intelligence artificielle en arrangeant soigneusement un ensemble de propriétés superficielles habituellement associées à l'intelligence. Comme pour l'or, il faudra
plutôt comprendre l'espèce *naturelle* sous-jacente responsable
de cet ensemble de propriétés superficielles.

Bref, face à l'absence de force explicative de la psychologie du sens commun, à son histoire stagnante et à l'isolement
systématique de ses idiomes intentionnels, une défense adéquate et sensée ne pourra pas seulement insister sur son
caractère abstrait, fonctionnel et irréductible. Premièrement,
on aurait pu monter une défense similaire, et aussi vraisemblable, du sens commun, quel que soit le réseau bigarré d'états
internes qu'il nous aurait attribué. Ensuite, cette défense présuppose essentiellement ce qui est en jeu : elle suppose que les
idiomes intentionnels de la psychologie du sens commun, ou
quelque chose de semblable, saisissent les traits *importants*
que partagent les systèmes cognitifs. Mais il n'en est peut-être
rien. On ne peut certes pas supposer qu'ils le peuvent pour
soutenir ensuite qu'il est impossible que la psychologie du
sens commun soit supplantée par le matérialisme parce que ses
idiomes doivent décrire les choses à un autre niveau, distinct

du niveau important. Nous n'aurions là qu'une défense sophistique de l'ancienne théorie.

Il est très important, finalement, de préciser que l'éliminativisme et la thèse selon laquelle l'essence d'un système cognitif réside dans l'organisation fonctionnelle abstraite de ses états internes *ne s'excluent pas mutuellement*. Le matérialisme éliminativiste ne s'engage ni pour ni contre l'idée que la cognition *doit* être décrite en termes naturalistes, bien qu'on puisse lui pardonner d'explorer d'abord cette possibilité. Il affirme plutôt que la description correcte de la cognition, qu'elle soit fonctionnaliste ou naturaliste, ressemblera autant à la psychologie du sens commun que la chimie moderne à l'alchimie.

Abordons maintenant l'argument contre le matérialisme éliminativiste touchant la dimension normative de la psychologie du sens commun. Nous pourrons en disposer rapidement.

D'abord, le fait que le noyau intentionnel de la psychologie du sens commun attribue des régularités logiques entre les propositions n'implique pas en soi que la psychologie du sens commun a essentiellement un caractère normatif. Pour tracer un parallèle, le fait que la loi classique des gaz attribue des relations arithmétiques entre les nombres n'implique pas que la loi classique des gaz a essentiellement un caractère normatif. Les relations logiques entre les propositions sont aussi objectives que les relations arithmétiques entre les nombres. À cet égard, la loi

4) $(x)(p)(q)[((x$ croit que $p)$ & $(x$ croit (si p alors $q)))$ → (sauf confusion, distraction, etc., x croit que $q)]$

est de même nature que la loi classique des gaz

6) $(x)(P)(V)(m)[((x$ a une pression de $P)$ & (x a un volume $V)$ & $(x$ a une quantité m)) → (sauf à très haute pression ou densité, x a une température de PV/m$R)].$

Une dimension normative entre en jeu parce que nous valorisons la plupart des régularités de la psychologie du sens commun. Mais nous ne les valorisons pas toutes. Par exemple :

7) $(x)(p)[((x$ désire de tout son cœur que $p)$ & $(x$ apprend que $\sim p))$ → (sauf une force de caractère exceptionnelle, x est bouleversé que $\sim p)]$.

D'ailleurs, comme c'est souvent le cas avec les convictions d'ordre normatif, la réflexion peut changer ce que nous valorisons du tout au tout.

Ensuite, les lois de la psychologie du sens commun ne nous attribuent qu'une forme tronquée et très minimale de rationalité, et non pas une rationalité idéale, comme certains l'ont suggéré. L'ensemble des lois de la psychologie du sens commun définit une rationalité bien en deçà de la rationalité idéale. Il ne faut pas s'en étonner. Nous n'avons même pas de toute façon une idée bien précise ou complète de ce qu'est la rationalité idéale, surtout pas monsieur tout le monde. Il est difficile alors d'admettre que les limites explicatives accablant la psychologie du sens commun dépendent du fait que les humains ne respectent pas ses standards. Au contraire, sa conception de la rationalité semble boiteuse et superficielle, en particulier si on la compare à la complexité dialectique de l'histoire scientifique ou la virtuosité logique de n'importe quel enfant.

Enfin, même si notre conception actuelle de la rationalité – et plus généralement, de la vertu cognitive – se constituait en grande partie dans le cadre phrastique ou propositionnel de la psychologie du sens commun, il n'y a aucune garantie que ce cadre nous permettrait de développer une compréhension plus profonde et plus précise de la vertu cognitive dont nous avons manifestement besoin. Même en acceptant l'intégrité des catégories de la psychologie du sens commun, au moins chez les êtres humains ayant appris une première langue naturelle, il n'est pas évident que les paramètres fondamentaux de la vertu cognitive se retrouvent au niveau des catégories des attitudes propositionnelles. Après tout, on apprend à utiliser le langage, et cela exige un cerveau déjà capable d'une activité cognitive vigoureuse ; de plus, l'usage du langage n'est qu'une des capacités acquises parmi un ensemble varié de capacités acquises de manipulation ; et il est maîtrisé par un cerveau dont plusieurs des fonctions ont été formées par l'évolution, le langage n'étant peut-être que la plus tardive et la moins importante de ces fonctions. Dans cette optique, le langage apparaît comme une activité extrêmement périphérique, un mode d'interaction sociale propre à notre espèce et que nous maîtrisons grâce à la souplesse et la puissance d'un mode d'activité plus fondamental. Pourquoi alors accepter une théorie de l'activité cognitive qui modèle ses éléments sur ceux du langage humain ? Et pourquoi présumer que les paramètres fondamentaux de la vertu cognitive doivent être définis en termes des éléments de ce niveau superficiel, ou même qu'ils peuvent l'être ?

Une meilleure compréhension de la vertu cognitive *exigera*, semble-t-il, que nous dépassions notre psychologie du sens commun, c'est-à-dire que nous transcendions sa conception pauvre de la rationalité en dépassant complètement sa dynamique propositionnelle, en développant une dynamique cognitive plus profonde et plus générale et, enfin, en distinguant parmi les éléments de cette nouvelle dynamique cognitive quels modes possibles sont à valoriser et encourager (comme étant plus efficaces, fiables, productifs, etc.). L'éliminativisme n'implique pas la fin de nos soucis en matière normative. Il implique seulement que ceux-ci devront être reconstitués à un niveau de compréhension plus révélateur, niveau qu'offriront des neurosciences parvenues à maturité.

Nous allons maintenant considérer ce que nous réserve un avenir informé par les théories des neurosciences ; non pas que nous puissions prévoir les choses avec clarté, mais il est important de briser l'emprise de la dynamique propositionnelle sur notre imagination. Nous pouvons résumer les conclusions de la présente section comme suit. La psychologie du sens commun n'est rien d'autre qu'une théorie bien ancrée dans notre culture et dont la fonction est d'expliquer comment fonctionnent les animaux supérieurs, en particulier nous-mêmes. Aucun trait particulier ne l'abrite des considérations empiriques, aucun rôle particulier ne la rend irremplaçable, bref elle ne possède aucun statut spécial de quelque sorte que ce soit. Nous écouterons donc d'une oreille sceptique ceux qui plaident en sa faveur.

V. AU-DELÀ DE LA PSYCHOLOGIE DU SENS COMMUN

Que pourrait entraîner au juste l'élimination de la psychologie du sens commun : non seulement celle des idiomes relativement simples associés à la sensation, mais aussi de tout l'appareil des attitudes propositionnelles ? Cela dépend beaucoup de ce que découvriront les neurosciences et de notre détermination à en tirer profit. Voici trois scénarios dissociant progressivement la conception de l'activité cognitive des formes et catégories caractéristiques des langues naturelles. Si le lecteur me permet de me livrer à quelques conjectures, j'essaierai d'esquisser quelque hypothèse plausible.

Posons d'abord que les recherches sur la structure et l'activité cérébrale, autant fine que globale, nous permettent enfin de développer une nouvelle dynamique cérébrale correspondant à ce que nous concevons à l'heure actuelle comme de l'activité cognitive. Cette théorie sera la même pour tous les cerveaux terrestres, et non pas les seuls cerveaux humains, et elle entretiendra les liens appropriés à la biologie évolution-niste comme à la théorie des systèmes en déséquilibre thermo-dynamique. Elle nous attribuera à tout moment un ensemble d'états complexes qu'elle définira comme des solides dans un espace des configurations à quatre ou cinq dimensions.

[Ajout de 1989 : Cette conjecture s'est avérée très timide. Les espaces des configurations cognitives ont en général des centaines, voire des milliers ou des milliards de dimensions distinctes, et leur division en hypersolides est également complexe]. Les lois de cette théorie régiront l'interaction, le mouvement et la transformation des solides dans l'espace des configurations, tout comme leurs relations aux capteurs sensoriels et effecteurs moteurs que possède le système. Comme pour la mécanique céleste, la spécification exacte des "solides" et le calcul complet de tous les solides adjacents qui sont pertinents sur le plan dynamique ne sera pas possible en pratique, et ce pour plusieurs raisons. Mais, ici aussi, il s'avérera que les approximations les plus évidentes dont nous devrons nous prévaloir offrent d'excellentes explications et prédictions des changements internes et du comportement externe, au moins à court terme. En ce qui concerne le long terme, la théorie offrira des explications puissantes et unifiées de l'apprentissage, de la nature des troubles mentaux et des variations de personnalité et d'intelligence à travers le royaume animal aussi bien que chez les humains.

De plus, cette nouvelle théorie expliquera bien la "connaissance" telle que traditionnellement conçue. Selon celle-ci, toute phrase déclarative à laquelle un locuteur acquiescerait avec confiance n'est qu'une projection unidimensionnelle – à travers la lentille de la région de Wernecke ou celle de Broca jusqu'à la surface idiosyncrasique de son langage – du solide à quatre ou cinq dimensions qui constitue l'élément de son véritable état dynamique. (Souvenez-vous des ombres sur le mur de la caverne de Platon). Puisqu'elles sont des projections de la réalité interne, les phrases déclaratives portent une information significative à son sujet et sont ainsi bien adaptées en tant qu'éléments d'un système de communication intersubjective. Mais d'autre part, puisqu'elles ne sont que des projections sous-dimensionnelles, elles ne reflètent qu'une mince partie de la réalité projetée. Elles sont donc incapables de représenter la réalité plus profonde dans tous ses aspects dynamiques, et même normatifs. C'est dire qu'un système d'attitudes propositionnelles comme la psychologie du sens commun ne peut pas saisir ce qui se passe vraiment, bien qu'il puisse le refléter suffisamment pour soutenir une tradition semblable à celle de l'alchimie dans une communauté ne disposant pas d'une meilleure théorie. Du point de vue de la nouvelle théorie, il sera cependant évident qu'il n'existe tout simplement pas de lois gouvernant les états postulés par la psychologie du sens commun. Les vraies lois régissant l'activité interne seront définies sur des états et des configurations beaucoup plus complexes, tout comme les critères normatifs régissant l'intégrité du développement et la vertu cognitive.

On dira d'un résultat théorique comme celui que nous venons de décrire qu'il s'agit de l'élimination d'une ontologie théorique à la faveur d'une autre, mais le succès présumé des neurosciences peut bien n'avoir aucun effet sensible sur la pratique courante. Les anciennes manières ont la vie dure, et elles peuvent ne jamais disparaître si, en pratique, le besoin ne s'en fait pas sentir. Néanmoins, il n'est pas inconcevable qu'un certain segment de la population, voire la population en entier, se familiarise avec le vocabulaire requis pour caractériser nos états dynamiques, apprenne les lois régissant les interactions entre ces états de même que leurs effets sur le comportement, utilise avec aisance ce vocabulaire pour se décrire à la première personne et, enfin, renonce entièrement à la psychologie du sens commun, même dans son commerce quotidien. L'ontologie de la psychologie du sens commun se sera alors complètement écroulée.

Nous pouvons maintenant explorer une seconde possibilité, un peu plus radicale. Chacun connaît la thèse de Chomsky voulant que les structures abstraites nécessaires pour apprendre et utiliser une langue naturelle soient des structures innées de l'esprit ou du cerveau humain, et de lui seul. Une hypothèse rivale veut que le cerveau contienne bel et bien des structures innées mais que celles-ci servent d'abord, et ont toujours servi, l'organisation de l'expérience perceptive : la gestion de catégories linguistiques ne serait qu'une autre fonction acquise et pour laquelle l'évolution ne les a qu'incidemment préparées [1]. Cette hypothèse a l'avantage, entre autres, de ne pas exiger le saut évolutif apparemment requis par celle de Chomsky. Quoi qu'il en soit, ces questions n'ont pas à nous occuper ici. Pour notre propos, il suffit de poser que cette option rivale s'avère correcte et de se tourner vers la possibilité suivante.

Les recherches ont montré que les structures nerveuses sur lesquelles reposent l'organisation et le traitement de l'information perceptive peuvent gérer une grande variété de tâches complexes, dont certaines manifestent une complexité dépassant de beaucoup celle des langues naturelles. Il appert en effet que les langues naturelles n'exploitent qu'une partie très rudimentaire des mécanismes disponibles, lesquels remplissent en général des fonctions bien plus complexes, dépassant l'entendement des conceptions propositionnelles de la psychologie du sens commun. Une analyse détaillée de la structure et des fonctions de ces mécanismes montre que ceux-ci pourraient apprendre et utiliser un langage bien plus sophistiqué dont la syntaxe et la sémantique seraient parfaitement étrangères aux langues naturelles. Ce nouveau système de communication pourrait augmenter énormément l'efficacité des échanges informationnels entre les cerveaux et améliorer d'autant l'évaluation épistémique puisque celui-ci refléterait plus étroitement la structure fondamentale de nos activités cognitives.

---

1. Richard Gregory (dans « The Grammar of Vision », 1970 ; repris dans R. Gregory, *Concepts and Mechanisms of Perception*, Londres, Duckworth, 1975) a défendu une telle hypothèse.

Posons maintenant que, guidé par cette nouvelle compréhension des structures internes associées au langage, nous parviendrons à construire un nouveau système de communication verbale entièrement distinct des langues naturelles et disposant d'une nouvelle grammaire combinatoire plus puissante que celle des langues naturelles. Cette grammaire combinatoire se construira sur la base de nouveaux éléments linguistiques et formerait de nouvelles combinaisons aux propriétés exotiques. Les chaînes composées au moyen de cet autre système de communication, appelons-les des *Übersätze*, ne sont pas évaluées dans une dimension vrai/faux, et elles entretiendront des relations qui ne ressemble en rien aux relations d'implication, etc., que l'on retrouve dans les langues naturelles. Elles affichent tout simplement une organisation différente et manifestent des vertus différentes.

Imaginons maintenant que ce "langage", une fois construit, puisse être appris, dispose bel et bien de la puissance expressive prévue, et fasse le tour de la planète en deux générations. Chacun utilise désormais le nouveau système, si bien que les formes syntaxiques et les catégories sémantiques des langues "naturelles" disparaissent entièrement et, avec elles, les attitudes propositionnelles de la psychologie du sens commun, supplantées par un schème plus pénétrant au cœur duquel on retrouve (bien sûr) des « attitudes *übersatzionnelles* ». Ici encore, la psychologie du sens commun subit l'élimination.

Il est à noter que cette seconde possibilité illustre un thème qui peut varier sans fin. Il existe autant de « psychologies du sens commun » distinctes qu'il existe de systèmes de communication distincts pouvant leur servir de modèle.

Voici enfin une troisième possibilité, encore plus étrange. Nous savons qu'il y a une latéralisation importante des fonctions entre les hémisphères cérébraux, et que chaque hémisphère utilise l'information qu'il obtient de l'autre via une grande commissure cérébrale, le corps calleux (un câble nerveux liant les deux hémisphères). Les patients dont la commissure a été sectionnée chirurgicalement manifestent une variété de déficits comportementaux, ce qui indique que chacun des hémisphères ne peut plus accéder à l'information qu'il obtenait habituellement de l'autre. Pourtant, les déficits comportementaux chez les personnes atteintes d'agénésie calleuse (un trouble congénital bloquant le développement du corps calleux) sont très légers, voire absents, ce qui suggère que chaque hémisphère apprend à exploiter l'information qu'il reçoit de l'autre par le biais des voies plus indirectes liant les hémisphères au niveau sous-cortical. Cela suggère que même chez les personnes normales, l'hémisphère en développement doit apprendre à se servir de l'information reçue via la commissure cérébrale. Chez les humains normaux, les deux hémisphères constituent donc des systèmes cognitifs physiquement distincts (capables de fonctionner indépendamment), répondant de manière systématique et apprise à l'information qu'ils s'échangent. Il est aussi particulièrement intéressant de noter à ce sujet l'immense quantité d'informations qu'échangent les hémisphères. Le câble de la commissure contient approximativement 200 millions de neurones[1], et même si nous supposons que chacune de ces fibres n'est capable d'occuper qu'un seul de deux états possibles par seconde (un estimé très conservateur), la capacité de transmission d'information du canal dépasse 2×10^8 bits/seconde. Comparez maintenant ce nombre aux 500 bits/seconde de la communication verbale au moyen de langues naturelles.

Si deux hémisphères distincts peuvent apprendre à communiquer ainsi, pourquoi deux cerveaux distincts ne le pourraient-ils pas? Évidemment, ceux-ci devront être branchés par une "commissure" artificielle quelconque, mais supposons que nous puissions construire puis implanter, dans

1. Cf. M. S. Gazzaniga et J. E. Le Doux (1975), *The Integrated Mind*, New York, Plenum.

un site approprié dans le cerveau, un capteur capable de transformer la symphonie nerveuse en micro-ondes diffusées par une antenne sur le front ; supposons de plus que nous parvenions également à réaliser l'opération inverse, soit traduire des micro-ondes reçues en patrons d'activations nerveuses. L'implantation de ce mécanisme ne poserait sans doute pas de problème insurmontable. Il s'agirait simplement de leurrer le processus d'arborisation dendritique afin d'amener les neurones à développer leurs propres connexions à la microsurface du capteur.

Dès lors que ce canal de communication serait opérationnel, deux ou plusieurs personnes pourraient apprendre (oui, *apprendre*) à échanger des informations et à coordonner leur comportement avec la même intimité et la même virtuosité que nos propres hémisphères cérébraux. Songez à ce que cela pourrait signifier pour des équipes de hockey, des compagnies de ballet ou encore des équipes de recherche ! Si la population tout entière était ainsi équipée, les langues naturelles pourraient complètement disparaître, victimes du principe «pourquoi ramper lorsqu'on peut voler?». Les bibliothèques ne se rempliraient plus de livres mais de longs enregistrements d'activité nerveuse, lesquels constitueraient peu à peu un nouvel acquis culturel, un «troisième monde» en évolution, pour utiliser le terme de Karl Popper, ne se composant ni de phrases ni d'arguments.

Comment ces personnes comprendront-elles et concevront-elles autrui ? À cette question, je ne peux que répondre : «En gros, de la même façon que votre hémisphère droit "comprend" et "conçoit" votre hémisphère gauche : intimement et efficacement, mais non propositionnellement ! ».

J'espère que ces conjectures évoqueront le sentiment des possibilités inexploitées. Quoi qu'il en soit, je mets fin à mes spéculations. Mon objectif était d'éroder quelque peu l'aura d'irréalité qui entoure l'idée que nous pourrions rejeter la psychologie du sens commun. Le corset conceptuel qui en étreint plusieurs trouve aussi son expression dans un argument voulant que le matérialisme éliminativiste soit incohérent parce qu'il nie les conditions mêmes qui lui confèrent une signification. Je terminerai en discutant brièvement cette tactique répandue.

Telle qu'on me l'a expliquée, cette réduction à l'absurde de l'éliminativisme s'amorcerait en précisant ceci : à moins qu'ils ne soient l'expression d'une certaine *croyance*, d'une certaine *intention* de communiquer, d'une certaine *connaissance* de la grammaire, et ainsi de suite, les énoncés éliminativistes ne sont que des chaînes de caractères ou de sons sans signification. Mais si les énoncés éliminativistes sont vrais, alors ces états (croyance, intention, connaissance) n'existent pas. Les énoncés en question ne seraient donc que des chaînes de caractères ou de sons sans signification. Or, ce n'est manifestement pas le cas. Par conséquent, l'éliminativisme est faux. C.Q.F.D.

Le problème avec ces réductions informelles, c'est que la conclusion niant l'hypothèse initiale ne vaut jamais plus que les hypothèses utilisées dans sa dérivation. Dans le cas présent, ces dernières impliquent une certaine théorie de la signification qui présuppose l'intégrité de la psychologie du sens commun. Sur le plan strictement formel, le résultat incohérent peut tout autant impliquer la fausseté de cette théorie (gricéenne) de la signification et, étant donné la critique de la psychologie du sens commun que nous avons par ailleurs présentée ici, cette seconde option me paraît préférable. Quoi qu'il en soit, on ne peut tout simplement pas présumer la vérité de cette théorie de la signification : la présumer, c'est présumer de l'issue du débat, à savoir l'intégrité de la psychologie du sens commun.

Une analogie, que je dois à Patricia S. Churchland [1], illustre très bien le caractère fallacieux de cet argument. Transportons-nous au dix-septième siècle et demandons-nous s'il existe une substance telle que l'esprit vital. Inconscient de l'existence d'autres options possibles, on croyait à l'époque que cette substance distinguait l'animé de l'inanimé. Étant donné le monopole dont jouissait cette croyance, son degré d'intégration aux autres croyances de l'époque et l'importance des changements qu'imposeraient toute révision sérieuse de cette croyance, on aurait tôt fait d'admettre la plausibilité de l'argument suivant, réfutant la position antivitaliste.

> L'antivitaliste affirme que l'esprit vital n'existe pas. Mais cette affirmation se réfute d'elle-même car l'antivitaliste ne sera pris au sérieux que si son affirmation ne peut l'être. En effet, si son affirmation est vraie, alors l'antivitaliste n'a pas d'esprit vital et il est *mort*. Mais s'il est mort, alors son énoncé n'est qu'une chaîne de caractères ou de sons sans signification, dépourvue de raison et de vérité.

Je présume qu'il n'est pas nécessaire d'expliciter le caractère fallacieux de cet argument. Je recommande son étude à ceux qui se seraient laissé impressionner par l'argument anti-éliminativiste précédent.

La thèse principale du présent article peut être récapitulée comme suit. Les attitudes propositionnelles de la psychologie du sens commun ne constituent pas un obstacle infranchissable à l'avancement des neurosciences. Non seulement le déplacement de la psychologie du sens commun est-il parfaitement possible, mais c'est un des déplacements théoriques les plus intrigants qu'il nous est possible d'imaginer aujourd'hui.

PAUL M. CHURCHLAND

Traduit de l'anglais par Pierre Poirier

---

1. P. S. Churchland (1981), « Is Determinism Self-Refuting? », *Mind*, n° 90, p. 99-101.

DE L'EXISTENCE DES PATTERNS [1]

Y a-t-il vraiment des croyances? Ou apprenons-nous plutôt (sans doute grâce aux neurosciences et à la psychologie) qu'à strictement parler, les croyances sont les fruits de notre imagination et relèvent d'une ontologie dépassée? Les philosophes considèrent en général qu'à ces questions d'ordre ontologique, seules deux réponses sont possibles : ou bien les croyances existent, ou bien elles n'existent pas. Il n'y a pas d'état comme la quasi-existence; il n'y a pas de doctrines

1. Une première version de cet article a paru dans le *Journal of Philosophy*, vol. LXXXVIII, n° 1, janvier 1991, p. 27-51; repris dans Daniel Dennett (1998), *Brainchildren. Essays on Designing Minds*, Cambridge, Mass., MIT Press, p. 95-120 avec l'addendum suivant : «Bien que cet essai soit déjà accessible au public dans les pages du *Journal of Philosophy*, j'ai pensé qu'il devait paraître dans le présent recueil en raison de la place centrale qu'il occupe dans ma pensée et parce que les arguments qui y sont contenus n'apparaissent dans aucun de mes livres récents. La discussion sur les diverses formes de réalisme se poursuit dans quelques essais ainsi que dans ma longue réplique aux critiques contenues dans *Get Real*, numéro spécial de la revue *Philosophical Topics* (1994, vol. 22, n° 1 et 2), consacré à mon travail.

Merci à Kathleen Akins, Akeel Bilgrami, Donald Davidson, Barbara Hannan, Douglas Hofstadter, Norton Nelkin, W. V. O. Quine, Richard Rorty, George Smith, Peter Suber, Stephen White, ainsi qu'au groupe de discussions de MIT/Tufts sur la philosophie de la psychologie, pour les discussions qui ont suscité ce texte et qui lui ont donné forme».

stables du semi-réalisme. Il faut ou bien défendre les croyances au même titre que les virus, ou bien les bannir avec les fées. C'est ainsi que prévaut une conviction tenace voulant qu'en matière de croyances (ou autres éléments mentaux), on doive être ou bien réaliste, ou bien matérialiste éliminativiste.

LE RÉALISME EN MATIÈRE DE CROYANCES

Cette conviction prévaut en dépit de mes efforts répétés au fil des ans pour la miner à l'aide de diverses analogies : y a-t-il des *voix* dans votre ontologie [1]? Y a-t-il des *centres de gravité* dans votre ontologie [2] ?

Il est amusant de noter que mon analogie entre croyances et centres de gravité a été attaquée de part et d'autre de la dichotomie ontologique, donc tant par des philosophes pour qui il est manifeste que les centres de gravité sont d'utiles fictions que par des philosophes pour qui il est manifeste que les centres de gravité sont parfaitement doués de réalité :

> Le problème avec ces soi-disant parallèles […] c'est qu'à strictement parler, ils sont *faux*, bien qu'il ne fasse pas de doute qu'il s'agisse de simplifications utiles à bien des fins. Il est faux, par exemple, que l'attraction gravitationnelle entre la Terre et la Lune implique deux points-masses, mais c'est une première approximation suffisamment bonne pour de nombreux calculs. Cependant, ce n'est pas du tout ce que Dennett veut dire des états intentionnels. Car il insiste sur le fait qu'adopter la stratégie intentionnelle et

---

1. Daniel Dennett (1969), *Content and Consciousness*, Boston, Routledge & Kegan Paul, chap. 1.

2. Daniel Dennett (1981), « Three Kinds of Intentional Psychology », *Time and Reality* (sous la dir. de R. Healey), New York, Cambridge University Press ; repris dans Daniel Dennett (1987), *The Intentional Stance*, Cambridge, Mass., MIT Press ; paru en français sous le titre *La Stratégie de l'interprète* (trad. par P. Engel), Paris, Gallimard, 1990.

interpréter un agent comme agissant sur la base de certains désirs et croyances, c'est discerner un pattern qui se trouve vraiment dans ses actions (pattern qui nous échappe si nous adoptons plutôt une stratégie scientifique). Dennett n'estime certainement pas que le rôle des attributions intentionnelles consiste simplement à nous donner une approximation utile d'une vérité qui peut s'exprimer de manière plus exacte en des termes non intentionnels [1].

Comparons cela à la profession de foi réaliste tout aussi assurée de Dretske :

> Je suis réaliste en matière de centres de gravité [...]. La Terre exerce manifestement une attraction gravitationnelle sur *toutes* les parties de la Lune – et pas seulement sur son centre de gravité. La force *résultante*, une somme vectorielle, agit à travers un point, mais c'est quelque chose de tout différent. Il faut établir clairement ce que sont les centres de gravité *avant* de décider si on les prend au pied de la lettre, *avant* de décider si on est réaliste vis-à-vis des centres de gravité ou pas [2].

Je prends bonne note du conseil de Dretske. Que sont les centres de gravité ? Ce sont des points mathématiques – des objets abstraits, ce que Hans Reichenbach appelait des *abstracta* – définissables en termes de forces physiques et autres propriétés. Quant à savoir si les objets abstraits sont doués de réalité ou pas – si l'« on doit être réaliste vis-à-vis d'eux » ou pas –, deux voies différentes s'ouvrent à nous, que l'on peut qualifier respectivement de métaphysique et de scientifique. La voie métaphysique s'intéresse simplement à la réalité ou l'existence des objets abstraits en général sans

1. Peter Smith (1988), « Wit and Chutzpah », compte rendu de *The Intentional Stance* et de *Psychosemantics* de Jerry Fodor, *Times Higher Education Supplement*, 7 août, p. 22.

2. Fred Dretske (1988), « The Stance Stance » (commentaire de *The Intentional Stance*), *Behavioral and Brain Sciences*, t. XI, p. 511-512.

opérer de distinction en termes d'utilité scientifique. Considérons par exemple le *centre de population* des États-Unis. Je le définis comme le point mathématique à l'intersection de deux lignes tel qu'il y a autant d'habitants au nord qu'au sud sur l'axe de la latitude, et autant d'habitants à l'est qu'à l'ouest sur l'axe de la longitude. Ce point est (ou peut être) défini aussi précisément que le centre de gravité ou le centre de masse d'un objet. (Puisque les bandes médianes peuvent se révéler larges, prenons la ligne médiane de chaque bande pour ligne ; considérons comme des habitants tous ceux qui se trouvent dans la limite des eaux territoriales et jusqu'à trente kilomètres d'altitude – les astronautes en orbite ne comptent pas – et considérons le nombril de chaque habitant comme le point déterminant, etc.). Je ne connais pas la localisation actuelle du centre de population, mais je suis tout à fait sûr qu'il se trouve plus à l'ouest qu'il y a dix ans. Il bouge constamment au fil des déplacements des individus en avion, en train, en voiture, etc. Je doute que cet objet abstrait ait la moindre valeur pour une théorie scientifique, mais juste au cas où il en a une, voici un objet abstrait plus trivial encore : le centre de chaussette perdue de Dennett, soit le point défini comme le centre de la sphère la plus petite qui puisse être tracée autour de toutes les chaussettes que j'ai perdues au cours de mon existence.

Ces objets abstraits ont le même statut métaphysique que les centres de gravité. Dretske est-il réaliste vis-à-vis de tous ces objets ? Devrions-nous l'être ? Je n'ai pas l'intention de poursuivre cette discussion car je soupçonne que Dretske – et en cela nous devrions l'imiter – s'intéresse davantage à la voie scientifique menant au réalisme : les centres de gravité sont de véritables (*real*) objets parce que ce sont (on ne sait trop comment) de *bons* objets abstraits. Ils méritent d'être pris au sérieux, étudiés et utilisés. Si nous allons jusqu'à déclarer que ce sont de *véritables* objets (peut-être par opposition à des objets bidons), c'est parce que nous pensons qu'ils nous servent à nous représenter de manière pénétrante de véritables forces, des propriétés "naturelles", et ainsi de suite. Quoi qu'il en soit, cette voie nous ramène aux problèmes qui ont cours dans les débats sur la réalité des croyances.

J'ai affirmé qu'il vaut mieux considérer les croyances comme des objets abstraits, à l'instar des centres de gravité. Smith considère les centres de gravité comme des fictions utiles, tandis que Dretske y voit des abstractions utiles et – donc ? – douées de réalité. Or chacun estime que son opinion constitue une critique de ma position. L'évaluation optimiste de ces critiques divergentes est qu'elles s'annulent l'une l'autre ; mon analogie doit avoir fait mouche. L'évaluation pessimiste, c'est qu'il faut en dire davantage pour convaincre les philosophes qu'une forme de réalisme doux et de force intermédiaire est une position tout à fait attrayante, et non pas rien que la fuite désespérée devant toute responsabilité ontologique qu'on y a parfois vue. Or, j'ai un tel argument à soumettre, lequel consiste à généraliser et étendre les conclusions que j'ai déjà cherché à défendre, cette fois en passant par le concept de *pattern*. En l'occurrence, mon but n'est pas tant de prouver la justesse de ma doctrine intermédiaire de la réalité des états psychologiques que de montrer qu'elle est fort probablement juste parce qu'on peut faire la démonstration de la justesse d'une doctrine parallèle s'agissant de cas plus simples.

Nous utilisons la psychologie populaire – nous interprétant les uns les autres comme des agents ayant des croyances, des volitions, des intentions, et ainsi de suite – pour prédire ce que s'apprête à faire autrui. Bien entendu, nous ne nous soucions pas uniquement à faire des prédictions. La psychologie populaire nous aide à comprendre les autres, à faire preuve d'empathie à leur endroit, elle nous aide à organiser nos souvenirs, à interpréter nos émotions, à colorer notre vision de mille et une façons. C'est cependant l'énorme force prédictive de la psychologie populaire qui est au cœur de tout cela. Sans ce pouvoir de prédiction, nous ne pourrions former ni projets ni relations interpersonnels; l'activité humaine aurait des allures de mouvement brownien; nous serions pour nous-mêmes et autrui des énigmes déconcertantes. Nous serions même incapables de faire tomber nos propres déplacements d'air sous des concepts. Dans les pages qui suivent, je me concentrerai sur le pouvoir de prédiction de la psychologie populaire, non pas parce que je commets l'erreur d'ignorer l'intérêt que nous avons par ailleurs pour les autres, abstraction faite des paris que nous faisons sur leurs actions immédiates, mais parce que je soutiens que notre pouvoir d'*interpréter* les actions d'autrui dépend de notre pouvoir – rarement exercé de manière explicite – de les prédire [1].

Là où prévaut l'absence complète de patterns ou l'aléatoire, il n'y a rien de prévisible. Comme toute prédiction, la psychologie populaire doit tabler sur l'existence dans le monde d'un certain ordre ou pattern à exploiter. Où dans le monde ce pattern existe-t-il au juste? De *quoi* un pattern est-il le pattern [2]? D'aucuns pensent, avec Fodor, que le pattern d'une croyance doit être en dernière analyse le pattern de structures dans le cerveau et consister en des formules écrites dans le langage de la pensée. Où ailleurs pourrait-il se trouver?

---

1. R. A. Sharpe (1989) («Dennett's Journey towards Panpsychism», *Inquiry*, t. XXXII, p. 233-240) me prend à partie sur ce point en se servant d'exemples tirés de Proust: «Proust attire notre attention sur les vies possibles, ces vies possibles étant variées. Mais dans aucune d'elles, la prédiction n'a une importance capitale» (p. 240). Je suis d'accord. Je suis également d'accord avec le fait que ce qui rend les gens intéressants (dans les romans et dans la vraie vie) est précisément leur imprévisibilité. Mais cette imprévisibilité n'est intéressante que sur le fond de prédictibilité routinière dont dépend toute interprétation. Comme je l'ai noté dans *La Stratégie intentionnelle* (p. 106-107) en réponse à une objection similaire de Fodor, la même chose est vraie du jeu d'échecs: le jeu n'est intéressant qu'en raison de l'imprévisibilité de l'adversaire. Mais c'est dire que la stratégie intentionnelle ne peut normalement éliminer *que* quatre-vingt-dix pour cent des coups permis.

2. Voir Norton Nelkin (1994), «Patterns», *Mind and Language*, vol. 9, n° 1.

Les gibsoniens pourraient dire que le pattern se trouve « au grand jour » – ce avec quoi les quiniens (comme Davidson et moi) pourraient presque se dire d'accord : on discerne le pattern dans le comportement (observable) des agents lorsque nous soumettons celui-ci à l'« interprétation radicale » (Davidson) « du point de vue de la stratégie intentionnelle » (Dennett).

Quand les éléments d'un pattern sont-ils véritables et non pas seulement apparents ? Répondre à cette question nous aidera à dissiper les erreurs qui ont mené à la prolifération des « positions ontologiques » sur les croyances et des différents degrés ou types de réalisme. Je me concentrerai sur cinq exemples saillants ordonnés dans l'espace des possibles : le Réalisme de force industrielle de Fodor (il l'écrit avec un grand R); le réalisme de force ordinaire de Davidson; mon réalisme doux; l'irréalisme plus-doux-que-doux de Rorty, selon lequel le pattern est *uniquement* dans les yeux de celui qui regarde; enfin le matérialisme éliminativiste de Paul Churchland, qui nie toute réalité aux croyances.

Dans ce qui suit, je présumerai que ces désaccords ont tous pour cadre un forum d'acceptation commune, qu'Arthur Fine appelle l'AON, pour Attitude Ontologique Naturelle [1]. Autrement dit, je considère que l'intérêt de ces désaccords ne tient pas aux différends sur l'ultime statut métaphysique des choses physiques ou abstraites (électrons ou centres de gravité, par exemple), mais aux différends concernant la question de savoir si les croyances ou autres états mentaux sont, pour ainsi dire, *aussi réels* que les électrons ou les centres de gravité. Je veux montrer que le réalisme doux est la doctrine

---

1. En anglais NOA. Voir Arthur Fine (1986), *The Shaky Game. Einstein Realism, and the Quantum Theory*, Chicago, Chicago University Press. Voir spécialement note, p. 153, ainsi que ses commentaires sur Rorty, qui me semblent concorder avec les miens dans ces pages.

160   DANIEL DENNETT

la plus intelligible s'agissant des patterns véritables, tels ceux discernables du point de vue de la stratégie intentionnelle [1].

Afin de faire apparaître clairement les attraits et difficultés de ces différentes positions sur les patterns, je vais d'abord appliquer celles-ci à un type de pattern beaucoup plus simple, aisé à se représenter et ne suscitant pas la controverse.

LA RÉALITÉ DES PATTERNS

Considérez les six objets de la figure 1, que j'appellerai *trames*.

Fig. 1

Nous pouvons concevoir une trame comme un sous-ensemble de données fini, comme une fenêtre sur un monde indéfiniment plus grand de données supplémentaires. En un sens, *A-F* présentent tous des patterns différents : si vous y regardez de près, vous verrez qu'il n'y a pas deux trames exactement pareilles (de répliques en tous points pareilles, si vous voulez). Mais en un autre sens, *A-F* présentent tous le même pattern : ils ont tous été conçus selon le même processus de base, soit par impression de dix rangées de quatre-vingt-dix points consistant en dix points noirs suivis de dix points blancs, etc. L'effet d'ensemble crée une fenêtre de cinq carrés,

1. Voir à ce sujet mon essai « Structures réelles, faits profonds et questions vides », *La Stratégie de l'interprète, op. cit.*, p. 53-60.

ou barres, noirs séparés par des espaces égaux. Je considère que ce pattern, baptisé ici *code à barres*, est un véritable pattern s'il en est. Cependant, on a laissé un certain "bruit" aléatoire (en fait pseudo-aléatoire) interférer avec l'impression. Ce ratio de bruit est de :

A : 25 %
B : 10 %
C : 25 %
D : 1 %
E : 33 %
F : 50 %

Rien ne permet de voir que *F* n'est pas du bruit purement (pseudo-) aléatoire ; vous allez devoir me croire sur parole si je vous dis que *F* a été généré à l'aide du même programme que les cinq autres patterns. Tout ce que j'ai changé, c'est le ratio de bruit.

Cela dit, qu'est-ce que cela veut dire quand on affirme que le pattern dans l'une de ces trames est un véritable pattern ou qu'il y est vraiment ? Étant donné l'information privilégiée dont nous disposons sur la façon dont les trames ont été générées, nous pourrions être tentés de dire qu'il y a un unique pattern dans les six cas – même dans *F*, où il est "indiscernable". Mais je suggère que nous prenions au sérieux le caractère contradictoire de l'idée de « pattern indiscernable ». Par extension ou métaphore, il se peut que nous arrivions à rendre intelligible l'idée de pattern indiscernable, mais fondamentalement, un pattern est « par définition » un candidat à la *reconnaissance* de patterns. (Bien entendu, c'est ce lien lâche mais indéfectible l'unissant aux observateurs ou perspectives qui fait de "pattern" un terme attrayant pour qui est juché entre instrumentalisme et réalisme de force industrielle).

Il y a heureusement un moyen standard de préciser ces intuitions sur la discernabilité-en-principe. Considérons la tâche qui consiste à transmettre l'information sur l'une des trames d'un lieu à l'autre. Combien d'octets d'information faudra-t-il pour transmettre chaque trame? La méthode la moins efficace consiste simplement à envoyer la « matrice de points » (*bit map*), qui identifie chaque point un à un (« le point 1 est noir, le point 2 est blanc, le point 3 est blanc, … »). Pour une trame noir et blanc de 900 points (on les appelle pixels), la transmission requiert 900 octets. Transmettre la matrice de points, c'est en effet citer mot à mot, de façon précise mais inefficace. La vertu la plus importante de la matrice est qu'elle est en mesure de transmettre tant un pattern, quel qu'il soit, qu'une configuration qui en est totalement dépourvue.

La précieuse définition de l'aléatoire mathématique que nous a donnée Gregory Chaitin [1] fait appel à cette idée. Une série (de points, de chiffres ou ce qu'on voudra) est aléatoire si, et seulement si, l'information requise pour la décrire (la transmettre) de façon exacte est *incompressible*: il n'y a rien de plus bref que la matrice point à point qui puisse préserver la série. Ainsi, une série n'est pas aléatoire – elle contient un pattern – si, et seulement si, il y a une manière plus efficace de la décrire [2]. Par exemple, la trame *D* peut être décrite comme « dix rangées de quatre-vingt-dix points, dix points noirs étant suivis de dix points blancs, etc., *abstraction faite des exceptions suivantes*: points 57, 88, … ». Encodée de manière

---

1. Gregory Chaitin (1975), « Randomness and Mathematical Proof », *Scientific American*, n° 232, p. 47-52.
2. Plus précisément : « Une série de nombres est aléatoire si le plus petit algorithme capable de le spécifier pour un ordinateur possède environ le même nombre d'octets d'information que la série elle-même » (Chaitin, 1975, p. 48). C'est ce qui explique le fait que le « générateur de nombres aléatoires » dans la plupart des ordinateurs est mal nommé, puisqu'il s'agit d'une fonction descriptible en quelques octets (il s'agit d'une petite sous-routine à laquelle il est fait appel chaque fois qu'un programme a besoin d'un nombre ou d'une série "aléatoire"). Si je vous envoie la description du générateur de nombres pseudo-aléatoires de mon ordinateur, vous pouvez l'utiliser pour générer exactement la même série infinie de chiffres en apparence aléatoires.

adéquate, cette expression fait bien moins que 900 octets. En proportions, les expressions comparables relatives aux autres trames seront plus longues, puisqu'il leur faudra citer telles quelles davantage d'exceptions. Quant à la dégénérescence du pattern en F, elle apparaît du fait que selon ce système, décrire F ne constituera pas une amélioration par rapport à la matrice. À vrai dire, la description tendra à être en moyenne plus longue, puisqu'il faut des octets pour décrire le pattern oblitéré par toutes les exceptions.

Bien entendu, il y a forcément d'autres façons de décrire les patterns manifestes dans ces trames, et quelques-unes seront plus efficaces que d'autres en ce sens précis qu'on peut systématiquement les spécifier en moins d'octets [1]. Toute description de ce type, pour peu qu'elle constitue une amélioration par rapport à la matrice de points, est la description d'un véritable pattern contenu dans les données [2].

---

1. De tels procédés de description efficaces, appelés algorithmes de compression, sont largement utilisés en infographie afin d'économiser l'espace de stockage. Par exemple, ils scindent l'écran en régions de couleur uniforme et spécifient les limites des régions (de manière assez similaire aux modèles de « peinture à numéros » vendus dans les magasins d'artisanat). Plus l'image sur l'écran est compliquée, plus la description compressée sera longue ; dans le pire des cas (l'image de confettis disséminés sur l'écran de manière aléatoire), l'algorithme de compression sera pris de court et ne pourra faire de description supérieure à la matrice de points.

2. Qu'en est-il du "système" de description de patterns qui se contente de baptiser les trames de noms propres (ici A à F) et informe le récepteur de quelle trame il est question en transmettant simplement le nom F ? Cela paraît beaucoup plus bref que la matrice de points tant qu'on ne considère pas qu'une telle description doive faire partie d'un système tout à fait général. De combien de noms propres avons-nous besoin pour nommer toutes les trames possibles de 900 points ? De manière triviale, du nombre binaire de 900 octets, 1111111… Transmettre le "pire" nom propre prendra exactement le même nombre d'octets que la matrice de points. Ce qui confirme notre intuition selon laquelle les noms propres sont la manière la plus inefficace qui soit de noter des généralisations (« Alphonse est grand et Guillaume est grand et… »).

Considérons le code à barres, soit le pattern particulier observé en *A-E* et dont on a une illustration quasi parfaite en *D*. *Ce* pattern-là est facilement discernable à l'œil nu par l'humain à qui on présente les données, en raison du dispositif de reconnaissance de patterns gravé (*hard-wired*) dans nos systèmes visuels – détecteurs de bords, de luminance, etc. Mais si l'on nous présente exactement les mêmes données (les mêmes séquences d'octets) dans quelque autre format, il se peut fort bien que nous ne soupçonnions pas la présence d'un pattern, spécialement dans les cas où le code à barres est adultéré par du poivre et sel, comme dans les trames *A-C*. Par exemple, si nous brisions la série de 900 octets de la trame *B* en bouts de 4 octets et que nous traduisions ensuite chacun d'eux en notation hexadécimale, on serait bien en peine de distinguer la série en notation hexadécimale qui en résulterait d'une série aléatoire, le découpage hexadécimal étant sérieusement déphasé par rapport au pattern décimal. Aussi le "bruit" ne ressortirait-il pas comme tel. Il y a des myriades de manières d'afficher n'importe quelle série de pixels de 900 octets, et de ce nombre, il n'y en a guère qui nous inspireraient une description efficace. Il se pourrait que d'autres créatures dont les organes sensoriels ou les intérêts diffèrent des nôtres perçoivent aisément des patterns qui demeurent pour nous imperceptibles. Dans ce cas, les patterns y seraient bel et bien, mais à nos yeux, ils seraient invisibles.

La capacité des observateurs à discerner des patterns présente des particularités frappantes. Les patterns visuels comportant des axes de symétrie verticale nous crèvent les yeux, mais pour peu qu'on imprime à la trame une rotation de quelques degrés seulement, la symétrie passe très souvent inaperçue. Or, les "perspectives" dans lesquelles les patterns sont "perceptibles" ne se limitent pas aux variations dans les modalités de présentation aux sens. Des connaissances différentes mènent à des aptitudes différentes à saisir un pattern. Les maîtres aux échecs arrivent à percevoir instantanément (et à se rappeler ensuite presque exactement) la position de toutes les pièces lors d'une véritable partie, mais ils ont beaucoup plus de mal à se rappeler leur position si elles sont placées sur l'échiquier de manière aléatoire ; or, pour les novices, les deux échiquiers sont également difficiles à se remémorer[1]. Cela ne devrait pas étonner quiconque considère qu'un locuteur francophone expert aura beaucoup moins de mal à percevoir et se rappeler :

> Le chat effrayé s'est débattu pour se libérer

que

> seae dé eftéf bte etpioLu s'lsa chratu yb rr,

lequel contient les mêmes éléments, cette fois dans le désordre. Les maîtres aux échecs, contrairement aux novices, ne savent pas seulement *jouer* aux échecs ; ils savent *lire* les échecs, c'est-à-dire voir les patterns en un coup d'œil.

Un pattern existe dans des données quelconques – c'est un véritable pattern –, s'*il y a* une description des données plus efficace que la matrice de points, que quelqu'un soit en mesure de la concocter ou pas. En tant que descripteurs de patterns d'usage général, les algorithmes de compression sont des manières efficaces de transmettre d'un lieu à l'autre des copies exactes de trames, telles *A-F*. Cependant, il arrive souvent que notre but soit plutôt de transmettre des copies *inexactes* qui préservent néanmoins "le" pattern qui nous importe. Pour certaines fins, nous n'avons pas besoin d'énumérer les exceptions au code à barres, mais seulement de transmettre l'information que le pattern est le code à barres comportant $n\%$ de bruit. Suivant cette stratégie, les trames *A* et *C*, bien que sensiblement différentes si on les inspecte soigneusement, sont considérées comme *le même pattern*, dans la mesure où ce qui nous importe, c'est que le pattern soit le code à barres avec

---

1. A. D. de Groot (1965), *Thought and Choice in Chess*, La Haye, Mouton.

25 % de bruit. Peu nous importe où en particulier le bruit survient. Il nous suffit de savoir qu'il survient.

Parfois, notre souci n'est pas seulement d'ignorer le bruit, mais de l'éliminer afin d'améliorer le pattern à transmettre. La préparation de copie en est un bon exemple. Considérons les effats ptobavles quo catte phrese aera tur le ravisour qua prapera lu topie an vue ed l'imprestion. Dans ce cas particulier, ce qui m'intéresse pour *ma* part, c'est que le "bruit" soit transmis et non pas retiré, même si, à vrai dire, je ne me soucie guère de savoir quel bruit exactement est là.

Il y a donc trois attitudes différentes que nous adoptons tour à tour vis-à-vis des patterns. Parfois, notre souci est de fournir une description exacte ou une reproduction en détail, quoi qu'il nous en coûte. De ce point de vue, le véritable pattern dans la trame A est le *code à barres comportant les exceptions suivantes : 7, 8, 11, ...* En revanche, il arrive que nous nous intéressions au bruit, mais pas au site particulier où il survient. De ce point de vue, le véritable pattern dans la trame A est le *code à barres avec 25 % de bruit.* Enfin, il arrive que nous tolérions ou négligions le bruit. De ce point de vue, le véritable pattern dans la trame A est tout simplement le *code à barres.* Mais le code à barres se trouve-t-il vraiment dans la trame A? À cette question, je suis tenté de répondre : Regardez! Vous le voyez bien! Mais il y a plus constructif à dire là-dessus.

Face aux mêmes données, deux observateurs peuvent percevoir des patterns différents. Mais puisque nos intérêts et perspectives sont susceptibles de varier, ces différences ne sont pas toutes considérées comme des désaccords. Du moins, elles ne le devraient pas. Si Jones discerne le pattern α (avec n % de bruit) et que Brown discerne le pattern β (avec m % de bruit), il est possible que nous ne soyons pas fondés à décider qui des deux a raison et qui a tort. Supposons qu'ils utilisent tous deux leur pattern pour parier sur la prochaine donnée dans la série. Jones parie conformément au pattern "pur" α, mais il prévoit n % d'erreurs lorsqu'il estime les probabilités. Brown fait de même, en utilisant le pattern β. S'il s'agit de deux véritables patterns, ils vont tous deux s'enrichir. En d'autres mots, tant et aussi longtemps qu'ils tiendront compte des déviations attendues par rapport à l'"idéal" pour ne pas parier à tort et à travers, ils s'en tireront mieux que s'ils pariaient au hasard – peut-être même beaucoup mieux.

Supposons maintenant qu'ils comparent leurs observations. Supposons qu'a est un pattern simple et facile à calculer mais comportant un ratio de bruit élevé, par exemple le code à barres correspondant à la trame E. Supposons en outre que Brown a découvert une certaine périodicité ou progression dans le bruit "aléatoire" que Jones se contente de "tolérer", si bien que β est la description beaucoup plus compliquée d'un pattern superposé à un pattern. On peut supposer que cela permet à Brown de prédire quand va survenir le "bruit" bien mieux que s'il pariait au hasard. Par conséquent, Brown prévoit un taux d'erreurs inférieur, disons de seulement 5 %. «Jones, ce que vous appelez bruit est en fait un pattern, pourrait dire Brown. Certes, il subsiste un *certain* bruit dans mon pattern, mais mon pattern est supérieur – il correspond davantage au véritable pattern – que le vôtre ! Le vôtre n'est que pure apparence ». À ces mots, Jones peut fort bien rétorquer que c'est affaire de goût. Il observe combien Brown doit travailler dur pour estimer les probabilités et fait valoir qu'il s'enrichit tout autant (peut-être même davantage) en utilisant un système plus simple et plus sommaire grâce auquel il fait davantage de paris en évaluant correctement ses chances que ne le pourra jamais Brown. «Mon pattern est un véritable pattern. Voyez comme je m'enrichis ! S'il s'agissait d'une illusion, je serais fauché ».

Cette formulation grossière – en termes de paris et d'enrichissement – n'est jamais qu'une façon imagée d'attirer l'attention sur un authentique compromis, et qui n'a rien de grossier, omniprésent dans la nature et donc dans la psychologie du sens commun. À quoi irait notre préférence : à une description de pattern extrêmement compacte comportant un ratio de bruit élevé, ou à une description de pattern moins compacte comportant un ratio de bruit inférieur ? Notre décision peut dépendre de notre capacité à discerner rapidement et fidèlement un pattern simple, des risques que nous font courir les erreurs et des ressources que nous pouvons consacrer à la détection et au calcul. De manière générale, il ne nous appartient pas de prendre chacun de notre côté ces « décisions architecturales » (*design decisions*) : l'évolution génétique et l'évolution culturelle ont décidé de leur incorporation dans l'architecture de nos organes sensoriels et dans notre culture. Le produit de ce processus d'évolution architecturale correspond à ce que Sellars appelle notre *image manifeste* [1]. Celle-ci se compose de la physique et de la psychologie populaires, et de toutes les autres perspectives productrices de patterns que nous avons sur l'étourdissante foison de données dont nous sommes bombardés. L'ontologie que génère l'image manifeste a ainsi une source profondément pragmatique [2].

Les mêmes considérations pragmatiques valent-elles pour l'image scientifique, largement considérée comme l'arbitre ultime en ontologie ? La science est censée découper la nature en ses parties – celles dont elle est *vraiment* constituée, bien

---

1. Wilfrid Sellars (1963), « La philosophie et l'image scientifique de l'homme », dans ce volume, p. 59-122 ; traduction de « Philosophy and the Scientific Image of Man », *Science, Perception and Reality*, Londres, Routledge and Kegan Paul, p. 1-40.

2. William Wimsatt (1980) (« Randomness and Perceived Randomness in Evolutionary Biology », *Synthese*, n° 43, p. 287-329) en donne un bel exemple (p. 296) : alors que l'oiseau insectivore traque les insectes un à un, le fourmilier s'installe sur les secteurs en moyenne les plus infestés de fourmis. On pourrait dire que si l'image manifeste de l'oiseau quantifie sur les insectes, "fourmi" est un terme de masse pour le fourmilier. Voir la discussion sur ce sujet et les exemples dans mon livre *Elbow Room*, Cambridge, Mass., MIT Press, 1984, p. 108-110.

entendu. Mais est-il permis, en science, d'adopter un système
de découpage si simple qu'il soit alors raisonnable de tolérer à
l'occasion des divisions erronées et donc des prédictions
erronées ? Cela se produit tout le temps. Le recours général à
des modèles idéalisés consiste précisément à troquer la fiabi-
lité et la justesse des prédictions contre la souplesse computationnelle. Dans certaines circonstances, une simplification à
outrance particulièrement élégante et commode peut être
irrésistible. Le recours à la mécanique newtonienne plutôt
qu'à la mécanique einsteinienne dans les calculs scientifiques
et mécaniques les plus terre à terre en est un exemple patent.
Simplifier à outrance les données de manière à les rendre plus
malléables peut être attrayant même en cas de taux d'erreurs
élevé. Concevoir les traits héréditaires comme dus chacun à un
gène spécifique en est un exemple. Concevoir les agents sur le
marché comme des égoïstes parfaitement rationnels disposant
d'une information parfaite en est un autre.

LES PATTERNS DANS LE MONDE DE *LIFE*

Le moment est venu de transposer ces remarques sur les
patterns et leur réalité dans l'arène controversée de l'attribution de croyances. Le saut assez important que nous devons
faire s'opère en beauté si nous nous appuyons sur un exemple à
mi-chemin entre le monde des trames à points et celui de la
psychologie populaire : le « Jeu de la Vie » (*Game of Life*) de
John Horton Conway. À mon avis, quiconque étudie la philosophie devrait être tenu d'acquérir une connaissance intime du
Game of Life. Celui-ci devrait être considéré comme un outil
essentiel dans la trousse de quiconque s'adonne à des expériences de pensée. Il s'agit en effet d'un outil prodigieusement
polyvalent capable de générer d'importants exemples pour la
philosophie et des expériences de pensée admirablement
claires et imagées. Dans *La Stratégie intentionnelle*, je l'ai

exploité brièvement pour présenter les coûts et bénéfices d'une prédiction risquée basée sur la stratégie intentionnelle [1]. J'ai appris depuis que j'avais par trop présumé de la familiarité avec les idées qui le sous-tendent. Je présente donc ici une introduction de base quelque peu augmentée du *Game of Life* [2].

Life se joue sur une grille à deux dimensions, tel un damier ou un écran d'ordinateur. On n'y joue pas pour gagner; si tant est que c'est un jeu, c'est une patience. La grille divise l'espace en cellules carrées, et chaque cellule est ou bien allumée (*ON*), ou bien éteinte (*OFF*) à chaque moment. Chaque cellule a huit voisines : les quatre cellules adjacentes nord, sud, est et ouest, ainsi que les quatre en diagonale : nord-est, sud-est, sud-ouest et nord-ouest. En outre, le temps dans le monde de *Life* est discret et non pas continu; il progresse régulièrement par à-coups, l'état du monde changeant conformément à la règle suivante :

> Afin de déterminer ce qu'elle fera au moment suivant, chaque cellule doit compter le nombre de voisines allumées au moment présent. Si la réponse est précisément deux, la cellule demeure alors dans le même état (allumée ou éteinte) au moment suivant. Si la réponse est précisément trois, la cellule est allumée au moment suivant, quel que soit son état actuel. Dans tous les autres cas, la cellule est éteinte.

---

1. *La Stratégie intentionnelle*, *op. cit.*, p. 53-56.

2. Martin Gardner a présenté le *Game of Life* à un large public dans deux chroniques du *Scientific American* (octobre 1970 et février 1971). Par ailleurs, l'ouvrage de William Poundstone (1985), *The Recursive Universe. Cosmic Complexity and the Limits of Scientific Knowledge*, New York, William Morrow, constitue une excellente exploration du jeu ainsi que de ses implications philosophiques. Les deux figures qui suivent sont tirées du livre de Poundstone (1985, p. 39 et 40), avec l'aimable autorisation de l'auteur et de l'éditeur.

La physique du monde de *Life* tient tout entière dans cette loi simple et dépourvue d'exceptions. (Bien que ce soit là la loi fondamentale de la "physique" du monde de *Life*, il est utile de concevoir au début cette curieuse physique en termes biologiques : quand une cellule s'allume, il y a naissance ; quand une cellule s'éteint, il y a mort ; quant aux moments successifs, le mieux est d'y voir des générations successives. Deux choses mènent à la mort : la surpopulation – plus de trois cellules voisines occupées – et l'isolement – moins de deux cellules voisines occupées). En appliquant scrupuleusement cette unique loi, on peut prédire avec exactitude ce qui se passera au moment suivant pour toute configuration de cellules allumées et éteintes, de même que le moment d'après, et ainsi de suite. En d'autres mots, le monde de *Life* est un monde-jouet qui illustre parfaitement la conception laplacienne du déterminisme : étant donné de la description de l'état de ce monde à un moment donné, nous, observateurs finis, arrivons à prédire parfaitement les moments futurs par simple application de notre unique loi physique. Ou, pour reprendre mes propres termes, lorsque nous adoptons la stratégie physique vis-à-vis d'un pattern dans le monde de *Life*, notre pouvoir de prédiction est parfait : il n'y a pas de bruit, pas d'incertitude, pas de probabilité inférieure à 1. Qui plus est, de ce que le monde de *Life* est bidimensionnel, il s'ensuit que rien ne nous est dissimulé. Il n'y a pas de coulisses, pas de variables cachées. La physique des objets du monde de *Life* se déploie directement et tout entière sous nos yeux.

Il y a des simulations par ordinateur du monde de *Life* où l'on peut décider de la configuration initiale sur l'écran et la regarder évoluer conformément à l'unique règle. Les meilleures simulations permettent de passer alternativement du gros plan à la vue à vol d'oiseau et de faire varier la vitesse. Certaines versions en couleurs ont ceci de bien que les cellules allumées (souvent appelées pixels) sont encodées par couleurs selon leur âge ; elles naissent bleues, par exemple, et changent ensuite de couleur au fil des générations, passant au vert, au jaune, à l'orange, au rouge, au brun et, enfin, au noir, couleur qu'elles conservent jusqu'à leur mort. Cela nous permet de voir en un coup d'œil quel âge ont certains patterns, quelles cellules appartiennent à la même génération, où se déroulent les naissances, et ainsi de suite [1].

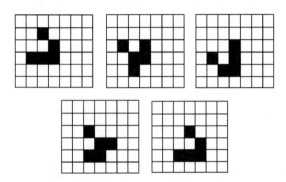

Fig. 2 (d'après Poundstone, *op. cit.*)

On a tôt fait de découvrir que certaines configurations simples sont plus intéressantes que d'autres. Outre les configurations qui ne changent jamais – les « natures mortes » telles que quatre pixels en carré – et celles qui s'évaporent complètement – c'est le cas de tout long segment de diagonale, dont les deux pixels aux extrémités meurent d'isolement d'un moment à l'autre jusqu'à sa disparition complète –, il y a des configurations obéissant à toutes sortes de périodicités. Une ligne de trois pixels donne lieu à un simple clignotant se transformant l'instant d'après en colonne de trois pixels, redevenant aussitôt une ligne de trois pixels, et ainsi *ad infinitum*, à

1. Poundstone (1985), *op. cit.*, fournit des simulations en langage IBM-PC et BASIC qu'il est possible de copier sur son ordinateur personnel, et il décrit certaines des variations les plus intéressantes.

moins qu'une autre configuration n'empiète sur lui. C'est l'empiètement qui fait l'intérêt de *Life* : parmi les configurations périodiques, certaines sillonnent le plan à la nage telles des amibes. Le plus simple est le *planeur*, configuration de cinq pixels que l'on voit se diriger d'un trait vers le sud-est à la figure 2. Il y a ensuite les dévoreurs, les locomotives à vapeur, les ratissoires de l'espace ainsi qu'une foule d'autres habitants du monde de *Life* qui émergent dans l'ontologie à un niveau supérieur, analogue à celui que j'ai appelé niveau architectural. Ce niveau possède son propre langage, qui est une abréviation transparente des descriptions fastidieuses que l'on pourrait faire du niveau physique. Par exemple :

> Un dévoreur peut manger un planeur en quatre générations. Peu importe ce qui est dévoré, le processus de base est le même. Un pont se forme entre le dévoreur et sa proie. À la génération suivante, la région-pont meurt de surpopulation, prenant un morceau à la fois au dévoreur et à la proie. Le dévoreur se répare alors de lui-même. La proie en est généralement incapable. Si, comme le planeur, le reste de la proie meurt, elle est consommée [1].

Notons qu'il y a changement de régime ontologique lorsque nous nous déplaçons d'un niveau à l'autre ; alors qu'au niveau physique, il n'y a pas de mouvement et que les seuls individus, les cellules, sont définis en fonction de la place qu'ils occupent dans l'espace, au niveau architectural, on assiste au mouvement d'objets persistants : c'est un seul et même planeur qui se dirige vers le sud-est dans la figure 2, changeant de forme tout en se mouvant. Et le monde compte un planeur de moins après que le dévoreur l'a mangé dans la figure 3. (Exercice de réchauffement en vue de ce qui va suivre : devrions-nous dire qu'il y a *véritable* mouvement dans le monde de *Life*, ou seulement mouvement *apparent* ? Après

---

1. Poundstone (1985), *op. cit.*, p. 38 ; nous traduisons.

tout, les pixels qui clignotent sur l'écran d'ordinateur sont un cas paradigmatique de ce qu'un psychologue appellerait mouvement apparent. Y a-t-il *vraiment* des planeurs qui se meuvent, ou sont-ce seulement les patterns d'états de cellules ? Et si nous optons pour cette réponse, devrions-nous dire à tout le moins que ces patterns mouvants sont de véritables patterns ?)

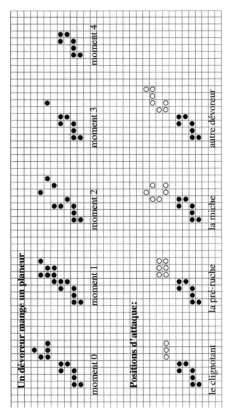

Fig. 3 (d'après Poundstone, *op. cit.*)

Notons également qu'à ce niveau, on avance des généralisations exigeant des membres de phrase du genre « en général » ou « pourvu que rien n'empiète sur… ». Des fragments
errants dus à des événements passés peuvent "rompre" ou
"tuer" l'un des objets appartenant à l'ontologie de ce niveau ;
leur *caractère saillant comme choses réelles* est considérable,
mais il n'est pas garanti. C'est dire qu'on peut sans grand
danger atteindre au niveau architectural, adopter son ontologie
et entreprendre de prédire – de façon sommaire et non sans
risques – le comportement de configurations ou de systèmes
de configurations plus importants sans se donner la peine de le
computer au niveau physique. Par exemple, on peut se donner
pour tâche de concevoir un supersystème intéressant à même
les "parties" que le niveau architectural met à notre disposition. Le triomphe le plus impressionnant remporté par le
niveau architectural du monde de *Life* est sans contredit la
preuve qu'un modèle fonctionnel de machine de Turing peut
en principe être construit sur son plan ! Car von Neumann a
déjà montré qu'en principe, une machine de Turing universelle à deux dimensions peut être construite à partir d'automates cellulaires ; aussi montrer comment ce modèle pourrait
en principe être construit à l'aide des automates cellulaires
simples du monde de *Life* est-il "juste" une question d'"ingé-
nierie"? Par exemple, les vols de planeurs peuvent constituer
le ruban et le lecteur de ruban peut consister en un imposant
montage de dévoreurs, de planeurs et autres morceaux et
fragments. À quoi ressemblerait cette gigantesque machine de
Turing ? Poundstone estime que toute cette construction,
machine auto-reproductrice comprenant une machine de
Turing universelle, serait de l'ordre de 10^{13} pixels.

> Présenter un pattern de 10^{13} pixels exigerait un écran vidéo
> dont la diagonale compterait au moins trois millions
> de pixels. À supposer que les pixels font un millimètre
> carré (soit une très haute résolution pour un ordinateur

personnel), cela ferait alors trois kilomètres. L'écran couvrirait approximativement six fois la superficie de Monaco. […]

La perspective réduirait les pixels d'un pattern auto-reproducteur à l'invisibilité. Si vous vous éloigniez suffisamment de l'écran pour le voir de manière adéquate, les pixels (et même les planeurs, les dévoreurs et les fusils) seraient beaucoup trop petits pour que vous distinguiez quoi que ce soit. Un pattern auto-reproducteur émettrait une vague lueur, telle une galaxie [1].

Puisqu'une machine de Turing universelle peut calculer toute fonction calculable, elle peut aussi jouer aux échecs simplement en émulant le programme d'échecs de l'ordinateur de votre choix. Supposons alors qu'une telle entité occupe le plan où se déroule *Life* et joue aux échecs contre elle-même. Il est à peu près certain qu'observer la configuration de points qui accomplit ce prodige ne serait pas éclairant pour quiconque ne se douterait pas qu'une configuration d'une telle puissance puisse exister. Cependant, qui formule l'hypothèse que cette collection imposante de points noirs est un ordinateur jouant aux échecs dispose de moyens extrêmement efficaces de prédire l'avenir. Dans un premier temps, on peut passer d'une ontologie de planeurs et de dévoreurs à une ontologie de symboles et d'états de machine et, adoptant cette stratégie architecturale de niveau supérieur vis-à-vis de cette configuration, prédire son futur *comme* machine de Turing. Dans un second temps, on peut passer à une ontologie de positions aux échecs, de mouvements possibles et de motifs permettant de juger de leur valeur, ce qui améliore encore notre pouvoir de prédiction. Ce faisant, on adopte la stratégie intentionnelle vis-à-vis de la configuration et on peut prédire son avenir comme joueur d'échecs posant des actions intentionnelles, et donc jouant ses coups et cherchant à faire échec et mat. Une fois que

1. Poundstone, *op. cit.*, p. 227-228 ; nous traduisons.

l'on fixe le schème d'interprétation permettant de dire que tel pattern de pixels est considéré comme tel symbole (soit, au niveau de la machine de Turing, les symboles « 0 » ou « 1 », ou, au niveau intentionnel, "*QxBch*" et autres symboles décrivant les coups aux échecs), on peut s'en servir pour prédire, par exemple, que le prochain pattern qui émergera de la galaxie sera tel et tel vol de planeur (les symboles pour "*RxQ*", disons). Dans chaque cas, la prédiction n'est pas sans risque : il se peut que le programme d'échecs auquel obéit la machine de Turing soit loin d'être toujours parfaitement rationnel et, à un niveau différent, que des débris errent sur la scène et "rompent" la configuration de la machine de Turing avant qu'elle ne termine la partie.

En d'autres mots, des patterns véritables et (potentiel-lement) affligés de parasites foisonnent dans une telle configuration du monde de *Life*, tout prêts à être cueillis pour peu que nous soyons assez chanceux ou futés pour tomber sur la bonne persepctive. Il ne s'agit pas de patterns *visuels*, mais, pourrait-on dire, *intellectuels*. Rien ne sert de loucher ou de faire pivoter la page. En revanche, poser des hypothèses ima-ginatives (ou ce que Quine appellerait des « hypothèses analytiques ») peut mettre au jour une mine d'or. L'occasion qui s'offre à l'observateur d'un tel monde de *Life* est compa-rable à celle qui s'ouvre au cryptographe scrutant un nouveau fragment de texte codé, ou encore à un Martien observant un match du Superbowl à l'aide d'un télescope. Si le Martien à la recherche du bon niveau pour observer le pattern tombe sur la stratégie intentionnelle – ou psychologie populaire –, les formes émergeront sans peine du bruit.

LA RÉALITÉ DES PATTERNS INTENTIONNELS

Quand on adopte la stratégie intentionnelle vis-à-vis de la galaxie informatique à deux dimensions jouant aux échecs, l'échelle de compression est stupéfiante : c'est toute la

différence entre estimer quel est le meilleur coup pour les
blancs par opposition à calculer l'état de quelques billions de
pixels sur quelques centaines de milliers de générations. Mais
cette économie n'est pas vraiment d'un ordre de grandeur
supérieur à ce qui se passe dans notre monde. Du point de vue
de la psychologie populaire, il est facile de prédire que
quelqu'un cherchera à esquiver la brique que vous lui lancez;
cela est et demeurera irréalisable s'il vous faut retracer les
photons allant de la brique au globe oculaire, les neurotrans-
metteurs allant du nerf optique au nerf moteur, et ainsi de suite.

Il faut être prêt à payer un prix plutôt élevé en erreurs pour
une emprise computationnelle de cette envergure, mais le fait
est que tous les représentants du spectre dont je discute ici
partagent une croyance, soit que la « psychologie populaire »
fournit un système de description autorisant des prédictions
extrêmement fiables du comportement humain (et, bien
souvent, non humain) [1]. Là où ils diffèrent, c'est sur l'explication qu'ils donnent de cette prouesse et les conséquences
qu'ils y voient pour le problème du "réalisme".

Pour un Réaliste de force industrielle comme Fodor, il n'y
aurait pas de véritables croyances et autres états du genre si le
pattern qu'on discerne faiblement depuis la perspective de la
psychologie populaire, on ne pouvait le discerner aussi (plus
clairement, avec moins de bruit) en tant que pattern de

1. Pour voir comment les pôles opposés partagent ce point de vue, voir
l'ouvrage de Jerry Fodor (1987), *Psychosemantics*, Cambridge, Mass.,
Bradford Books/The MIT Press, chap. 1 : « Introduction : the Persistence of the
Attitudes », de même que l'ouvrage de P. M. Churchland (1979), *Scientific
Realism and the Plasticity of Mind*, Cambridge, Cambridge University Press,
en particulier page 100 : « Car la théorie P [la psychologie populaire] est en fait
une merveilleuse réalisation intellectuelle. Elle donne à son détenteur un aperçu
explicite et systématique du comportement, verbal et autre, de certains des
agents les plus complexes de l'environnement, et à cet égard, aucune théorie, en
dépit des efforts considérables que nous y avons mis, n'a jamais surpassé une
telle prouesse ».

structures dans le cerveau. On devrait y arriver depuis la perspective différente que procure un *syntaxoscope* adéquatement réglé braqué sur les traits purement formels (non sémantiques) des termes du mentalais inscrits dans le cerveau. Pour Fodor, le pattern qu'aperçoivent chaque jour à travers le bruit les psychologues du sens commun ne nous dit rien de la réalité, à moins que pattern et bruit ne puissent s'expliquer ainsi : ce que nous discernons depuis la perspective de la psychologie populaire est l'effet net de deux processus. En aval, un processus caché vient obscurcir et recouvrir en partie un pattern existant à l'état pur, et ce en raison de diverses sources de bruit : erreurs de performance, erreurs d'observation et autres obstacles surgissant de manière plus ou moins aléatoire. Fodor pourrait ajouter qu'à cet égard, le processus interne responsable des croyances ressemble *tout simplement* au processus responsable de la création des trames *A-F*. S'il vous était permis de jeter un coup d'œil sur les coulisses du programme que j'ai conçu pour créer les trames, la parfaite périodicité du code à barres vous sauterait aux yeux et le bruit ajouté après coup vous apparaîtrait comme du poivre et sel qu'on y aurait saupoudré.

C'est souvent de cette façon qu'on s'explique l'aspect d'un ensemble de données en sciences. Fodor peut bien estimer que c'est ou bien la seule explication qu'on puisse en donner ou bien, de toute manière, la seule qui rende intelligible le succès de la psychologie populaire. Mais il est bien le seul. Comme le disait G. E. M. Anscombe dans son étude novatrice sur l'explication intentionnelle, « si l'explication d'Aristote [du raisonnement recourant au syllogisme pratique] était censée décrire des processus mentaux effectifs, elle serait dans l'ensemble tout à fait absurde. L'intérêt de cette explication, c'est qu'elle décrit un ordre présent chaque fois que des actions sont posées intentionnellement »[1].

Mais comment l'ordre *peut-il* être là, à ce point visible au milieu du bruit, s'il n'est le décalque direct d'un processus concret et ordonné en arrière-plan ? Eh bien, il se *pourrait* qu'il y soit grâce à l'effet statistique d'un tas de menus processus donnant lieu, comme guidés par une main cachée, à une approximation de l'ordre "idéal". Les philosophes ont eu tendance à négliger nombre de régularités se situant entre celles auxquelles "obéissent" les planètes et autres objets soumis aux lois de la physique, et les régularités que suivent (et donc *consultent*) les systèmes se conformant à une règle[2]. À ces régularités intermédiaires correspondent les régularités préservées sous la pression de la sélection, autrement dit, les régularités dictées par les principes d'une bonne architecture et auxquelles atteignent les systèmes autarciques (*self-designing*). C'est dire qu'une « règle de pensée » peut être bien plus qu'une simple régularité ; elle peut être une règle *judicieuse* à laquelle on se conformerait si on était concepteur de systèmes, et donc une règle qu'on s'attendrait à voir "découverte" par les systèmes autarciques en train d'établir leurs patterns d'activités. De telles règles n'ont pas davantage besoin de faire l'objet d'une représentation explicite que les

---

1. Nous traduisons. G. E. M. Anscombe (1957), *Intention*, Oxford, Blackwell, p. 80. La traduction française de cet ouvrage vient de paraître chez Gallimard, « Bibliothèque de philosophie », Paris, 2002.

2. Une notable exception à cette remarque se trouve déjà dans Wilfrid Sellars (1954), « Some Reflections on Language Games », *Philosophy of Science*, t. XXI, p. 204-228, qui discute justement de ce genre de régularités. Consulter en particulier la sous-section de cet article devenu classique intitulée « Pattern Governed and Rule Obeying Behavior », dans *Science, Perception and Reality*, *op. cit.*, p. 324-327.

principes de l'aérodynamique auxquels fait honneur l'architecture des ailes des oiseaux [1].

On peut illustrer le contraste entre ces différents types de processus de génération de patterns. Les trames de la figure 1 ont été créées à l'aide d'un processus rigide (dix points noirs, dix points blancs, dix points noirs, ...) brouillé par le bruit, alors que les trames de la figure 4 ont été créées par un processus quasi inverse : la trame du haut montre un pattern créé par une distribution normale de points noirs autour de moyennes à $x = 10, 30, 50, 70$ et 90 (un peu comme les bandes de Mach ou les franges d'interférence). La trame du milieu et celle du bas ont été créées par applications successives d'un très simple rehausseur de contrastes à la trame du haut : une fente

1. Plusieurs lecteurs d'une version antérieure de cet article ont supposé que la conclusion que je cherche à imposer ici est que les croyances (ou leur contenu) sont des *épiphénomènes* dénués de pouvoir causal, mais c'est là une interprétation erronée due à une notion simpliste de causalité. Si on découvre un pattern autorisant des prédictions du genre que je viens de décrire, on a *ipso facto* découvert un pouvoir causal – quelque chose de différent dans le monde qui entraîne une différence testable par les méthodes empiriques standards de manipulation des variables. Considérons le pouvoir qu'a d'attirer les foules l'enseigne « Déjeuner gratuit » placée à la vitrine d'un restaurant de Paris à celui qu'elle a dans un restaurant de Tokyo. Le niveau intentionnel est manifestement le bon niveau auquel prédire et expliquer de tels pouvoirs causaux : on peut escompter que l'enseigne va davantage susciter une croyance particulière chez une population d'agents que chez l'autre, et les variations dans la couleur des caractères typographiques de l'enseigne ne permettent pas de prédire les variations dans le pouvoir d'attirer les foules aussi bien que les variations de signification (perceptible). Le fait que les régularités sur lesquelles sont basées ces prédictions couronnées de succès peuvent être efficacement décrites (seulement) en termes intentionnels et ne sont pas dérivées de « lois de couverture » ne montre pas que ces régularités ne sont pas causales ; il montre juste que les philosophes se sont souvent appuyés sur des notions étriquées de causalité découlant de l'intérêt exclusif qu'ils ont porté à une poignée d'exemples tirés de la physique et de la chimie. Smith me signale que je me fais ici l'écho de l'affirmation d'Aristote voulant que ses prédécesseurs aient ignoré les causes finales.

verticale, ou "fenêtre", de trois pixels de haut est jetée aléatoirement sur la trame ; les pixels dans la fenêtre votent, et la majorité l'emporte. Cela a pour effet de retirer graduellement le sel du poivre et le poivre du sel, ce qui crée "artificiellement" des bords comme ceux que l'on discerne dans la trame du bas. L'effet serait encore plus frappant à une échelle de pixels plus fins, où le noir passerait imperceptiblement au blanc via le gris, mais j'ai choisi de m'en tenir à la périodicité de dix pixels du code à barres.

Fig. 4

Mon intention n'est pas de suggérer qu'il est impossible de distinguer les patterns de la figure 4 de ceux de la figure 1. Cela est bien entendu possible : pour commencer, le processus à l'origine des trames de la figure 1 montrera presque toujours des bords à exactement 10, 20, 30, …, et presque jamais à 9, 11, 19, 21, … En revanche, la probabilité que le processus à l'œuvre dans la figure 4 "déplace" les bords est plus élevée (ainsi que le montre une inspection attentive de la figure 4). Un ajustement fin permettrait évidemment de réduire cette probabilité, mais tel n'est pas mon propos. Ce que je veux faire valoir, c'est que *même si* le pattern discernable est manifestement produit par tel processus plutôt que par tel autre, il peut être rationnel de négliger ces différences et d'utiliser la description de pattern la plus simple (par exemple le code à barres) pour organiser les données.

Fodor et d'autres ont affirmé que postuler un langage intérieur de la pensée est la meilleure manière d'expliquer les bords nets qui caractérisent la « psychologie des attitudes propositionnelles ». Churchland et moi avons proposé une explication différente à ce phénomène, explication qui fait du processus à l'origine des trames de la figure 4 une bonne métaphore visuelle. Le processus à l'origine des données de la psychologie populaire, affirmons-nous, est tel que les complexités multidimensionnelles des processus sous-jacents sont projetées *à travers le comportement linguistique*, d'où une apparence de haute définition et de précision due au caractère discret des mots [1]. Comme le suggère Churchland, l'énonciation déclarative d'une personne est une « *projection* unidimensionnelle – à travers l'objectif composé des aires de Wernicke et de Broca à la surface de l'idiolecte du locuteur – projection unidimensionnelle d'un "solide" à quatre ou cinq dimensions qui est un élément du véritable état dynamique du locuteur » [2].

Le Réalisme de force industrielle de Fodor considère les croyances comme des choses dans la tête, au même titre que les cellules, les vaisseaux sanguins et les virus. Davidson et moi préférons tous deux la conception de Churchland faisant des énoncés d'attitude propositionnelle des "mesures" indirectes d'une réalité diffuse dans les dispositions comporte-

---

1. Voir mon exposé sur la distinction entre croyances et *opinions* (linguistiquement contaminées) dans Daniel Dennett (1978), « How to Change your Mind », *Brainstorms. Philosophical Essays on Mind and Psychology*, Cambridge, Mass., Bradford Books, p. 300-309 ; et « Les illusions du Réalisme », dans *La Stratégie de l'interprète, op. cit.*, p. 135-154.

2. P. M. Churchland, « Eliminative Materialism and the Propositional Attitudes », *Journal of Philosophy*, vol. LXXVIII, n° 2, 1981, en particulier p. 85 ; repris dans ce volume sous le titre « Le matérialisme éliminativiste et les attitudes propositionnelles », p. 123-158. Voir p. 151 dans ce volume.

mentales du cerveau (et du corps)[1]. Nous pensons que les croyances méritent d'être qualifiées de véritables tant que parler de croyances nous fait prendre suffisamment bien la mesure des organes disposant à des comportements complexes pour que nos prédictions soient généralement couronnées de succès, et c'est bien ce qui se passe. Sur quoi porte notre désaccord? Comme l'a signalé John Haugeland, Davidson est plus réaliste que moi[2]. J'ai récemment repéré la source de ce désaccord dans l'opinion différente que nous avons du statut du principe d'indétermination de la traduction de Quine, que nous acceptons tous deux.

Suivant Davidson, ce principe n'a pas les effets cataclysmiques qu'on lui prête souvent; en fait, il n'est pas loin d'être trivial: les manuels de traduction différents entre lesquels aucun fait tangible ne permet de trancher sont comparables à deux échelles différentes pour mesurer la température.

> Nous savons qu'il n'y a pas de contradiction entre une température de l'air de 32 degrés Fahrenheit et de 0 degré Celcius; il n'y a rien dans ce "relativisme" qui montre que les propriétés mesurées ne sont pas de "véritables" propriétés. Curieusement, toutefois, on a tiré cette conclusion de manière répétée […]. Pourtant, à la lumière des considérations avancées ici, cela revient tout simplement à recon-

1. Cette idée a été mise de l'avant par Churchland dans son livre *Scientific Realism and the Plasticity of Mind*, Cambridge, Cambridge University Press, 1979, p. 100-107. J'ai adopté cette idée dans mon essai « Beyond Belief », *Thought and Object* (sous la dir. de A. Woodfield), New York, Oxford University Press, 1982, constituant le chapitre 5 (« Au-delà de la croyance ») de *La Stratégie intentionnelle*, p. 155-266. Davidson reprend prudemment cette idée dans sa conférence « What is Present to the Mind? », présentée au colloque de la Sociedad Filosófica Ibero Americana à Buenos Aires, en 1989, et reprise dans *Consciousness* (sous la dir. de E. Villanueva), Atascadero, Ridgeview Publishing, 1991.

2. Je discute du point de vue de Haugeland dans le dernier chapitre de *La Stratégie intentionnelle*, « Examen de contrôle continu: comparer et opposer », p. 446-448.

naître qu'il y a plus d'un ensemble d'énonciations d'un individu capable de saisir le contenu des pensées ou des paroles de quelqu'un d'autre. De même que les nombres peuvent rendre compte d'une infinité de manières de toutes les relations empiriquement importantes entre poids ou entre températures, les énonciations d'une personne peuvent saisir de différentes manières tous les aspects significatifs des pensées et des paroles de quelqu'un d'autre. Cela ne remet pas en question la "réalité" des attitudes ou significations ainsi rapportées [1].

Du point de vue de Davidson, aucun désaccord substantiel ne ressort de la comparaison des deux schèmes de description, si bien qu'ils peuvent être adéquatement considérés comme les descriptions concurrentes d'une seule et même réalité.

Je pense qu'il s'agit là d'une analogie boiteuse. L'exemple de descriptions "rivales" de patterns comportant du bruit en fournit une meilleure. Considérons deux interprétations intentionnelles rivales d'un même individu ; elles s'accordent sur la forme générale du répertoire de croyances (et de désirs, etc.) de cet individu, mais comme elles s'appuient sur différents modèles idéalisés du pattern, elles ne s'accordent pas en tous points. Nous rappelant la fameuse analogie de Quine [2] et l'étendant par-delà la traduction radicale à l'interprétation radicale (comme Davidson et moi souhaitons tous deux le faire), nous obtenons la figure 5.

---

1. Donald Davidson (1991), « What is Present to the Mind? », *loc. cit.*, p. 210-211 ; nous traduisons.

2. « Plusieurs individus élevés dans le même milieu linguistique se ressembleront entre eux comme ces arbustes qu'on taille en forme d'éléphant. Autant d'arbustes, autant d'arrangements différents de branches maîtresses et de rameaux aboutissant en gros à la même silhouette éléphantine : le détail anatomique diffère avec chaque buisson, mais de l'extérieur le résultat est le même » (Quine, 1960, *Word and Object*, p. 8 ; trad. par P. Gochet sous le titre *Le Mot et la chose*, Paris, Flammarion, 1999, p. 35).

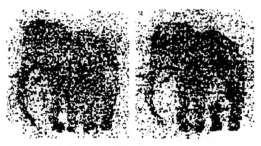

Fig. 5

À gauche, nous voyons l'interprétation intentionnelle d'Ella par Brown ; à droite, celle par Jones. Puisque ce sont des interprétations intentionnelles, les pixels ou points représentent des croyances, etc., et non pas (par exemple) des bouts de mouvement corporel ou d'organes ou des cellules ou atomes. Et puisque ce sont des interprétations intentionnelles rivales d'un même individu, les patterns discernés ne sont pas des moyennes statistiques (du genre « Les démocrates américains tendent à être favorables aux programmes d'assistance sociale »), mais des particularités cognitives personnelles (du genre « Elle pense qu'elle devrait jouer rapidement sa reine »). Quelques-uns des patterns peuvent en effet constituer de simples périodicités observées (du genre « Ella a toujours envie de parler de football le lundi »), mais il nous faut comprendre le pattern comme correspondant à ce qu'Anscombe appelait l'« ordre présent » dans la cohérence rationnelle au sein de l'ensemble des croyances, désirs et intentions d'une personne.

Notons ici que les désaccords peuvent être majeurs, du moins *a priori* : lorsque Brown et Jones parient sur ce qui s'en vient, ils ne parient pas toujours la même chose. Il se peut que conformément au pattern qu'ils ont choisi, ils soient *souvent* en désaccord sur ce qui s'en vient. Pour prendre un cas dramatique, il est possible que Brown prédise qu'Ella va décider de se suicider et que Jones ne soit pas d'accord avec lui. Ce désaccord n'a rien de trivial, et en principe, une différence à ce point cruciale peut émerger en dépit de la concordance générale des deux interprétations.

Supposons donc que Brown et Jones fassent une série de prédictions sur le comportement d'Ella basée sur leurs interprétations rivales. Considérons les différents cas de figure. D'abord, il y a les cas où ils sont tous deux d'accord et où ils ont raison. De ce point de vue, leurs systèmes respectifs font bonne figure. Ensuite, il y a les cas où ils sont d'accord et où ils se trompent. Tous deux imputent leur erreur au bruit, absorbent la perte qu'ils avaient prévue et passent au coup suivant. Mais il y aura aussi les cas où ils seront en désaccord, où leurs systèmes feront des prédictions différentes, et dans ces cas, parfois (mais pas toujours), l'un gagnera et l'autre perdra. (Dans la vraie vie, les prédictions ne portent pas toujours sur des alternatives à deux branches, de sorte que dans plusieurs cas, ils seront en désaccord et se tromperont tous deux). Dans le cas où l'un gagne et l'autre perd, il semblera à l'observateur myope qu'une "théorie" a marqué un point décisif contre l'autre, mais quand on reconnaît que tous deux peuvent remporter de telles victoires et qu'il peut ne pas y avoir de pattern dans les victoires qui permette à l'un ou l'autre d'améliorer sa théorie en y apportant des ajustements, on s'aperçoit que ces triomphes ponctuels ne fournissent pas de fondement empirique pour décider laquelle se rapproche davantage de la vérité.

Cela dit, d'aucuns peuvent penser que cette situation est *toujours* instable; éventuellement, une interprétation va forcément mieux décomposer de nouveaux cas, ou découler de quelque schème plus vaste couvrant d'autres données, etc. Ce peut être vrai dans plusieurs cas, mais – et voilà, je pense, le point central de la thèse de l'indétermination de Quine – ce ne l'est pas nécessairement dans tous les cas. *Si* la stratégie consistant à décrire du point de vue intentionnel est, pour parler comme Quine, un « idiome dramatique » comportant une part inéliminable d'idéalisation et si, par conséquent, le Réalisme de force industrielle de Fodor ne constitue pas l'explication correcte de la "visibilité" du pattern sur laquelle tabler, une telle indétermination radicale demeurera une possibilité authentique.

Cette indétermination ne sera jamais plus frappante que dans des cas tels que le désaccord que nous avons imaginé concernant les tendances suicidaires d'Ella. Si Ella se suicide, cela montre-t-il qu'à l'évidence, Brown avait la meilleure interprétation intentionnelle ? Pas nécessairement. Lorsque Jones impute dans ce cas précis l'erreur de son schème à l'occurrence de bruit, cela ne constitue pas davantage une explication *ad hoc* ou infondée que lorsque Brown a imputé au bruit son ratage la fois où Ella a commandé du homard et non pas du steak. Non pas qu'on ne puisse jamais montrer qu'une interprétation est erronée, un point c'est tout ; les principes d'interprétation intentionnelle offrent suffisamment de prise pour réfuter des hypothèses particulières, par exemple en abattant leurs défenses à force de les engager à se justifier (« Vous voyez, elle ne croyait pas que l'arme était chargée parce qu'elle pensait que ces machins en forme de balles étaient des chocolats enveloppés dans du papier d'argent, et elle s'est imaginé cela parce que… »). Mais il *peut* y avoir deux schèmes d'interprétation qui se sont révélés sur une longue période des instruments de prédiction fiables et compacts, mais ont néanmoins divergé dans des cas cruciaux.

Dans un cas aussi déterminant que l'intention qu'a eue Ella de se tuer, il peut sembler qu'à mieux examiner les circonstances précédant immédiatement le moment fatal (sinon avant), on devrait trouver des éléments supplémentaires étayant l'interprétation de Brown aux dépens de celle de Jones. Après tout, il a fallu au minimum quelques secondes – ou quelques centaines de millisecondes – pour que la décision d'Ella de presser la gâchette soit prise, et au moins pendant ce bref instant, les éléments de preuve ont fait radicalement pencher la balance en faveur de l'interprétation de Brown. C'est à n'en pas douter vrai, et il est *peut-être* vrai que si on avait prêté suffisamment attention aux détails de ce qui s'est passé plus tôt, on aurait pu prédire tout ce qui s'est passé à la dernière seconde. Seulement voilà : avoir scruté *ces* détails plus tôt, cela aurait été laisser tomber la stratégie intentionnelle en faveur des stratégies architecturale ou physique. Du point de vue intentionnel, ces considérations déterminantes auraient été invisibles à la fois aux yeux de Brown et de Jones, prêts qu'ils étaient à laisser le bruit brouiller de tels détails pour être mieux en mesure de faire leurs prédictions. Nos deux interprètes concèdent qu'ils vont faire des prédictions fausses et, qui plus est, que lorsqu'ils font des prédictions fausses, cela présage qu'ils sont susceptibles de se tromper à l'instant où le dénouement se prépare. Un tel écart ne constitue pas une réfutation de l'interprétation, non plus que les erreurs imminentes de prédictions du comportement.

En quoi cela fait-il de moi quelqu'un de moins réaliste que Davidson ? Je conçois qu'il peut y avoir pour un seul et même individu deux systèmes différents d'attribution de croyances ayant *substantiellement* différé dans leurs attributions – au point qu'ils ont donné lieu à des prédictions substantiellement différentes du comportement à venir de l'individu – sans pourtant qu'à un niveau plus profond, quelque fait tangible eût pu permettre de trancher à quelle description correspondaient les véritables croyances de l'individu. En d'autres termes, dans ce monde plein de bruit, il se pourrait qu'on arrive à discerner deux patterns différents mais tout aussi véritables. Les auteurs de ces théories rivales ne se mettraient même pas d'accord sur ce qui, dans le monde, constitue du bruit et ce qui entre dans le pattern, et pourtant rien de plus profond ne permettrait de trancher la question [1]. Le choix d'un pattern appartiendrait en effet à l'observateur, et la décision serait affaire de raisons pragmatiques personnelles. Pour ma part, je ne vois rien dans la position de Davidson qui fasse obstacle à ce qu'il change d'analogie et se mette d'accord avec moi. Mais encore faudrait-il qu'il soit prêt à concéder qu'après tout, l'indétermination n'est pas une question si triviale [2].

Quelle est donc la position de Rorty là-dessus? Rorty refuse à toute forme de "réalisme" la capacité d'*expliquer* le succès (apparent?) de la stratégie intentionnelle. Mais puisque nous nous sommes déjà ralliés à Arthur Fine et avons mis de côté le problème "métaphysique" du réalisme, le rappel de Rorty ne fait que différer le problème. Même celui qui transcende la distinction schème/contenu et voit la futilité des théories correspondantistes de la vérité doit accepter qu'à l'intérieur de l'attitude ontologique naturelle, nous nous expliquons parfois la réussite de nos descriptions par la correspondance. Il est plus facile de naviguer au large du Maine lorsqu'on utilise une carte nautique à jour que lorsqu'on utilise une carte routière du Kansas. Pourquoi? Parce que la première représente avec exactitude les hauts-fonds, les courants, les bouées et les côtes du Maine, pas la seconde. Et pourquoi, dans ses relations interpersonnelles, évite-t-on

1. Voir mon essai « The Abilities of Men and Machines » (reproduit dans *Brainstorms. Philosophical Essays on Mind and Psychology*, *op. cit.*, p. 256-266), où je discute du cas de deux personnes s'accordant exactement sur le comportement futur de quelque artefact, mais proposant deux interprétations différentes en termes de machine de Turing. Selon les deux interprétations, la machine « se trompe » à l'occasion, mais leurs auteurs ne sont pas d'accord pour dire dans quels cas. (Ils ne sont pas d'accord pour dire quels traits du comportement de l'objet constituent un signal et lesquels du bruit). De quelle machine de Turing s'agit-il en réalité? C'est là une question sans réponse.

2. Dans son article « On Quine's Indeterminacy Doctrine » (*Philosophical Review*, t. XCVIII, 1989, p. 35-64), Andrej Zabludowski me semble ne pas avoir aperçu cette version de l'indétermination.

davantage les écueils en se servant de la psychologie populaire plutôt que de l'astrologie ? Rorty peut soutenir que le "succès" prédictif dont nous, qui jouons le jeu de la psychologie populaire, nous délectons est lui-même un artifice, notre commun accord venant de ce qu'en y jouant tous, nous créons un incitatif ou un soutien mutuel. Il nous accorderait sans doute qu'au plan de la popularité, ce jeu n'a pas de rival en raison – disent ceux qui y jouent – du pouvoir qu'il leur donne de comprendre et d'anticiper le monde animé. Mais Rorty refuserait de souscrire à cette opinion. Comment s'expliquerait-il alors la grande popularité dont jouit la psychologie populaire en comparaison du petit cercle que rallie l'astrologie [1] ? Il est indéniable que l'astrologie fournit à ses tenants un système hautement structuré de patterns qu'ils *croient* voir dans les événements du monde. La différence, cependant, c'est que personne n'est jamais parvenu à s'enrichir en pariant sur ces patterns, seulement en les vendant à autrui.

Rorty serait forcé de dire qu'il ne s'agit pas là d'une différence significative ; nous autres, cependant, trouvons d'abondants éléments de preuve montrant qu'on peut défendre notre allégeance à la psychologie populaire comme instrument de prédiction en termes froidement objectifs. Nous sommes tous d'accord pour dire qu'il y a un pattern véritable décrit dans les termes de la psychologie populaire. Là où nous divergeons, c'est sur la nature de ce pattern et sur ce que cela entraîne au plan ontologique.

Considérons pour finir le matérialisme éliminativiste de Churchland de ce point de vue. Comme on l'a déjà signalé, à ce jour, nul n'apprécie mieux que lui le pouvoir de la stratégie intentionnelle comme stratégie de prédiction. Pourquoi la croit-il néanmoins condamnée à être jetée à la poubelle ? Parce qu'il prévoit que les neurosciences découvriront éventuel-

---

1. Voir ma comparaison entre «stratégie astrologique» et stratégie intentionnelle dans *La Stratégie intentionnelle*, *op. cit.*, p. 27-28.

lement – peut-être même bientôt – un pattern qui soit si nettement supérieur au pattern comportant du bruit fourni par la psychologie populaire que tous abandonneront le premier pour le second (sinon, peut-être, dans le feu de l'action). Cela pourrait arriver, je suppose. Mais Churchland parie sur une impression que ses réflexions sur les irrésistibles progrès de la science ne rendent pas plus plausible. Car il ne suffit pas à Churchland de supposer qu'en principe, les niveaux de description des neurosciences expliqueront davantage les écarts, prédiront davantage l'occurrence de "bruit" qui afflige les niveaux supérieurs. Il y a un cas-limite où c'est forcément vrai : celui où nous descendons suffisamment bas pour tomber sur la « matrice à points » neurophysiologique. Mais comme nous l'avons vu, devoir troquer la facilité d'utilisation en échange de l'immunité contre toute erreur peut, dans le cas d'un système à ce point encombrant, lui faire perdre tout attrait [1]. Si le "pattern" constitue une amélioration minime par rapport à la matrice de points, le discours du matérialisme éliminativiste va tomber dans l'oreille de sourds, comme il arrive quand les éliminativistes radicaux nous pressent de rayer les tables et les chaises de nos ontologies. Il n'est pas impossible qu'on crée un robuste système tout-usage de description de patterns bien supérieur à la stratégie intention- nelle, mais quiconque veut parier là-dessus ferait bien de s'entretenir avec moi des probabilités.

Qu'est-ce que tout cela démontre ? Non pas que le Réalisme de force industrielle de Fodor doit être faux, ni que le matérialisme éliminativiste de Churchland doit être faux, mais seulement que les deux points de vue sont des formes radicales

---

1. Comme je l'ai indiqué, les prédictions de la stratégie physique l'emportent sur les prédictions de la stratégie architecturale, qui l'emportent sur les prédictions de la stratégie intentionnelle. Mais cette puissance a un prix : on y perd en souplesse et les frais sur le plan de la computation sont (en général intolérablement) élevés.

de matérialisme tout à fait gratuites en ce qu'elles devancent de beaucoup la base empirique qui les confirmerait. La conception de Rorty erre dans la direction opposée, en ignorant la fiche impressionnante de la stratégie intentionnelle par rapport à la stratégie astrologique. La position intermédiaire de Davidson, comme la mienne, lie la réalité à l'existence brute des patterns, bien que Davidson ait négligé la possibilité que deux ou plusieurs patterns *discordants* se superposent aux mêmes données – un cas d'indétermination de la traduction encore plus radical qu'il ne l'avait cru possible. Cela dit, encore une fois, l'approche que je défends est-elle une forme d'instrumentalisme ou de réalisme ? Je pense que mon point de vue lui-même est plus clair que l'une ou l'autre étiquette. Je laisse donc à ceux qui les trouvent encore éclairantes le soin de trancher la question.

Daniel C. Dennett

Traduit de l'anglais par Dominique Boucher

CONCEPTIONS DE L'ESPRIT

L'ANALYSE LOGIQUE DE LA PSYCHOLOGIE

I

Une des tâches les plus importantes et les plus discutées de la philosophie actuelle est de déterminer quel caractère la théorie des sciences doit attribuer à la psychologie. L'alternative connue : « La psychologie est-elle une science de la nature on une science de l'esprit ? » met bien en relief ce problème qui, débordant le cadre de l'analyse épistémologique, a suscité de vives controverses dans le domaine de la métaphysique elle-même. Dans cet article, nous essayons de développer les grandes lignes d'une analyse nouvelle de la psychologie, qui utilise des instruments logiques rigoureux, et qui a fait faire des progrès décisifs à l'étude du problème qui nous occupe.

Cette analyse fut menée à bonne fin par le Cercle de Vienne (*Wiener Kreis*), dont les membres M. Schlick, R. Carnap, Ph. Frank, O. Neurath, F. Waismann, H. Feigl, etc.), s'appuyant pour une part sur les travaux de L. Wittgenstein [1], ont développé au cours des dix dernières années une méthode très fructueuse d'examen épistémologique et critique des différentes sciences. Nous nous limitons ici essentiellement à

1. *Tractatus logico-philosophicus*, Londres, Routledge Kegan and Paul, 1922.

l'examen de la psychologie, tel que Carnap et Neurath l'ont pratiqué [1].

La méthode caractéristique des travaux du Cercle de Vienne peut être définie brièvement : une *analyse logique du langage scientifique*. Elle n'a pu être réalisée que grâce au développement d'un appareil logique extrêmement subtil, qui utilise en particulier tous les procédés formels de la logistique moderne [2].

Dans notre exposé qui ne prétend fournir qu'une orientation, nous nous sommes borné à développer les principes généraux de la nouvelle méthode sans faire usage des procédés strictement formels.

II

La meilleure manière de mettre en lumière le sens et la portée de la thèse du Cercle de Vienne relative à la psychologie est peut-être de dire qu'elle constitue une antithèse très précise

1. Sur le programme et sur l'œuvre du Cercle de Vienne, consulter les publications suivantes :

a) *Wissenchaftliche Weltauffassung. Der Wiener Kreis*, Vienne, Verein Ernst Mach, 1929. Cette brochure fournit un aperçu sommaire des travaux du Cercle de Vienne, indique les origines scientifiques et historiques de sa tendance et contient une liste assez complète des publications de ses membres et de quelques auteurs de même tendance, jusqu'au début de 1929.

b) De nombreux articles dans le périodique *Erkenntnis*, qui paraît depuis 1930 chez Felix Meiner, Leipzig.

c) Les *Schriften zur wissenschaftlichen Weltauffassung* (sous la dir. de Ph. Frank et M. Schlick), Vienne, Springer.

d) Les écrits de la collection « Einheitswissenschaft », édités par O. Neurath, R. Carnap et H. Hahn, chez Gerold et Cie, Vienne.

2. Un exposé moderne de la logistique, fondé sur l'ouvrage fondamental de A. N. Whitehead et B. Russell, *Principia mathematica*, est donné par R. Carnap, *Abriss der Logistik*, 1929 (vol. 2 de la collection « Einheitswissenschaft »). On y trouve une riche bibliographie, ainsi que des renvois à d'autres systèmes logistiques.

opposée à l'assertion épistémologique courante, d'après laquelle il existe une différence foncière entre la psychologie expérimentale, science de la nature, et la psychologie d'introspection, et en général entre les sciences de la nature d'une part et les sciences de l'esprit et de la culture d'autre part [1].

Le contenu commun aux formules très différentes par lesquelles on a coutume d'exprimer cette affirmation, que pour notre part nous rejetons, peut s'énoncer comme suit : la psychologie, si l'on fait abstraction de quelques-unes de ses parties qui avoisinent la physiologie, se distingue radicalement, quant à son objet et quant à sa méthode, de la physique, au sens large de ce mot. En particulier, il est impossible de saisir de façon adéquate l'objet de la psychologie au moyen des méthodes physiques. La physique a pour objet des concepts tels que la masse, la longueur d'ondes, la température, l'intensité d'un champ, etc. Pour les déterminer, la physique emploie sa méthode propre qui procède à la fois par descriptions et par explications causales. Au contraire la psychologie a pour objet les notions psychiques, au sens large de ce terme, qui se distinguent *toto genere* des notions physiques, et la méthode qu'il convient d'employer pour les traiter scientifiquement est le procédé de compréhension sympathique appelé introspection, qui est propre à la psychologie.

L'une des différences capitales entre les deux espèces d'objets consiste, croit-on généralement, en ce que les objets

---

1. Voici quelques-uns des principaux travaux du Cercle de Vienne sur le caractère scientifique de la psychologie : R. Carnap, *Scheinprobleme in der Philosophie. Das Fremdpsychische und der Realismusstreit*, Leipzig, Meiner, 1928 ; *Der logische Aufbau der Welt*, Leipzig, Meiner, 1928 ; « Die physikalische Sprache als Universalsprache der Wissenschaft », *Erkenntnis*, vol. 2 ; « Psychologie in physikalischer Sprache », *Erkenntnis*, vol. 3 ; « Ueber Protokollsätze », *Erkenntnis*, vol. 3 ; O. Neurath, « Protokollsätze », *Erkenntnis*, vol. 3 ; *Einheitswissenschaft und Psychologie* (fascicule 1 de la collection « Einheitswissenschaft »). Voir en outre les ouvrages indiqués dans les notes suivantes.

de la psychologie – à l'encontre de ceux de la physique – sont spécifiquement doués de signification. Aussi plusieurs partisans de cette conception déclarent-ils que la méthode propre à la psychologie consiste à «comprendre la signification que comportent certaines choses» (*sinnvolle Gebilde verstehend zu erfassen*). On considère par exemple le cas d'un homme qui parle. Dans le cadre de la physique, ce processus est considéré comme entièrement expliqué dès qu'on a ramené les mouvements constituant la parole à leurs causes, c'est-à-dire à certains processus physiologiques de l'organisme, et en particulier du système nerveux central. Or le problème psychologique, dit-on, n'est pas même effleuré par là. Il consiste en effet à comprendre d'abord le sens de ce qui a été dit, puis à l'insérer dans un ensemble de rapports de signification plus étendus.

C'est d'ordinaire cette dernière idée qui fournit le principe de la bipartition fondamentale que l'on introduit dans l'ensemble formé par les sciences : il y aurait un *fossé absolument infranchissable,* séparant d'une part le *domaine des sciences de la nature* avec leurs objets dépourvus de signification et, de l'autre, le *domaine des sciences de la culture et de l'esprit*, comprenant l'histoire, la sociologie, etc., avec leurs notions riches de signification, pour l'étude scientifique desquelles le procédé de la «compréhension du sens» serait l'instrument méthodique approprié.

III

La thèse de la théorie de la science que nous venons d'indiquer a été combattue de plusieurs points de vue différents [1]. En ce qui concerne la psychologie, l'une des

1. P. Oppenheim, par exemple, dans son livre *Die natürliche Ordnung der Wissenschaften* (Iéna, Fischer, 1926), s'oppose à la thèse d'après laquelle il y aurait des différences fondamentales entre les domaines de la science, quels

principales thèses adverses est celle qu'a formulée le béhaviorisme, théorie née en Amérique peu avant la guerre. (Pavlov, en Russie, a développé des idées semblables). Son principal postulat méthodologique est qu'une psychologie scientifique doit se borner à l'étude du comportement corporel que l'homme ou les animaux manifestent en réponse aux changements que subit leur situation physique, toute opération descriptive ou explicative utilisant les termes de la psychologie compréhensive ou introspective, tels que "sentiment" «expérience vécue», "idée", "volonté", "intention", "but", "disposition", "refoulement", étant à proscrire comme non scientifique [1].

Il s'agit donc d'une tentative pour réaliser la construction d'une psychologie scientifique, tout en démontrant par là qu'en psychologie aussi on n'a affaire qu'à des processus purement physiques et que, par conséquent, il ne peut certainement pas exister de barrière infranchissable entre la psychologie et la physique. Cependant, cette manière d'entreprendre la critique d'une thèse scientifique a quelque chose d'insatisfaisant. Il apparaît en effet que la justesse de la thèse béhavioriste ici exposée dépend de la possibilité de réaliser le programme méthodique de la psychologie béhavioriste. Or on ne peut pas s'attendre à ce que la question du caractère scientifique de la psychologie soit éclaircie par les recherches empiriques de la psychologie elle même. Pour y arriver, il est besoin plutôt d'une étude épistémologique. Nous passerons donc maintenant aux

qu'ils soient. Sur l'analyse de la "compréhension", cf. M. Schlick, « Erleben, Erkennen, Metaphysik », *Kantstudien*, vol. 31.

1. Pour plus de détails, voir l'exposé d'un des fondateurs du béhaviorisme : J. B. Watson, *Behaviourism*, Londres, 1925 ; A. P. Roback, *Behaviorism and Psychology*, Cambridge, 1923 ; A. P. Weiss, *A Theoretical Basis of Human Behavior* (2e édition), Colombus, Ohio, Adams, 1929 ; ainsi que l'ouvrage de W. Köhler, *Psychologische Probleme*, Berlin, Springer, 1933.

considérations que les représentants du Cercle de Vienne ont présentées sur ce problème.

IV

Avant de trancher la question de savoir si les objets de la physique et ceux de la psychologie sont essentiellement de même nature ou de nature différente, il faut avoir éclairci la notion même d'objet d'une science.

Le contenu théorique d'une science réside dans des *énoncés*. Il faut donc examiner s'il existe une différence foncière entre les énoncés de la psychologie et ceux de la physique. Demandons-nous donc par quoi est déterminé le contenu – nous pouvons dire également le "sens" – d'un énoncé. Quand, par exemple, connaissons-nous le sens de l'énoncé suivant : « Aujourd'hui à 1 heure, la température de tel et tel endroit du laboratoire de physique est de 23,4 °C » ? C'est évidemment lorsque, et seulement lorsque, nous savons dans quelles conditions nous qualifierons cet énoncé de vrai, et dans quelles conditions nous le déclarerons faux. (Toutefois il n'est point du tout nécessaire de savoir si la proposition est vraie ou fausse). Ainsi, nous connaissons le sens de l'énoncé donné car nous savons qu'il est vrai quand un vase d'une certaine espèce, rempli de mercure, bref, un thermomètre à échelle centigrade, placé à l'heure indiquée et à l'endroit en question, présente une coïncidence entre le niveau du mercure et la graduation 23,4. Il est vrai également si, dans des conditions correspondantes, on peut observer certaines coïncidences sur un autre instrument appelé « thermomètre à alcool », et encore si un galvanomètre, relié à un thermo-élément, présente une certaine déviation quand l'élément est placé au moment indiqué à l'endroit en question. Il y a enfin une longue série d'autres possibilités qui rendent vrai l'énoncé, et dont chacune est définie par une « formule de contrôle physique», ainsi que nous voudrions l'appeler. L'énoncé lui-même n'affirme évidemment rien d'autre que ceci : toutes ces formules de contrôle sont valables (on ne vérifie cependant que quelques-unes d'entre elles, puis on « conclut par induction » que les autres sont aussi satisfaites) ; l'énoncé n'est donc qu'une expression abrégée de toutes ces formules de contrôle.

Avant de continuer la discussion, résumons ce résultat sous la forme suivante :

1) Un énoncé qui précise la "température" en un point déterminé de l'espace-temps peut être "retraduit", sans changer de sens, en un autre énoncé plus long sans doute dans lequel le terme de température n'apparaît plus. Ce terme figure donc uniquement comme une abréviation, rendant possible la description concise et complète d'un état de fait dont l'expression serait autrement très circonstanciée.

2) Cet exemple nous montre également que deux énoncés de teneur *différente* peuvent néanmoins avoir le même sens. Un exemple banal d'énoncé ayant le même sens que le premier serait celui-ci : « Aujourd'hui à 1 heure, en tel et tel point du laboratoire, la température était de 19,44 °Réaumur ».

En fait, les considérations qui précèdent montrent – enregistrons la chose comme un autre résultat acquis – que *le sens d'un énoncé est établi par les conditions de sa vérification*. En particulier, deux énoncés de teneur différente ont le même sens ou le même contenu effectif quand, et seulement quand, ils sont vrais ou qu'ils sont faux dans les mêmes conditions. De plus, un énoncé pour lequel on ne peut indiquer absolument aucune condition de vérification, qui ne peut pas, de par son principe même, subir l'épreuve de la confrontation avec des formules de contrôle ne possède rigoureusement aucun contenu, il est « dépourvu de sens ». Dans ce cas, il ne s'agit pas d'un énoncé proprement dit, mais d'un « pseudoénoncé », c'est-à-dire d'une suite de mots correctement construite au point de vue grammatical mais sans contenu [1].

Après ces considérations, notre problème se trouve réduit à la question de la différence entre les conditions de vérification des énoncés de la psychologie et celles des énoncés de la physique.

Examinons donc maintenant un énoncé contenant une notion psychologique, par exemple : « Paul a mal aux dents ». Quel est le contenu propre de cet énoncé, c'est-à-dire quelles sont les conditions de sa vérification ? Il suffira d'indiquer ici quelques formules qui expriment ces conditions.

a) Paul pleure et fait des gestes de telle et telle espèce.
b) À la question : « Qu'est-ce que tu as ? » Paul articule les mots : « J'ai mal aux dents ».
c) Un examen plus poussé fait découvrir une molaire cariée avec pulpe mise à nu.
d) La pression sanguine de Paul, les processus de sa digestion, la rapidité de ses réactions présentent telles et telles altérations.
e) Dans le système nerveux central de Paul ont lieu tels et tels processus.

Cette liste peut être allongée considérablement, mais elle montre déjà le point essentiel et fondamental, à savoir que *toutes les conditions de vérification de cet énoncé psychologique* se présentent sous la forme de formules de contrôles physiques. Ceci est vrai même de la condition b), qui ne fait qu'exprimer le fait que sous des conditions physiques déterminées – propagation des vibrations provoquées dans l'air par l'énonciation des mots « Qu'as-tu ? » –, un certain processus

---

1. Nous ne pouvons pas nous étendre davantage sur la forme logique des formules de contrôle (appelées dernièrement par Neurath et Carnap *Protokollsätze*). Voir sur cette question : Wittgenstein, *Tractatus logico-philosophicus*, ainsi que les articles de Neurath et Carnap parus dans *Erkenntnis* (voir p. 205 n. 1).

physique se produit dans le corps du patient (des mouvements d'élocution d'une certaine espèce).

L'énoncé en question, qui a trait à la "douleur" d'un homme, est donc, au même titre que celui qui concerne la température, une simple expression abrégée du fait que toutes ses formules de contrôle sont vérifiées (ici encore on ne vérifie que quelques-unes de ces formules, et l'on conclut ensuite par voie inductive à la validité des autres). On peut le retraduire sans changer son contenu, en un énoncé qui ne contient plus le terme de "douleur", mais seulement des concepts physiques.

Cette analyse nous a donc démontré qu'un certain énoncé de psychologie a le même contenu qu'un énoncé de physique, résultat en contradiction flagrante avec la thèse d'après laquelle un fossé infranchissable sépare les énoncés psychologiques et les énoncés physiques.

L'argumentation indiquée peut s'étendre à *n'importe quel énoncé de psychologie*, même aux énoncés qui concernent, comme on dit, des « couches psychologiques plus profondes » que l'exemple considéré. Par exemple, l'affirmation que M. Henri souffre d'un grave sentiment d'infériorité de tel et tel genre ne peut être confirmé ou rejeté qu'en observant le comportement de M. Henri en différentes situations. De ce comportement font partie tous les processus du corps de M. Henri, et en particulier ses gestes, sa rougeur et sa pâleur, ses paroles, sa pression sanguine, les processus qui se produisent dans son système nerveux central, etc. En pratique, quand on veut contrôler des énoncés de psychologie dite profonde, on se borne à l'observation du comportement corporel extérieur et surtout aux mouvements d'élocution provoqués par certaines impressions physiques (les interrogations). Mais on sait bien que la psychologie expérimentale a élaboré aussi des méthodes permettant de faire servir les manifestations corporelles délicates dont nous avons parlé à confirmer les découvertes psychologiques faites par des méthodes plus grossières. L'énoncé sur le sentiment d'infé-

riorité de M. Henri – peu importe qu'il soit vrai ou faux – ne
signifie pas autre chose que ceci : dans le corps de M. Henri,
tels et tels processus se déroulent dans telles et telles conditions. Eh bien, un énoncé qui peut, sans changer de sens, se
traduire en un énoncé de physique, nous l'appellerons un
« énoncé physicaliste », tandis que nous réserverons le nom
d'« énoncé physique » à ceux qui sont déjà formulés dans la
terminologie de la physique actuelle. (Comme tout énoncé
est, par son contenu, équivalent, ou mieux, "équipollent" à
lui-même, tout énoncé "physique" est en même temps
"physicaliste").

Le résultat des considérations qui précèdent peut se
résumer ainsi : *tout énoncé psychologique doué de sens, c'est-
à-dire vérifiable tout au moins en principe, est traduisible en
un énoncé où ne figure plus aucun concept psychologique,
mais seulement des concepts physiques. Les énoncés de psychologie sont donc des énoncés physicalistes. La psychologie
fait partie intégrante de la physique.* Si on la distingue des
autres domaines de la physique, ce n'est pas pour des raisons
de principe, mais seulement du point de vue de la pratique de la
recherche et de la direction de l'intérêt.

Cette analyse logique, dont le résultat révèle, comme on le
voit, une certaine affinité avec les thèses fondamentales du
béhaviorisme, constitue la conception physicaliste de la
psychologie.

V

On a coutume d'opposer à cette conception l'objection de
fond que voici : les formules de contrôle physiques dont vous
parlez ne sauraient absolument pas saisir l'essence propre d'un
processus psychique ; elles ne font que décrire les symptômes
physiques desquels on conclut, au moyen de méthodes
purement psychologiques, et notamment de ce qu'on appelle

la compréhension, à la présence d'un certain processus psychique.

Mais il n'est pas difficile de se rendre compte que l'emploi de la méthode de compréhension ou d'autres procédés psychologiques est lié à l'existence de certaines données physiques observables sur la personne étudiée. Il n'y a pas de compréhension psychologique qui ne soit liée physiquement, d'une manière ou d'une autre, à la personne que l'on veut comprendre. Ajoutons que, par exemple dans le cas de l'énoncé sur le complexe d'infériorité, même le psychologue "compréhensif" et "introspectif" n'arrive à confirmer sa conjecture que si le corps de M. Henri, soumis à certaines conditions (le plus souvent des questions), réagit d'une manière tout à fait déterminée (en général en fournissant certaines réponses). Par conséquent, même si l'énoncé en question devait être trouvé et *découvert* par la « compréhension sympathisante », il ne nous fait *connaître* ni plus ni moins que ceci : dans le corps de M. Henri, dans certaines conditions, des processus parfaitement déterminés se déroulent. Et c'est cela qui constitue le sens de l'énoncé psychologique.

On objectera peut-être encore qu'un homme peut *simuler* : un criminel, par exemple, pourrait manifester devant le tribunal des "symptômes" physiques de désordre mental, et cependant il est évident que l'on serait justifié à se demander si sa confusion mentale est "réelle" ou seulement feinte. Mais il faut bien penser que dans le cas du simulateur, seules sont remplies *quelques-unes* des conditions (les plus aisément accessibles à l'observation immédiate) qui rendent vrai l'énoncé : « Cet homme est atteint de confusion mentale ». De sorte qu'un examen plus poussé qui en principe devrait porter aussi sur les processus du système nerveux central fournirait la réponse décisive ; et cette solution à son tour reposerait évidemment sur une base physicaliste. Si maintenant l'on voulait pousser l'objection jusqu'à admettre qu'un homme

pourrait manifester *tous les "symptômes"* d'une maladie
mentale sans être "réellement" malade, nous répondrions qu'il
serait absurde de qualifier un tel homme de « réellement
normal » ; car il est évident que par l'hypothèse même, nous ne
disposerions d'aucun critère pour distinguer cet homme d'un
autre qui présenterait jusque dans les détails le même comportement corporel, et qui « en outre » serait "réellement" malade.
(D'une manière plus précise, on peut dire que cette *hypothèse*
enferme une *contradiction logique,* puisqu'elle revient à dire :
« Il est possible qu'un énoncé soit faux, même quand les conditions nécessaires et suffisantes de sa vérité sont remplies »).

Une fois de plus, nous voyons clairement que le sens d'un
énoncé de psychologie s'épuise dans la fonction d'abréger la
description de certaines dispositions à réagir physiquement,
propres aux corps des hommes et des animaux. Un autre
exemple, indiqué par O. Neurath, peut encore servir à élucider
la fonction logique des énoncés psychologiques [1]. Les énoncés
compliqués qui décriraient le mouvement des aiguilles d'une
montre l'une par rapport à l'autre, et relativement au mouvement des étoiles, se résument d'ordinaire dans une assertion
de la forme suivante : « Cette montre *marche* bien, marche
mal, etc. ». Le terme "marche" est introduit ici comme une
expression définitionnelle auxiliaire, qui permet de formuler
brièvement un système relativement compliqué d'énoncés. Il
serait donc absurde de dire, par exemple, que le mouvement
des aiguilles n'est qu'un « symptôme physique » révélant
l'existence d'une marche qui, en elle-même, n'est pas saisis-
sable par des moyens physiques, ou de demander, quand la
montre s'arrête, ce qu'est devenue maintenant la marche de la
montre.

C'est de la même manière qu'on introduit dans le langage
physique des signes abréviatifs le concept de température,

---

1. « Soziologie im Physikalismus », *Erkenntnis*, vol. 2, p. 411.

dont on a parlé ci dessus à la section IV, en constitue un exemple. Le système des formules de contrôle physiques *épuise* le sens de l'affirmation sur la température d'un lieu, et il ne faut pas dire que ces indications sont seulement des "symptômes" de l'existence d'une certaine température.

Il faut attribuer aux concepts caractéristiques de la psychologie, notre argumentation l'a montré, la même fonction logique qu'aux concepts de "marche" et de "température". Ils ne servent qu'à formuler brièvement des affirmations sur des états ou des processus des corps animaux ou humains.

L'introduction de concepts psychologiques nouveaux peut être extrêmement profitable au progrès de la connaissance scientifique. Mais elle comporte un danger, c'est que l'on fasse un usage trop étendu et, par conséquent, abusif des concepts nouveaux, et qu'on aboutisse ainsi à des questions et à des réponses vides de sens. C'est souvent le cas en métaphysique, et notamment pour la conception que nous avons exposée à la section II. On se figure que ces termes, qui servent de signes d'abréviation, désignent des « objets psychiques », et on se trouve ensuite amené à se demander quelle est l'"essence" de ces objets et quelles différences il y a entre eux et ce qu'on appelle les « objets physiques ». Le vieux problème des rapports entre les processus psychiques et les processus physiques a également son fondement dans ce malentendu sur la fonction logique des concepts psychologiques. Notre argumentation nous fait donc voir que *le problème psycho-physique est un pseudo-problème,* dont la formulation se fonde sur un emploi inadmissible des concepts scientifiques ; il a le même caractère logique que la question posée dans l'exemple cité plus haut, où l'on veut savoir quel lien il y a entre la marche de la montre et le mouvement des aiguilles [1].

VI

Pour situer exactement l'idée fondamentale de la conception physicaliste de la psychologie (ou béhaviorisme logique), nous allons l'opposer à certaines thèses du béhaviorisme psychologique et de l'ancien matérialisme, qui ont l'air de s'en rapprocher [2].

1. Le béhaviorisme logique ne prétend pas qu'il n'"existe" pas d'âme, pas de sentiments, pas de complexes d'infériorité, pas d'actes volontaires, etc., ni que leur existence soit pour le moins douteuse. Il affirme que la question même de savoir si ces créations psychiques existent réellement constitue déjà un pseudo-problème, puisque ces notions, dans leur « usage légitime », n'apparaissent que comme des signes d'abréviation dans les énoncés physicalistes. En tout cas, on ne doit jamais interpréter la conception esquissée ici comme revenant à dire que nous ne saurions reconnaître que le « côté physique » des processus psychiques et que, d'autre part, la question de savoir si derrière ces phénomènes physiques, il n'y aurait pas des réalités psychiques, dépasse la compréhension de la science et doit être abandonnée à la foi ou à la conviction de chaque individu. Au contraire, les analyses logiques dues au Cercle de Vienne, dont une des conséquences est la conception physicaliste de la psychologie, nous apprennent que tout ce qui peut faire l'objet d'une question comportant un sens est, en

1. R. Carnap, *Der logische Aufbau der Welt*, p. 231-236 ; « Scheinprobleme in der Philosophie » ; trad. de T. Rivain et É. Schwartz, *La Construction logique du monde*, Paris, Vrin, 2002. Voir aussi la note de la p. 28.

2. On trouvera une discussion serrée des idées du béhaviorisme dit "interne" dans l'ouvrage de W. Köhler, *op. cit.* Voir surtout les deux premiers chapitres.

principe, susceptible d'une solution scientifique. Elles montrent, d'autre part, que ce qui est, dans le cas du problème psycho-physique, considéré comme l'objet d'une croyance ne peut absolument pas être exprimé dans un énoncé positif. En d'autres termes, il ne peut s'agir ici d'un « article de foi ». Il n'y a pas de chose qu'on puisse croire s'il n'est pas possible aussi, en principe, de la connaître.

2. La thèse ici développée, qui a certaines relations avec l'idée fondamentale du béhaviorisme, n'exige pas, comme le fait ce dernier, que la recherche psychologique se borne méthodiquement à l'étude des réactions par lesquelles les organismes répondent à certaines excitations. Elle présente, non pas du tout une théorie qui appartienne au domaine de la psychologie, mais une théorie logique sur les énoncés de la psychologie scientifique. Sa doctrine est que ces derniers sont tous des énoncés physicalistes, par quelque moyen qu'on les ait obtenus. Elle cherche donc à montrer que si, en psychologie, on n'énonce que des propositions physicalistes, ce n'est pas une limitation, mais c'est que dans cette science, il est *impossible,* pour des raisons logiques, d'en énoncer d'autres.

3. Pour que le béhaviorisme logique soit valable, il n'est pas indispensable que nous puissions décrire l'état physique d'un corps d'homme, désigné par un certain énoncé psychologique – par exemple sur la sensation de douleur d'un individu – jusque dans les plus infimes détails des phénomènes du système nerveux central. Il ne présuppose pas non plus la connaissance de toutes les lois physiques régissant les processus physiologiques humains ou animaux et, à plus forte raison, l'existence de lois déterminant rigoureusement ces processus n'est-elle point une condition nécessaire de la vérité de la thèse béhavioriste. En fait, dans l'argumentation ci-dessus, on n'a jamais fait fond sur une telle présupposition concrète.

VII

Pour conclure, nous voudrions donner un aperçu rapide de la lumière que projette sur la question de la division des sciences en plusieurs sections totalement différentes notre méthode d'analyse logique des énoncés scientifiques, méthode que dans les considérations qui précèdent nous n'avons appliquée qu'au problème particulier de la place de la psychologie parmi les sciences.

On peut étendre les réflexions qui précèdent au domaine de la sociologie, celle-ci étant entendue au sens large comme la science des processus historiques, culturels et économiques. On arrive alors à ce résultat que tout énoncé de sociologie doué d'un sens, c'est-à-dire, en principe, vérifiable, « ne traite pas d'autre chose que d'états, de processus et de comportements des groupes on des individus (humains on animaux), de leurs réactions réciproques et de celles que le milieu provoque en eux [1] », et que par conséquent tout énoncé de sociologie est aussi un énoncé physicaliste. Neurath présente ce résultat comme la thèse du « béhaviorisme social », qu'il juxtapose à celle du « béhaviorisme individuel », que nous avons exposée plus haut. On peut en outre montrer [2] que tout énoncé de ce qu'on appelle les « sciences de l'esprit et de la culture », s'il possède un contenu effectif, constitue un énoncé de sociologie, au sens qui vient d'être indiqué. On aboutit ainsi à la « thèse de l'unité de la science » :

La division de la science en domaines différents repose exclusivement sur des différences dans la pratique de la recherche et dans la direction de l'intérêt ; il ne faut *pas lui*

---

1. R. Carnap, « Die physikalische Sprache als Universalsprache », p. 451. Cf. en outre O. Neurath, *Empirische Soziologie*, 1931, fascicule 4 de la collection « Schriften zur wissenschaftlichen Weltauffassung ».

2. R. Carnap, *Der logische Aufbau der Welt*, p. 22-34 et 185-211, ainsi que les ouvrages de la note précédente.

attribuer une valeur de principe. Au contraire, *toutes les branches de la science sont en principe de même nature : ce sont les branches de la science unitaire, la physique.*

VIII

La méthode d'analyse logique que nous avons essayé d'expliquer ici, en éclaircissant, à titre d'exemple, le sens des énoncés psychologiques, nous conduit, comme on n'a pu le montrer que très brièvement pour les sciences de la culture et de l'esprit, à un "physicalisme" fondé en logique (Neurath) : *Tout énoncé des disciplines mentionnées, et en général, de la science expérimentale tout entière,* qui n'est pas une simple suite de mots vide de sens est traduisible, sans changer son contenu, en un énoncé où ne figurent que des termes physicalistes ; il *constitue* par conséquent un *énoncé physicaliste.*

Cette thèse se heurte souvent à une opposition violente provenant de l'idée que, par ces analyses, la richesse de la vie spirituelle se trouve violemment et considérablement réduite, comme si l'on voulait, par cette discussion, éliminer purement et simplement de vastes et importants domaines de notre expérience.

Cette conception provient d'une fausse interprétation du physicalisme, dont nous avons déjà examiné les éléments principaux à la section VI. En effet, rien ne peut être plus éloigné d'une philosophie, dont l'attitude méthodique est celle que nous venons d'exposer, que de trancher, par sa propre autorité, de la vérité ou de la fausseté d'énoncés scientifiques particuliers ou de vouloir éliminer n'importe quel élément de fait. *Ce que cette philosophie prend pour objet de sa recherche, c'est uniquement la forme des énoncés scientifiques et les rapports de déduction qui existent entre eux.* Par ses analyses, elle aboutit donc à la thèse du physicalisme, et de plus elle constate, au moyen de raisons purement logiques, qu'il y a une série de vieux "problèmes" philosophiques qui constituent des pseudo-problèmes. Il est certainement de l'intérêt du progrès de la connaissance scientifique que ces bijoux faux soient reconnus pour tels dans le trésor des problèmes scientifiques et que les forces intellectuelles qui se sont appliquées jusqu'ici à un genre de questions dénuées de tout objet et, partant, radicalement insolubles, deviennent disponibles pour étudier et élaborer des problèmes neufs et féconds. C'est bien à cela que la méthode d'analyse logique incite fortement les chercheurs, comme le prouvent les nombreuses publications du Cercle de Vienne et des savants qui sympathisent avec lui (H. Reichenbach, W. Dubislav et d'autres).

Dans l'attitude de ceux qui rejettent si âprement le physicalisme, certains *facteurs psychologiques,* d'ordre individuel et d'ordre social, jouent un rôle essentiel. Cette distinction, par exemple entre les notions créées (*Gebilde*) par les psychologues et celles créées par les physiciens, ou bien la question de la nature des objets spécifiques de la psychologie et des sciences de la culture (qui ressemble à la recherche de l'essence et des lois propres de l'« esprit objectif ») est d'ordinaire accompagnée d'un fort appoint émotionnel, qui s'est formé au cours du long développement historique de la « représentation philosophique du monde », laquelle était bien moins scientifique que normative et intuitive. Ces facteurs émotionnels sont encore profondément enracinés dans l'image que notre époque se fait du monde. Ils sont fortifiés par certaines dispositions affectives qui les entourent comme d'un rempart, et pour toutes ces raisons, ils nous semblent avoir un contenu vérifiable, ce qui, comme le révèle une analyse logique plus serrée, est impossible.

Une étude psychologique et sociologique des causes de l'apparition de ces facteurs concomitants, d'ordre métaphysique, déborderait le cadre de ce travail [1] ; mais sans remonter jusqu'à ces origines, il est permis de dire ici : si les analyses logiques esquissées ci-dessus sont justes, le fait qu'elles nécessitent une rupture, au moins partielle, avec des idées philosophiques traditionnelles et fortement imprégnées d'affectivité ne peut certainement pas justifier une opposition au physicalisme – si toutefois l'on admet que la philosophie veut être plus que l'expression d'une vision individuelle du monde, qu'elle vent être une science.

CARL GUSTAV HEMPEL

Traduit de l'allemand par J. Haendler

1. O. Neurath apporte des contributions intéressantes à se sujet dans *Empirische Soziologie* et dans « Soziologie im Physikalismus » (*op. cit.*). De même, R. Carnap dans son article « Ueberwindung der Metaphysik durch logische Analyse der Sprache », *Erkenntnis*, vol. 2, qui a été traduit en français par le général E. Vouillemin : « La science et la métaphysique devant l'analyse logique du langage », introduction de Marcel Boli, *Actualités scientifiques et industrielles*, Paris, Hermann, 1934.

L'ESPRIT ET LES DISPOSITIONS VERBALES

Descartes pensait que l'être humain est le seul animal doué d'un esprit, les autres n'étant que des automates. On s'accorde par ailleurs pour dire, cette fois un peu plus communément et sur la base de preuves plus tangibles, que l'être humain est le seul animal doué de langage. Or, si l'être humain est le seul à jouir de ces deux dons, cela n'est pas une coïncidence. On peut soutenir qu'aucune créature qui ne serait pas douée d'esprit ne pourrait se débrouiller avec un appareil aussi complexe que le langage. Ou on peut soutenir à l'inverse qu'aucune activité mentale appréciable n'est concevable sans l'apport linguistique.

Le plus souvent, la pensée n'*est* que parole, selon John B. Watson, un pionnier du behaviorisme : une parole silencieuse, réprimée et toujours naissante. Mais toute pensée n'est pas telle. Un géomètre ou un ingénieur peut penser à travers de petites saccades musculaires naissantes utilisées pour dessiner des courbes ou faire tourner des roues dentées. Cependant, les muscles qui de loin jouent le plus grand rôle, selon la théorie musculaire de la méditation de Watson, sont les muscles utilisés dans la production de la parole.

Il y a à l'inverse une tendance fort ancienne et tenace qui tente d'expliquer et d'analyser le phénomène physique de la parole en ayant recours à l'esprit, à l'activité mentale et aux entités mentales, c'est-à-dire en ayant recours aux pensées, idées et significations. Le langage, nous dit-on, sert à communiquer des idées. Nous apprenons la langue auprès de nos aînés en apprenant à associer les mots avec les mêmes idées que ceux-ci ont appris à leur associer. C'est ainsi, pourrait-on poursuivre, qu'une uniformité approximative d'association des mots et des idées est accomplie et maintenue à travers toute la communauté.

Un tel compte rendu serait évidemment d'une extravagante perversité. En effet, considérons le cas où nous enseignons un certain mot au petit enfant en renforçant son babillage aléatoire au moment opportun. Son énoncé lancé au hasard ressemble par pur hasard à un mot approprié dans les circonstances, et nous le récompensons. Il doit s'agir d'un certain objet ou source de stimulus que nous de même que l'enfant sommes en mesure de reconnaître. De plus, nous devons être en mesure d'observer que l'enfant est aussi en mesure de reconnaître cet objet ou stimulus. Alors seulement il vaut la peine de récompenser son énoncé lancé au hasard. En agissant ainsi, nous encourageons l'enfant à répéter le mot dans des circonstances similaires. Mais cela veut-il dire que nous l'amenons à associer le mot à la même *idée* que nous, adultes, y associons ? Est-il vrai de toute façon que nous-mêmes, adultes, associons ce mot à la même idée ? Si tel était le cas, qu'est-ce que cela voudrait dire ?

La morale est que les points fixes ne sont que le stimulus partagé et le mot ; quelles que soient les idées entre ces points fixes et quelque changeantes que soient ces idées, ce qui compte, c'est que le stimulus externe en question soit mis en corrélation avec le mot en question pour tous ceux qui sont concernés. Le point est bien illustré par la fantaisie familière de la perception des couleurs complémentaires. Qui sait si je ne vois pas les choses sous des couleurs opposées à celles sous lesquelles vous les voyez ? Cela est sans importance pour la communication.

Je crois en l'affinité de l'esprit et du langage, mais je veux que la relation soit conçue dans le bon ordre. Bien qu'inadéquate, la théorie de la pensée de Watson présente les choses dans le bon ordre. Je pense qu'une théorie de la pensée peut gagner en clarté et en substance en s'appuyant sur une meilleure compréhension des rouages du langage, alors qu'on ne peut espérer qu'une piètre compréhension de ces rouages en termes mentalistes.

J'expliquerai un peu pourquoi les gens se sentent attirés par un compte rendu mentaliste du langage, en dépit du fait manifeste que le langage est une entreprise sociale qui est ajustée aux objets intersubjectivement observables du monde extérieur. De même, je spéculerai sur la façon dont on pourrait espérer obtenir une description convenablement physicaliste du langage. Mais d'abord, je dois en dire un peu plus à propos de l'apprentissage.

J'ai signalé une façon primitive d'apprendre un mot : par le renforcement du babillage aléatoire. Une autre façon, en quelque sorte inverse, est l'imitation. Dans le cas du babillage, c'est l'adulte qui observe la situation où se trouve l'enfant lorsqu'il babille au hasard le mot approprié. Dans le cas de l'imitation, c'est l'enfant qui, à l'inverse, observe la situation où se trouve l'adulte lorsque ce dernier prononce le mot. L'enfant prononce alors ce mot dans des situations similaires et, sur ce, l'adulte entreprend de renforcer le comportement de l'enfant, tout comme dans le cas du babillage. La méthode de l'imitation est plus sophistiquée que celle du babillage. Elle peut néanmoins être expliquée, de manière indirecte, en termes de stimulus et de renforcement de réponse, mais je ne m'attarderai pas sur cette question.

Ce que l'on doit remarquer, c'est que tout apprentissage du langage à ce stade primitif n'est orienté que vers l'apprentissage de ce que l'on pourrait appeler les termes d'observation ou, de façon plus juste, les phrases d'observation. L'enfant apprend à acquiescer à la question « rouge ? » en manifeste d'objets rouges. De plus, il apprend à maîtriser le procédé qui permet d'obtenir l'objet en prononçant le mot ; "rouge" est ici un mauvais exemple, mais "balle", "lait" et "maman" sont des cas clairs. Et il apprend à maîtriser le mot de manière passive en répondant d'une façon spécifique lorsqu'il l'entend. Il peut répondre en se tournant vers l'objet ou en allant le chercher.

Le terme ou la phrase d'observation est un terrain sur lequel Jean l'animal rationnel et Fido l'automate peuvent se rencontrer et jusqu'à un certain point communiquer. Le chien apprend les phrases d'observation à sa façon passive. Il apprend à répondre à celles-ci en salivant, en courant à la cuisine, en se tournant vers l'objet ou en allant le chercher.

Déjà au niveau rudimentaire des phrases d'observation, il semble que le petit enfant diffère du chien en ceci qu'il apprend aussi les phrases de manière active : il les énonce. Cela n'est toutefois pas un contraste très net. Les chiens apprennent à demander des choses, même sans prononcer un mot. N'attribuons pas à tort à la rationalité ce qui n'est peut-être tout simplement qu'une agilité supérieure des lèvres, de la langue et du larynx. Premack et son chimpanzé ont contourné ces obstacles musculaires en ayant recours à des symboles en plastique qu'ils déplacent sur un tableau. Premack a réussi à apprendre à son chimpanzé à utiliser correctement des phrases d'observation et à jouer passablement bien à un jeu de questions et réponses.

On a remarqué depuis longtemps qu'entre le langage humain et les signaux des animaux, il y a un contraste relevant de la productivité combinatoire du langage, c'est-à-dire la capacité de l'être humain de composer des phrases nouvelles et inusitées à partir de vieux matériaux et celle de répondre convenablement à ces nouvelles créations. Mais Premack note que dans une certaine mesure, son chimpanzé réussit même à ce test. Il apparaît donc que la productivité combinatoire du langage ne fournit pas de ligne nette entre l'être humain et la bête. L'être humain peut se targuer d'être le premier à avoir développé un langage doté d'une productivité combinatoire, mais la capacité d'apprendre un tel langage est peut-être plus répandue.

Il semble que la productivité combinatoire ne soit pas le seul trait qui distingue le discours gouverné par l'esprit des performances des animaux entraînés, cependant. Un élément majeur est la spontanéité imprévisible de la parole. Les instincts animaux sont toujours à l'œuvre sous le torrent de la parole humaine, mais il est plutôt rare qu'on en voie clairement la trace. Même si notre production verbale ne nous situe pas dans un genre différent de celui du chimpanzé de Premack, il existe tout de même une énorme différence de degré, et celle-ci invite les descriptions mentalistes des comportements verbaux. Le torrent des mots est perçu comme la manifestation de la vie intérieure du locuteur au-delà des instincts animaux. De nos jours, on est porté à recourir ainsi à une sémantique mentaliste, non pas tant parce que l'on voit un gouffre onto-logique entre l'homme et les grands singes, que parce que l'on désespère de pouvoir maintenir les normes de la science naturelle dans nos efforts pour venir à bout des complexités du discours intelligent.

La notion centrale de la sémantique mentaliste est la notion non analysée de signification. Celle-ci est présente principa-lement dans deux contextes : quand nous parlons de connaître la signification d'une expression et quand nous parlons d'identité de signification. Nous disons que nous connaissons la signification d'une expression lorsque nous sommes capa-bles de produire une expression plus claire ou plus familière ayant la même signification. Nous demandons la signification d'une expression lorsque ce que nous voulons est une expres-sion plus claire ou plus familière ayant la même signification.

J'ai dit à mon petit garçon : « Quatre-vingt-deux. Tu sais ce que ça signifie ? ». « Non », a-t-il répondu. J'ai alors demandé à ma petite fille : « *Ottantadue*. Tu sais ce que ça signifie ? ». Elle a dit : « Oui. Quatre-vingt-deux ». J'ai dit : « Vous voyez,

Margaret comprend mieux l'italien que Douglas ne comprend
sa langue maternelle ».

Nos façons de parler de la signification nous induisent
donc en erreur. Comprendre une expression n'est, dirait-on,
que connaître la signification ; et connaître la signification
n'est, dirait-on, qu'être capable de donner la signification.
Pourtant, Douglas pourrait à juste titre affirmer *comprendre*
l'expression « quatre-vingt-deux » même s'il a répondu "Non"
à : « Tu sais ce que ça signifie ? ». Il a répondu "Non" parce
qu'il était incapable d'en *donner* la signification, et il était
incapable d'en donner la signification parce que ce que l'on
appelle donner la signification n'est en fait que l'opération
asymétrique consistant à produire une expression équivalente
qui soit plus claire. Margaret était prête à donner un équivalent
plus clair de "*ottantadue*", mais Douglas n'arrivait pas à trouver un équivalent de « quatre-vingt-deux » qui soit *encore* plus
clair. Dans un autre contexte, il aurait pu se risquer à dire :
« Oui, ça signifie que la température est de quatre-vingt-deux
degrés ».

Les gens persistent à parler ainsi de connaître la signification, de donner la signification, d'identité de signification,
alors qu'ils pourraient omettre de mentionner la signification
et simplement parler de comprendre une expression ou parler
de l'équivalence et de la paraphrase d'expressions. S'ils le
font, c'est parce que la notion de signification leur semble
d'une certaine façon *expliquer* la compréhension et l'équivalence d'expressions. Nous comprenons des expressions en
connaissant ou en saisissant leur signification, et une expression sert de traduction ou de paraphrase à une autre parce
qu'elles signifient la même chose. Il s'agit évidemment d'une
fausse explication, l'explication mentaliste à son pire. La
légère confusion paradoxale entre comprendre « quatre-vingt-
deux » et en connaître ou donner la signification est toujours
symptomatique d'une construction conceptuelle maladroite,

mais lorsqu'on parle de signification, la véritable menace réside dans l'illusion de l'explication.

En tout, nous pouvons distinguer trois niveaux d'explication potentielle, trois degrés de profondeur : le mental, le comportemental et le physiologique. L'explication mentale est la plus superficielle et mérite à peine le nom d'explication. L'explication physiologique est la plus profonde et la plus ambitieuse, et c'est à ce niveau que se situent les explications causales. Le niveau comportemental, entre les deux, est celui que l'on doit choisir pour nos descriptions du langage, nos formulations des règles du langage et nos explications des termes sémantiques. C'est à ce niveau, autant que faire se peut, que nous devons chercher à rendre compte de la compréhension d'une expression, de même que de l'équivalence qui existe entre une expression et sa traduction ou paraphrase. Ces phénomènes doivent s'expliquer, dans la mesure du possible, en termes comportementaux, c'est-à-dire en termes de dispositions au comportement manifeste.

Considérons le cas de la compréhension. La compréhension d'un mot consiste en partie en la capacité d'utiliser celui-ci convenablement dans toutes sortes de contextes admissibles. Elle consiste également à réagir correctement à tous ces usages. Il y a donc beaucoup ici à classer et à organiser. On doit diviser et définir. Pour commencer, on peut mettre de côté la complication résultant de la multitude de phrases dans lesquelles un mot peut figurer en se concentrant plutôt sur les phrases prises comme des touts, c'est-à-dire de petits énoncés isolés complets consistant peut-être en un seul mot, peut-être en plusieurs.

Même alors, on est en présence d'une variété déconcertante. La même petite phrase peut être énoncée pour divers motifs : pour avertir, rappeler, prendre possession, obtenir confirmation, gagner l'admiration ou faire plaisir en indiquant quelque chose. Les occasions d'énoncer la même phrase sont tellement variées qu'on peut rarement prédire quand une phrase sera énoncée ou quelle sera la phrase énoncée. Voilà un cadre peu prometteur pour explorer les dispositions verbales et en tirer parti. D'une certaine façon, on doit diviser encore plus et trouver un fil important et central pour se sortir de l'enchevêtrement.

La *vérité* fera très bien l'affaire. Certaines phrases, évidemment, n'ont pas de valeur de vérité : les questions et les impératifs. Celles qui en ont peuvent toutefois être énoncées pour une multitude de raisons sans rapport avec une instruction préalable ; je viens d'en énumérer quelques-unes. Mais toutes ces phrases sont sur le même pied du point de vue de leur vérité ou fausseté, et cela nous permet de reporter les considérations ayant trait à toutes ces ennuyeuses excroissances. Voici donc une norme ajustée de la compréhension : une personne comprend une phrase dans la mesure où elle en connaît les conditions de vérité. Une telle compréhension ne va pas jusqu'à l'humour, l'ironie, l'insinuation et autres procédés littéraires, mais elle va assez loin. En particulier, elle a tout ce qu'on peut exiger d'une compréhension du langage scientifique.

Nous nous intéressons non seulement à expliquer ce que c'est pour quelqu'un d'autre de comprendre une phrase, mais aussi à établir une norme pour nous-mêmes, comme lorsque nous tentons de pénétrer une nouvelle langue et d'en comprendre les phrases ou tentons d'enseigner celle-ci. Notre norme, encore ici, consiste à donner les conditions de vérité. D'où le projet de Davidson d'une sémantique qui prend la forme de la définition de la vérité de Tarski.

Mais quand je définis la compréhension d'une phrase comme la connaissance de ses conditions de vérité, je n'offre certainement pas une définition sur laquelle s'appuyer ; mon terme "connaissance" est un point d'appui aussi pauvre que le terme "compréhension" lui-même.

Nous étions censés rapporter les choses en termes de dispositions au comportement. Dans ce cas, en quelle dispo-

sition comportementale consiste la connaissance des conditions de vérité de la phrase : « Ceci est rouge » ? Certes pas en la
disposition à affirmer la phrase à chaque occasion où un
objet rouge est observé et à rejeter celle-ci en toutes autres
occasions; cette connaissance consiste en la disposition à
donner son assentiment ou son dissentiment lorsque interrogé
sur la présence ou l'absence de rouge. Question et assentiment,
question et dissentiment : voilà le solvant qui réduit la
compréhension à une disposition verbale. Sans ce dispositif,
nous n'aurions aucun espoir de transmettre la langue à travers
les générations ni de déchiffrer des langues nouvellement
découvertes. C'est principalement en sollicitant l'assentiment
et le dissentiment aux phrases que nous exploitons les
réservoirs de dispositions verbales.

Cette approche s'applique principalement aux termes, ou
aux phrases occasionnelles, plutôt qu'aux phrases perdurables
(*standing sentences*). Car la disposition à accepter ou rejeter la
phrase « Ceci est rouge » est marquée par une corrélation entre
l'assentiment et la présence de rouge, et entre le dissentiment
et l'absence de rouge, dans les occasions où la phrase est
proposée. Une phrase perdurable, dont la valeur de vérité
demeure la même durant de longues périodes, n'offre aucune
corrélation significative de ce genre. C'est en fait dans son
application aux phrases occasionnelles du genre spécial que
j'ai appelé les phrases d'observation que la méthode de sollici-
tation de l'assentiment et du dissentiment fonctionne le
mieux; car les occasions qui rendent la phrase vraie devront
être intersubjectivement reconnaissables si nous voulons être
capables de *dire* si le locuteur a la disposition en question.
Même dans ces cas-là, évidemment, nous demeurons à la
merci de la véracité du locuteur : nous supposons que ses
assentiments et dissentiments à nos questions sont sincères.
Heureusement, nous vivons dans un climat moral où cette
supposition tient généralement; le langage ne pourrait fleurir
autrement.

Les phrases perdurables peuvent aussi être proposées au locuteur, mais la situation stimulatrice au moment de la question n'aura habituellement aucun rapport avec le verdict, et pour cette raison, on ne peut identifier la compréhension d'une phrase perdurable, ne serait-ce qu'approximativement, avec la disposition à accepter ou rejeter celle-ci lorsqu'elle est proposée dans des occasions particulières. Je ne sais comment, en général, on pourrait se rapprocher de la notion de compréhension en termes de dispositions comportementales lorsque les phrases comprises sont des phrases perdurables. Peut-être cela est-il impossible, si l'on considère les phrases perdurables une à une.

De temps à autre, nous avons un indice à propos d'une disposition spécifiquement pertinente, lorsque le locuteur renverse son verdict sur une phrase perdurable à la suite d'une certaine observation. Mais même avec toute la chance concevable, on ne peut espérer mettre en corrélation les phrases perdurables en général avec des observations, parce que les phrases prises une à une n'ont simplement pas leurs propres implications empiriques séparables. Une multiplicité de phrases perdurables vont s'imbriquer, plutôt, pour former une théorie ; et une observation en conflit avec cette théorie pourra peut-être être accommodée en révoquant l'une ou l'autre de ces phrases, mais pas une phrase en particulier.

On comprend alors qu'un sémanticien puisse perdre espoir et chercher refuge dans la jungle de la sémantique mentaliste. Mais il y a d'autres voies. Peut-être qu'appliquée aux phrases perdurables isolées, la notion même de compréhension ne peut tout simplement pas s'expliquer en termes de dispositions comportementales. Peut-être s'agit-il alors simplement d'une notion intenable, malgré nos prédilections intuitives. Il va de soi qu'une analyse sémantique adéquate des phrases perdurables en termes de dispositions comportementales s'occupera essentiellement des interrelations entre phrases plutôt que des phrases perdurables prises une à une.

J'ai mentionné deux notions sémantiques centrales qui, dans la sémantique mentaliste, sont rendues obscures par le recours à la signification. L'une était la notion de compréhension d'une expression et l'autre la relation d'équivalence entre une expression et sa paraphrase. Par la suite, j'ai réfléchi à ce que l'on pouvait faire de la compréhension. Qu'en est-il de l'autre notion, la relation d'équivalence ? Une bonne partie de ce que j'ai dit à propos de la compréhension s'applique parallèlement à l'équivalence. Ici comme là, nous pouvons convenablement nous employer à considérer en premier lieu les phrases comme des touts et rechercher un concept d'équivalence qui s'applique à celles-ci. Ici comme là, nous pouvons utilement restreindre le problème en nous concentrant sur les conditions de vérité et en exploitant une méthode par questions et assentiments. Et évidemment, ici comme là, les phrases qui s'avèrent raisonnablement maniables sont les phrases occasionnelles, particulièrement les phrases d'observation. Ce qui relie une telle phrase à son équivalent est simplement une coïncidence des dispositions : nous sommes disposés à acquiescer aux deux phrases dans les mêmes circonstances.

De plus, dans une description behavioriste de l'équivalence, tout comme dans une description behavioriste de la compréhension, nous nous heurtons à une difficulté lorsque nous passons aux phrases perdurables. Puisqu'une personne est susceptible d'acquiescer à une phrase perdurable, si on l'interroge, dans toutes sortes de circonstances ou dans aucune, la coïncidence des dispositions à acquiescer à deux phrases perdurables ne donne aucune raison de les tenir pour équivalentes.

Je suis en fait persuadé qu'il est impossible de trouver un concept d'équivalence satisfaisant pour les phrases perdurables. Mon point de vue à ce sujet peut s'exprimer de façon très claire si l'on considère la traduction entre deux langues. Je suis persuadé que des manuels de traduction rivaux, incompatibles entre eux, peuvent exister alors que tous deux sont

entièrement conformes aux dispositions au comportement de
la part des locuteurs des deux langues. Les deux manuels
s'accorderaient à propos des phrases d'observation mais
seraient en conflit à propos de certaines des phrases perdurables. Puisqu'il s'agit de manuels de traduction, chacun prétend
spécifier la relation d'équivalence entre les phrases et leur
traduction, mais aucun manuel n'a le monopole de
l'exactitude.

Cette indétermination de la traduction est insoupçonnée
dans la sémantique mentaliste, en raison de son discours creux
sur la signification. Les phrases ont une signification, et une
traduction est correcte si elle a la même signification. La
sémantique mentaliste exige que l'un des deux manuels de
traduction en conflit soit erroné, même s'il est conforme aux
dispositions de chaque locuteur. La sémantique mentaliste
pose donc un faux objectif qui, même s'il est vague et mal
défini, tend à faire obstacle à d'autres lignes de pensée.

La traduction doit évidemment se faire. L'indétermination
entraîne qu'elle peut se faire de plus d'une façon ; on peut tout
de même continuer à développer une de ces façons, que l'on
peut tenir pour aussi bonne que toute autre. Et, dans une veine
plus théorique, on doit quand même se pencher sur la question
de savoir ce qui constitue une preuve empirique en faveur
d'*une* relation de traduction acceptable, même si la relation
n'est pas unique. Les preuves empiriques seront évidemment
comportementales, même si la relation n'est pas qu'une
simple coïncidence de dispositions comportementales,
comme dans le cas de l'équivalence des phrases d'observation. On doit examiner les relations d'interdépendance entre
les dispositions verbales : les interdépendances systématiques
entre les dispositions à acquiescer aux phrases perdurables et
les dispositions à acquiescer en certaines circonstances aux
phrases d'observation. Ici encore, il semblerait que la sémantique génétique offre une approche vraisemblable au problème
de l'équivalence comme à celui de la compréhension. Mais on

ne doit pas exiger un tableau simple ou des réponses faciles. Car il s'agit encore une fois des relations entre les phrases perdurables et les phrases d'observation et, par conséquent, de rien moins que de la relation entre théorie scientifique et données empiriques.

Il faut donc reconnaître que l'étude sémantique du langage vaut la peine d'être poursuivie avec tous les scrupules du praticien des sciences naturelles. Nous devons étudier le langage comme un système de dispositions au comportement verbal et non pas remonter de manière indolente à la surface de la mer des Sargasses du mentalisme.

On a objecté que lorsque je parle de question et d'assentiment, je n'échappe pas vraiment au mentalisme après tout, parce que l'assentiment lui-même a une composante mentale. On fait valoir que l'assentiment n'est pas qu'une répétition mécanique d'une syllabe arbitraire; l'énonciation de cette syllabe ne constitue un assentiment que si l'acte mental approprié en est responsable. Très bien, adoptons le terme d'*assentiment de surface* pour l'énoncé ou le geste lui-même. Mon approche behavioriste ne me permet alors que de faire appel à l'assentiment de surface; l'assentiment tel que je l'entends doit être compris comme l'assentiment de surface. Cette notion comportementale a ses forces, cependant, et ne doit pas être sous-estimée. Car la syllabe ou le geste d'assentiment dans une communauté n'est pas identifié de manière aléatoire après tout; il est identifié lui-même, à son tour, par des critères comportementaux. Un critère partiel de ce que l'on peut tenir pour un signe d'assentiment est qu'un locuteur est disposé à produire ce signe à chaque fois qu'une phrase est proposée dans les circonstances dans lesquelles il serait lui-même disposé à prononcer cette phrase. Ainsi, même l'assentiment de surface n'est pas que la simple répétition mécanique d'une syllabe arbitraire. Il est bien certain que certains cas d'assentiment de surface ne sont pas sincères, mais, comme je l'ai remarqué plus haut, ceux-ci sont heureusement suffisamment rares pour permettre aux linguistes qui travaillent sur le terrain de trouver des lois et des traductions sur la base de tendances statistiques.

J'ai protesté vivement contre la sémantique mentaliste et préconisé à sa place l'étude des dispositions au comportement. Cette manœuvre peut être représentée de manière différente et plus pittoresque non pas tant comme une substitution que comme une identification : il s'agit d'*interpréter* l'esprit comme un système de dispositions au comportement. Cette version rappelle quelque peu Gilbert Ryle et Wilfrid Sellars, qui préconisaient une philosophie de l'esprit généralement dispositionnelle. On peut voir d'autres signes légèrement encourageants pour cette version dans le fait que même nos idiomes mentalistes les plus ordinaires et caractéristiques prennent déjà presque la forme d'attributions de dispositions verbales. Ce sont là les idiomes d'attitudes propositionnelles : « x croit que p », « x souhaite que p », « x s'attend à ce que p », et ainsi de suite. Ils suivent tous le modèle général de la citation indirecte, « x dit que p », comme si l'on voulait attribuer à x la disposition à prononcer la phrase "p" dans un certain mode. Ainsi, x croit que p si, approximativement, il veut bien affirmer p ; il souhaite ou regrette que p si, approximativement, il s'exclame : « Ah, que p! » ou « Hélas, p! ».

Je ne prétends pas offrir une véritable analyse des attitudes propositionnelles. Les gens ne révèlent pas toutes leurs croyances au moyen d'affirmations. Un meilleur critère de la croyance est la disposition à acquiescer lorsque interrogé, et il ne laisse tout de même aucune place pour mettre en doute la sincérité. De plus, il soulève le problème de la latitude admissible d'une traduction ou d'une paraphrase, lorsque "p" dans « x croit que p » contient des mots étrangers au vocabulaire de x. Cette question de la latitude admissible survient évidemment de façon prononcée dans le discours indirect lui-même, « x a dit que p », et affecte tous les idiomes d'attitudes propositionnelles. Et finalement, notre critère laisse intactes les difficultés dues à l'opacité référentielle des idiomes d'attitudes propositionnelles, lesquelles touchent la substituti-vité de l'identité et la quantification à l'intérieur des contextes opaques. Tout compte fait, les attitudes propositionnelles sont mal en point. Ce sont là les idiomes qui s'écartent le plus obsti-nément du discours scientifique. En conséquence, je trouve particulièrement frappant que de tous les idiomes, ce soit ceux-là qui décrivent déjà les états mentaux d'une façon qui fasse allusion aux dispositions du comportement verbal. Une philosophie de l'esprit comme disposition verbale n'est après tout pas si étrangère aux attitudes populaires enracinées.

J'ai parlé de trois niveaux d'explication potentielle : le mental, le comportemental et le physiologique. Nous venons tout juste de considérer le second, c'est-à-dire le comporte-mental. La relation entre ce niveau et le troisième et plus profond niveau, le physiologique, commence à être évidente lorsque nous examinons la notion de *disposition* au comportement et considérons ce que nous voulons dire par disposition.

Une disposition est à mon avis simplement un trait physique, une configuration ou un mécanisme. Elle peut être un trait physique disjonctif, puisque des effets similaires peuvent résulter de mécanismes dissemblables. Ce qui en fait une disposition, ce n'est pas un caractère propre qu'elle possède, mais simplement la manière dont elle est décrite. Ainsi, prenons l'exemple classique de la solubilité dans l'eau. C'est là un trait physique que l'on peut décrire, de manière plus ou moins exhaustive, de diverses façons. On peut le décrire assez complètement, il semble, en termes des positions relatives de petites particules. On peut aussi le décrire, de façon moins complète, au moyen d'un simple test qui consiste à mettre un objet dans l'eau et voir s'il se dissout. Or, il se trouve que les instructions à suivre pour ce test commode sont encodées de façon compacte dans l'adjectif "soluble" lui-même, qui contient le radical « solu- » et la terminaison dispositionnelle « -ble ». L'adjectif "soluble" est un terme dispositionnel, et il s'agit là d'une importante classification terminologique ; mais la distinction entre dispositions et autres traits physiques n'est pas plus significative que, chez les êtres humains, celle entre passants et autres personnes. Le terme "disposition" a sa véritable application plutôt comme une préface, à chaque fois, à l'identification positive d'un trait physique ; ainsi, on peut de manière appropriée caractériser un certain trait physique comme étant la disposition à tel et tel comportement dans telles et telles circonstances. C'est cela qui est aussi accompli, de manière plus laconique, par les adjectifs dispositionnels tels que "soluble", "fragile", "docile" et "portable". Si la caractérisation dispositionnelle des traits physiques est si fréquente et si utile, c'est que souvent, à la différence du cas de la solubilité, nous ne sommes pas en mesure de décrire le trait physique pertinent de façon autre que dispositionnelle.

La caractérisation dispositionnelle des états et des traits physiques est en effet assez généralement *la* façon de les décrire, si ce n'est à des niveaux plus élevés de la théorie scientifique. L'idiome dispositionnel explicite n'apparaît pas toujours, que ce soit au moyen du mot "disposition" ou des suffixes « -ble » ou « -ile » ; en général, la teneur dispositionnelle n'est qu'implicite. La dureté, par exemple, est la disposition à résister à la pression ou aux égratignures. La couleur rouge d'un corps est la disposition de ce corps à réfléchir le rouge sous une lumière blanche. La dureté et la couleur rouge, comme la solubilité, en viennent finalement à être expliquées en termes de structure microscopique, mais notre premier accès à ces traits physiques est dispositionnel. En fait, la même chose peut être dite à propos de la notion même de corps, car comme l'a remarqué Kant, c'est par sa disposition à présenter une succession d'apparences visuelles pouvant être répétées lorsque nous marchons autour ou retournons le voir que nous en venons à connaître un corps. Comme il se doit, même cette disposition consiste en un mécanisme physique : le *corps*. Tout comme les autres mécanismes physiques, celui-ci en arrive aussi avec le temps à être expliqué en termes de petites particules.

Quand John Stuart Mill a défini le corps comme une « possibilité permanente de sensation », il l'a fait dans un esprit idéaliste, réduisant la matière à la disposition sensorielle. Grâce à la symétrie, cependant, cette identité admet aussi une inversion matérialiste : la corporéité, tout comme la solubilité, est un arrangement physique objectif de particules, que l'on connaît d'abord en termes dispositionnels.

Les dispositions au comportement sont donc des états, des traits ou des mécanismes physiologiques. En décrivant ceux-ci de manière dispositionnelle, nous les identifions au moyen de symptômes ou tests comportementaux. Habituellement, nous ne sommes pas en mesure de les expliquer en termes physiologiques, mais il n'y a là aucune anomalie ; nous caractérisons aussi habituellement les maladies *per accidens*, rapportant des signes grossiers et des symptômes sans connaître aucun détail physiologique.

On voit maintenant le rapport entre le deuxième niveau d'explication, le comportemental, et le troisième et plus profond niveau, le physiologique. Au second niveau, on traite des dispositions au comportement, et ces dispositions sont en fait des états physiologiques, mais on les identifie seulement à travers leurs manifestations comportementales. L'explication physiologique, plus profonde, analyserait ces dispositions en renvoyant explicitement aux impulsions nerveuses et autres processus organiques de nature anatomique et chimique.

Nos trois niveaux sont donc des niveaux de réduction : l'esprit consiste en des dispositions au comportement, qui sont elles-mêmes des états physiologiques. On se rappelle que John B. Watson n'affirmait pas tout à fait que *toute* pensée est discours naissant, mais que toute pensée consiste en de petites saccades naissantes de muscles, *surtout* des muscles de la parole. De même, je n'identifierais pas l'esprit complètement à la disposition verbale ; à l'instar de Ryle et Sellars, je l'identifierais à la disposition comportementale, disposition de nature *surtout* verbale. Et puisque j'ai interprété les dispositions comportementales comme des états physiologiques, j'aboutis à ce qu'on a appelé la théorie de l'identité de l'esprit : les états mentaux sont des états du corps.

Une dose de prudence est cependant requise concernant cette théorie de l'identité. Comment diffère-t-elle d'une théorie de la répudiation ? Considérons un instant une question analogue survenue ailleurs, concernant les définitions des nombres naturels dans la théorie des ensembles. Nous pouvons dire que les nombres sont définis comme des ensembles tels que conçus par Frege, ou par Zermelo, ou par von Neumann ; toutes ces approches sont valables mais incompatibles entre elles. Ou alors nous pouvons dire que les nombres peuvent être répudiés, rendus complètement superflus, c'est-à-dire que nous pouvons nous débrouiller avec les seuls ensembles, qu'on les conçoive comme Frege, comme Zermelo ou comme von Neumann. Cette version de la répudiation a l'avantage que nous ne nous sentons plus obligés de nous prononcer sur l'une des trois identifications des nombres naturels qui, bien qu'incompatibles entre elles, sont pourtant toutes en un certain sens correctes.

De même, au lieu de dire que les états mentaux sont identiques aux états physiologiques, nous pourrions les répudier ; nous pourrions affirmer qu'ils sont rendus superflus par nos théories à propos des états physiologiques, bien que ceux-ci soient habituellement décrits non pas en termes physiologiques mais dans l'idiome des dispositions comportementales. Cette version de la répudiation a un certain avantage, quoique différent de celui qu'on a noté dans le cas des nombres. Son avantage ici est qu'elle décourage un abus possible de la théorie de l'identité. C'est que, bien que cette théorie soit le produit d'un matérialisme têtu, on doit prendre

garde qu'elle ne serve à soulager la gêne intellectuelle. Supposons en effet que quelqu'un fasse appel à une théorie de
l'identité pour défendre son propre recours libre et non critique
à la sémantique mentaliste. Il pourrait alléguer que ce n'est
après tout qu'une question de physiologie, même si personne
ne sait comment établir l'identité. Ce serait là en effet une triste
ironie, et contrairement à la théorie de l'identité, la théorie de
la répudiation a la vertu d'exclure cette possibilité.

En attendant de pouvoir aspirer à une explication physiologique positive de l'activité linguistique en termes physiologiques, le niveau auquel œuvrer est celui du milieu, c'est-à-
dire celui des dispositions au comportement manifeste. Sa
vertu n'est pas qu'il procure des explications causales, mais
qu'il est beaucoup moins susceptible que le niveau mentaliste
d'engendrer l'illusion d'être plus explicatif qu'il ne l'est. On
ne doit pas se fier à la familiarité accommodante du discours
mentaliste.

Il reste que parmi les dispositions au comportement,
certaines sont plus explicatives que d'autres. Celles que l'on
devrait choisir, dans les explications, sont celles dont les
mécanismes physiologiques semblent les plus susceptibles
d'être découverts dans un avenir prochain. Faire référence à
une disposition comportementale, c'est postuler un mécanisme neuronal non expliqué, et de tels postulats devraient être
faits dans l'espoir qu'ils se prêtent un jour à une explication
physique.

W. V. QUINE

Traduit de l'anglais par Martin Montminy et Alain P. Bruneau

LES ÉVÉNEMENTS MENTAUX

Les événements mentaux tels que percevoir, se souvenir, prendre des décisions et accomplir des actions ne se laissent pas intégrer dans le réseau nomologique de la théorie physique. Comment concilier ce fait avec le rôle causal des événements mentaux dans le monde physique? La conciliation de la liberté et du déterminisme causal est un aspect particulier de ce problème si nous supposons que le déterminisme causal implique l'intégration dans le réseau nomologique et que la liberté requiert qu'on échappe à ce réseau. Mais le problème général se pose toujours, même pour celui qui croit qu'une analyse correcte de l'action libre n'entraîne pas de conflit avec le déterminisme. L'*autonomie* (la liberté, l'autodétermination) peut ou non entrer en conflit avec le déterminisme; l'*anomie* (le fait de ne pas tomber sous une loi) est, semble-t-il, une autre affaire.

Je pars de l'idée que la dépendance causale tout comme l'anomie des événements mentaux sont des faits incontestables. Il me faut donc expliquer, compte tenu des difficultés que cela semble poser, comment ces deux faits peuvent être compatibles. Je suis sympathique aux idées de Kant quand il dit:

> Il est tout aussi impossible à la philosophie la plus subtile qu'à la raison humaine la plus commune de mettre en doute

la liberté par des arguties. La raison doit donc bien supposer qu'on ne saurait trouver de véritable contradiction entre la liberté et la nécessité naturelle des mêmes actions humaines : car elle ne peut pas plus renoncer au concept de la nature qu'à celui de la liberté. Cependant il faut tout au moins supprimer d'une façon convaincante cette apparente contradiction, alors même qu'on ne pourrait jamais comprendre comment la liberté est possible. Car, si la conception de la liberté est à ce point contradictoire avec elle-même ou avec la nature [...] elle devrait être résolument sacrifiée au profit de la nécessité naturelle [1].

Il suffit de passer des actions humaines aux événements mentaux, de substituer l'anomie à la liberté, pour obtenir une description de mon problème. Et sans doute le lien est-il plus étroit encore, puisque Kant croyait que la liberté entraîne l'anomie.

Je voudrais à présent formuler un peu plus précisément l'« apparente contradiction » qui affecte les événements mentaux, pour essayer de l'analyser et finalement de la résoudre. Il semble qu'elle ait sa source dans trois principes.

Le premier principe dit qu'au moins certains états mentaux interagissent causalement avec des événements physiques. (Nous pourrions appeler cela le Principe d'Interaction causale). Ainsi, si quelqu'un coula le *Bismarck*, divers événements mentaux, tels que des perceptions, des constatations, des calculs, des jugements, des décisions, des actions intentionnelles et des changements de croyance, jouèrent un rôle causal dans l'action de couler le *Bismarck*. En particulier, il me semble que le fait que quelqu'un ait coulé le *Bismarck* implique qu'il a fait un certain mouvement corporel causé par certains événements mentaux, et que ce mouvement corporel a

---

1. Kant, *Fondements de la métaphysique des mœurs* (traduit de l'allemand par V. Delbos), Paris, Vrin, p. 140.

été en retour la cause du fait que le *Bismarck* a coulé[1]. La perception nous fournit une illustration de la manière dont la causalité peut aller du physique au mental : si un homme perçoit qu'un bateau s'approche, alors le fait qu'un bateau s'approche doit avoir été la cause de ce qu'il vient à croire qu'un bateau s'approche. (Ces exemples d'interaction causale ne reposent sur aucun présupposé théorique particulier).

Bien que la perception et l'action soient les exemples les plus évidents de l'interaction causale entre le physique et le mental, je pense qu'on peut avoir de bonnes raisons de soutenir que tous les événements mentaux ont en dernière instance, peut-être par l'intermédiaire de relations causales avec d'autres événements mentaux, des liens causaux avec des événements physiques. Mais s'il existe des événements mentaux qui ne sont pas des causes ou des effets d'événements physiques, ils n'interviendront pas dans mon argumentation.

Le second principe est que là où il y a causalité, il doit y avoir une loi : des événements qui entretiennent des relations de cause à effet tombent sous des lois déterministes strictes. (Nous pouvons appeler ce principe le Principe du Caractère Nomologique de la Causalité). Ce principe, comme le premier, aura ici le statut d'une hypothèse, à ceci près que j'essaierai d'en donner une interprétation plausible[2].

---

1. Ces thèses sont défendues dans mes essais « Actions, Reasons, and Causes » (1963) et « Agency » (1971), dans Davidson (1980), *Essays on Essays and Events*, Oxford, Oxford University Press. La traduction française de ces articles a paru dans *Actions et événements* (trad. de P. Engel), Paris, P.U.F., 1993 (ci-après Davidson, 1993), respectivement sous les titres « Actions, raisons et causes » et « L'agir ».

2. Dans « Les relations causales » (1967) (*in* Davidson, 1993), je précise la conception de la causalité adoptée ici. Le postulat selon lequel les lois doivent être déterministes est plus fort que ce que le raisonnement requiert, et c'est pourquoi on l'affaiblira par la suite. (Titre original : « Causal Relations », *in* Davidson, 1980).

Le troisième principe est qu'il n'y a pas de lois déterministes strictes à partir desquelles on puisse prédire et expliquer la nature exacte des événements mentaux (l'Anomie du Mental).

Le paradoxe que je voudrais analyser vient de ce que l'on est tenté d'accepter ces trois hypothèses ou principes, tout en jugeant qu'ils sont incompatibles. Cette incompatibilité, bien entendu, ne prend pas la forme d'une incompatibilité formelle tant qu'on n'ajoute pas d'autres prémisses. Néanmoins il est naturel de penser que les deux premiers principes, celui de l'interaction causale et celui du caractère nomologique de la causalité, impliquent conjointement qu'au moins certains événements mentaux peuvent être prédits et expliqués sur la base de lois, alors que le principe d'anomie du mental dit le contraire. Beaucoup de philosophes ont admis, en s'appuyant ou non sur des arguments, l'idée que les trois principes conduisent effectivement à une contradiction. Il me semble cependant que les trois principes sont tous vrais, et de là suit que nous devons montrer pourquoi la contradiction n'est qu'apparente, ce qui revient pour l'essentiel à adopter la ligne d'argumentation de Kant.

Cet article comprend trois parties. La première partie présente une version détaillée de la théorie de l'identité du mental et du physique d'après laquelle on peut concilier les trois principes. La seconde partie montre qu'il ne peut pas y avoir de lois psychophysiques strictes; cela n'équivaut pas tout à fait au principe de l'anomie du mental, mais il peut en être déduit sur la base de quelques hypothèses raisonnables supplémentaires. La dernière partie tente d'établir que sur la base du fait qu'il ne peut pas y avoir de lois psychophysiques strictes, et à partir des deux autres principes, on peut dériver une version de la théorie de l'identité d'après laquelle au moins certains événements mentaux sont identiques à des événements physiques. Il est clair que cette "démonstration" de la théorie de l'identité sera au mieux conditionnelle, puisque deux de ses prémisses sont admises sans argumentation explicite, et parce qu'on peut trouver que l'argumentation qui conduit au troisième est loin d'être concluante. Mais même ceux qui ne seront pas convaincus de la vérité des prémisses trouveront quelque intérêt à apprendre qu'on peut les rendre compatibles et qu'elles peuvent servir à établir une version de la théorie de l'identité du mental. Enfin, si l'argumentation proposée ici est correcte, elle devrait nous permettre de rejeter la thèse, couramment admise par de nombreux partisans des théories de l'identité et par certains adversaires de ces théories, d'après laquelle ces théories ne peuvent être étayées que par la découverte de lois psychophysiques.

I

On peut montrer que les trois principes sont compatibles si l'on propose une conception du mental et du physique qui ne contienne pas de contradiction interne et qui implique les trois principes. Selon cette conception, les événements mentaux sont identiques à des événements physiques. On considérera que les événements sont des individus non répétables, datés, comme l'éruption particulière d'un volcan, la (première) naissance ou mort d'un individu, la *World Series* de 1968, ou la parole historique : « Vous pourrez tirer quand vous serez prêt, Gridley ». On peut aisément construire des énoncés d'identité sur des événements individuels ; en voici des exemples (vrais ou faux) :

> La mort de Scott = la mort de l'auteur de *Waverley*.
> L'assassinat de l'archiduc François Ferdinand = l'événement qui déclencha la Première Guerre mondiale.
> L'éruption du Vésuve en 79 avant J.-C. = la cause de la destruction de Pompéi.

La théorie proposée ici ne dit rien des processus, des états et des attributs si ceux-ci diffèrent d'événements particuliers.

Que veut-on dire quand on dit qu'un événement est mental ou physique ? Il paraît naturel de dire qu'un événement est physique s'il peut être décrit dans un vocabulaire purement physique, et mental s'il est décrit en termes mentaux. Mais si cela veut dire qu'un événement est physique si un certain prédicat physique est vrai de cet événement, alors on se heurte à la difficulté suivante. Supposons que le prédicat « x eut lieu à Noosa Heads » appartienne au vocabulaire physique ; alors « x n'eut pas lieu à Noosa Heads » appartient aussi à ce vocabulaire. Mais le prédicat « x eut lieu à Noosa Heads ou x n'eut pas lieu à Noosa Heads » est vrai de tout événement, qu'il soit mental ou physique [1]. Nous pourrions décider d'écarter les prédicats qui sont tautologiquement vrais de tout événement, mais cela ne nous sera d'aucune aide parce que tout événement peut être décrit par « x eut lieu à Noosa Heads » ou par « x n'eut pas lieu à Noosa Heads ». On doit donc adopter une autre approche [2].

Nous pouvons qualifier de "mentaux" les verbes qui expriment des attitudes propositionnelles tels que croire, avoir l'intention de, désirer, espérer, savoir, percevoir, remarquer, se souvenir, et ainsi de suite. Ces verbes ont ceci de particulier qu'ils figurent parfois dans des phrases dont les sujets désignent des personnes, et qu'ils sont complétés par des phrases enchâssées dans lesquelles les règles usuelles de substitution semblent ne plus s'appliquer. Ce critère reste imprécis, car je ne veux pas inclure ces verbes à ma liste quand ils figurent dans des contextes parfaitement extensionnels comme « Il connaît Paris » ou « Il perçoit la lune », ni les exclure chaque fois qu'ils ne sont pas suivis de phrases enchâssées. On peut

---

1. Je suis redevable à Lee Bowie de m'avoir signalé cette difficulté.

2. Ceci suppose que l'on puisse dire que les événements mentaux ont une localisation ; mais c'est une hypothèse que doit valider toute théorie de l'identité, et ici je ne suis pas en train d'essayer de montrer que cette théorie est vraie, mais de la formuler.

peut-être définir autrement la classe de verbes mentaux en question en disant que ce sont des verbes psychologiques qui, quand on les utilise comme tels, créent des contextes apparemment non extensionnels.

Appelons *description mentale* ou *phrase mentale ouverte* une description de la forme « l'événement qui est M » ou une phrase de la forme « l'événement x est M » si et seulement si l'expression qui remplace "M" contient essentiellement au moins un verbe mental (je dis "essentiellement" pour exclure les cas où la description ou la phrase ouverte est logiquement équivalente à une description ou à une phrase ne contenant pas de vocabulaire mental). Nous pouvons donc dire qu'un événement est mental si, et seulement si, il a une description mentale, ou (si l'opérateur de description n'est pas primitif) s'il y a une phrase mentale ouverte vraie de cet événement seul. Les événements physiques sont ceux qu'on identifie au moyen de descriptions ou de phrases ouvertes qui ne contiennent essentiellement que du vocabulaire physique. Il est moins important de dire en quoi consiste un vocabulaire physique parce que, par rapport au vocabulaire mental, pour déterminer si une description est mentale ou physique, il faut en quelque sorte se rabattre sur le vocabulaire physique. (Je vais en dire plus sur la nature du vocabulaire physique, mais cela ne nous permettra pas de formuler un critère).

Selon le test qui vient d'être proposé, la marque distinctive du mental n'est pas son caractère privé, subjectif ou immatériel, mais le fait qu'il manifeste ce que Brentano appelait de l'intentionnalité. Ainsi les actions intentionnelles font-elles naturellement partie du domaine du mental, tout comme les pensées, les espoirs et les regrets (ou les événements qui leur sont associés). Il est moins évident que le critère en question permette d'inclure des événements qu'on tient habituellement pour des paradigmes d'événements mentaux. Est-il évident, par exemple, que le fait de ressentir une douleur ou de voir une image consécutive soient des événements mentaux ? Les phrases qui rapportent ce genre d'événements ne portent apparemment aucune trace de non-extensionnalité, et il en est de même pour les phrases rapportant des sensations brutes, des *sense data*, et autres sensations non interprétées (s'il y en a).

Néanmoins, le critère s'étend non seulement aux sensations de douleur et d'images consécutives, mais à beaucoup d'autres choses encore. Prenons un événement qu'on pourrait intuitivement considérer comme physique, comme la collision de deux étoiles dans l'espace intersidéral. Il doit exister un prédicat purement physique "Px" vrai de cette collision, et d'autres collisions, mais qui soit vrai de cette collision seulement au moment où elle s'est produite. Ce moment particulier peut cependant être déterminé comme étant le même moment que celui où Dupond s'aperçoit qu'un crayon commence à rouler sur son bureau. La collision stellaire est donc l'événement x tel que Px et x se produit en même temps que la découverte par Dupond du fait qu'un crayon commence à rouler sur son bureau. On a ainsi identifié la collision au moyen d'une description mentale qui peut être tenue pour un événement mental.

On pourra probablement appliquer la même stratégie pour montrer que tout événement est mental ; il est donc manifeste que nous n'avons pas réussi à saisir le concept intuitif du mental. Il serait intéressant d'essayer de remédier à ce défaut, mais ce n'est pas nécessaire pour notre propos. Nous pouvons nous permettre cette extravagance spinoziste dans notre caractérisation du mental, puisque ce genre d'inclusions accidentelles ne peut que nous renforcer dans l'hypothèse que tous les événements mentaux sont identiques à des événements physiques. Ce qui serait gênant serait de ne pas pouvoir, par notre critère, inclure des événements mentaux véritables, mais il semble qu'il n'y ait aucun danger que cela se produise.

Je voudrais maintenant décrire, et défendre, une version de la théorie de l'identité qui nie qu'il existe des lois strictes reliant le mental et le physique. Ce qui nous empêche en général de voir qu'une telle théorie est possible, c'est la manière dont on défend ou attaque habituellement les théories de l'identité. Charles Taylor, par exemple, s'accorde avec les partisans des théories de l'identité pour dire que la seule "raison" qu'on puisse avoir d'accepter ce genre de théories est qu'on suppose qu'il soit possible d'établir des corrélations ou des lois entre des événements décrits comme mentaux et des événements décrits comme physiques. Il dit ceci : « Il est facile de voir pourquoi il en est ainsi : tant qu'on n'admet pas qu'un événement mental donné est invariablement accompagné d'un processus cérébral (disons), nous n'avons aucune raison de suggérer ne serait-ce qu'une identité générale entre les deux » [1]. Taylor ajoute ensuite (à juste titre, je pense) qu'il peut y avoir identité sans qu'il y ait des lois de corrélation, mais ce qui m'importe ici est de noter ce qui peut induire en erreur dans le passage qui vient d'être cité. Que peut bien vouloir dire ici « un événement mental donné » ? Cela ne veut pas dire un événement particulier, daté, car il serait absurde de parler d'un événement individuel « invariablement accompagné » par un autre. Taylor pense évidemment à des événements d'un certain *type*. Mais si les seules identités concernées sont des identités entre types d'événements, alors la théorie de l'identité présuppose l'existence de lois de corrélation.

On trouve la même tendance à incorporer des lois dans les énoncés de la théorie de l'identité dans des déclarations typiques comme la suivante :

> Quand je dis qu'une sensation est un processus cérébral ou que la foudre est une décharge électrique, j'utilise le "est" au sens de l'identité stricte… Il n'y a pas deux choses : un éclair et une décharge électrique. Il y a une chose, un éclair, qui est décrit scientifiquement comme une décharge

---

1. Charles Taylor (1966), « Mind-Body Identity, a Side Issue ? », *Philosophical Review*, n° 76, p. 202.

électrique tombant sur la terre à partir d'un nuage de molécules d'eau ionisées [1].

La dernière phrase dans cette citation doit peut-être se comprendre comme disant que pour tout éclair, il existe une décharge électrique qui va vers la terre à partir d'un nuage de molécules d'eau ionisées auquel cet éclair est identique. Nous avons là une honnête ontologie d'événements individuels et l'identité peut se prendre en un sens littéral. Nous pouvons aussi voir en quoi il pourrait y avoir des identités en l'absence de lois de corrélation. Kim, par exemple, suggère que Fa et Gh « décrivent ou désignent le même événement » si et seulement si $a = h$ et la propriété d'être F = la propriété d'être G. L'identité des propriétés implique en retour que $(x)(Fx \leftrightarrow Gx)$ [2]. Il n'est pas étonnant que Kim déclare :

> Si la douleur est identique à l'état cérébral B, il doit y avoir concomitance entre des occurrences de douleur et des occurrences de l'état cérébral B [...]. Ainsi une condition nécessaire de l'identité douleur – état cérébral B est que les deux expressions « éprouver une douleur » et « être dans l'état cérébral B » aient la même extension [...]. On ne peut pas concevoir une observation qui confirmerait ou

1. J. J. C. Smart (1959), « Sensation and Brain Processes », *Philosophical Review*, n° 68, p. 141-156. Le passage cité vient des pages 163-165 de la version réimprimée dans *The Philosophy of Mind* (sous la dir. de V. C. Chappell), Englewood Cliffs, N.J., 1962. Pour un autre exemple, voir David K. Lewis (1966), « An Argument for the Identity Theory », *Journal of Philosophy*, vol. LXIII, p. 17-25. Ici, l'hypothèse est rendue explicite quand Lewis considère les événements comme des universaux (p. 17, n. I et 2). Je ne veux pas dire que Smart et Lewis sont coupables de confusion, mais seulement que leur manière d'énoncer la théorie de l'identité tend à obscurcir la distinction entre des événements particuliers et des types d'événements dont la formulation de ma théorie dépend.

2. Jaegwon Kim (1967), « On the Psycho-Physical Identity Theory », *Journal of Philosophy*, vol. LXIV, p. 231.

réfuterait l'identité sans confirmer ou réfuter la corrélation correspondante [1].

On clarifiera peut-être la situation si l'on donne une classification quadripartite des théories de la relation entre les événements mentaux et les événements physiques qui permette de dégager l'indépendance des thèses portant sur les lois des thèses portant sur l'identité. D'un côté on a des théories qui affirment, et d'autres qui nient, l'existence de lois psychophysiques; d'un autre côté, on a des théories qui disent que les événements mentaux sont identiques à des événements physiques, et d'autres théories qui le nient. Il y a donc quatre sortes de théories : le *monisme nomologique,* qui affirme qu'il y a des lois de corrélation et que les événements corrélés sont identiques (les matérialistes tombent dans cette catégorie), le *dualisme nomologique,* qui comprend diverses formes de parallélisme, d'interactionnisme et d'épiphénoménisme; le *dualisme anomal,* qui combine le dualisme ontologique à l'absence générale de lois reliant le mental et le physique (le cartésianisme). Et pour finir, on a le monisme anomal, qui correspond à la position que j'entends défendre [2].

---

1. *Ibid.*, p. 227-228. Richard Brandt et Jeagwon Kim proposent en gros le même critère dans « The Logic of the Identity Theory », *Journal of Philosophy*, vol. LXIV, 1967, p. 515-537. Ils font remarquer que d'après leur conception de l'identité des événements, la théorie de l'identité « est plus forte que le simple énoncé d'une corrélation phénoménale-physique constante » (p. 518; nous traduisons). Je ne discuterai pas cette thèse plus forte.

2. Le monisme anomal est plus ou moins reconnu comme étant une position possible par Herbert Feigl (1958), « The "Mental" and the "Physical" », *Minnesota Studies in the Philosophy of Science*, Minneapolis, University of Minnesota Press, vol. 2, p. 370-397; Sidney Shoemaker (1965), « Ziff's Other Minds », *Journal of Philosophy*, vol. LXII, p. 587-589; David Randall Luce (1966), « Mind-body Identity and Psycho-physical Correlation », *Philosophical Studies*, vol. 17, p. 1-17; Charles Taylor, *op. cit.*, p. 207. Une position qui ressemble à la mienne est esquissée par Thomas Nagel (1965), « Physicalism », *Philosophical Review*, vol. 74, p. 339-356, et endossée par P.

Le monisme anomal ressemble au matérialisme dans la mesure où il soutient que tous les événements sont physiques, mais il rejette la thèse, qu'on tient habituellement comme essentielle au matérialisme, selon laquelle tous les phéno-mènes mentaux peuvent recevoir une explication purement physique. Le monisme anomal ne prend un tour ontologique que dans la mesure où il admet la possibilité que tous les événements ne soient pas mentaux, tout en insistant sur le fait que tous les événements sont physiques. Ce monisme affaibli, qui ne s'appuie pas sur des lois de corrélation ou sur un souci d'économie conceptuelle, ne paraît pas mériter qu'on l'appelle un "réductionnisme"; en tout cas il n'est pas susceptible d'inspirer le réflexe du « rien d'autre que » (*nothing-but*) (« Composer l'*Art de la fugue* n'était rien d'autre qu'un événement neuronal complexe », et ainsi de suite).

Bien que la position que je décris nie qu'il y ait des lois psychophysiques, elle est compatible avec la thèse selon laquelle les caractéristiques mentales sont en un certain sens dépendantes des caractéristiques physiques, ou survenantes par rapport à elles. On peut interpréter cette survenance comme signifiant qu'il ne peut pas y avoir deux événements qui soient semblables sous tous leurs aspects physiques mais qui diffèrent sous un aspect mental quelconque. Ce genre de dépendance ou de survenance n'implique pas la réductibilité par l'intermédiaire de lois ou de définitions : si elle l'impli-quait, nous pourrions réduire les propriétés morales à des propriétés descriptives, et il y a de bonnes raisons de *croire* qu'on ne peut pas le faire ; nous pourrions aussi réduire la vérité dans un système formel à des propriétés syntaxiques, et nous savons que c'est impossible.

Ce dernier exemple nous fournit une analogie utile pour formuler le type de monisme sans lois que je propose.

F. Strawson (1963), dans *Freedom and the Will* (sous la dir. de D. F. Pears), Londres, St. Martin's Press, p. 63-67.

Admettez que le vocabulaire physique constitue le seul vocabulaire d'un langage L, dont les ressources expressives soient suffisantes pour exprimer une certaine partie des mathématiques et pour exprimer sa propre syntaxe. Soit L' le langage L augmenté du prédicat « vrai-dans-L », dont on peut dire qu'il est « mental ». Dans L (et par conséquent dans L'), on peut sélectionner, au moyen d'une description définie ou d'une phrase ouverte, toute phrase qui fait partie de l'extension du prédicat de vérité, mais si L est consistant, il n'existe aucun prédicat appartenant à la syntaxe (du vocabulaire « physique »), aussi complexe soit-il, qui puisse s'appliquer à toutes les phrases de L et à elles seules. Il ne peut pas y avoir de « loi psychophysique » qui prenne la forme d'un biconditionnel « (x) (x est vrai-dans-L si et seulement si x est f) » où l'on remplace "f" par « prédicat physique » (un prédicat de L). De même, nous pouvons sélectionner chaque événement mental en utilisant seulement le vocabulaire physique, mais il n'y a pas de prédicat purement physique, aussi complexe soit-il, qui ait, en vertu d'une loi, la même extension qu'un prédicat mental.

On peut voir clairement à présent comment le monisme anomal concilie les trois principes pris au départ. La causalité et l'identité sont des relations entre des événements particuliers, quelle que soit la manière dont on les décrit. Mais les lois sont des entités linguistiques ; par conséquent, des événements ne peuvent instancier des lois et, par conséquent, être expliqués ou prédits en vertu de lois, que si ces événements sont décrits d'une façon ou d'une autre. Le principe d'interaction causale porte sur des événements en extension et est par conséquent indifférent à la dichotomie mental-physique. Le principe de l'anomie du mental concerne des événements décrits comme mentaux, car les événements ne sont mentaux qu'en tant que décrits comme tels. Il faut interpréter avec prudence le principe du caractère nomologique de la causalité : il dit que quand des événements sont dans une relation de cause à effet, ils ont des descriptions qui instancient une loi. Il ne dit pas que tout énoncé singulier vrai de causalité instancie une loi [1].

II

Il ne faut pas pousser trop loin l'analogie entre la place du mental au sein du monde physique et la place du sémantique au sein du monde de la syntaxe. Tarski a démontré qu'un langage consistant ne pouvait pas (moyennant certaines hypothèses naturelles) contenir une phrase ouverte "*Fx*" vraie de toutes les phrases vraies de ce langage et d'elles seules. Si nous poussions plus loin notre analogie, nous devrions nous attendre à pouvoir démontrer qu'il ne peut pas y avoir de phrase ouverte physique "*Px*" vraie de tous les événements qui ont une certaine propriété mentale et d'eux seuls. Mais en fait, rien de ce que je puis dire au sujet de l'irréductibilité du mental ne mérite d'être appelé une "démonstration", et ce n'est pas du même type d'irréductibilité qu'il s'agit. Car si le monisme anomal est correct, non seulement on peut donner une description identifiante de tout événement mental en n'utilisant que des concepts physiques, mais encore, puisque le nombre des événements qui tombent sous chaque prédicat mental peut être, pour autant que l'on sache, fini, il se peut fort bien qu'il existe une phrase ouverte physique coextensive avec chaque prédicat mental, bien qu'il faille peut-être, pour construire cette phrase, recourir à une disjonction très longue et très peu informative. En fait, même si on ne présuppose pas que le

1. Le fait que la substitutivité de l'identité ne s'applique pas dans le contexte de l'explication a été relevé dans le contexte du problème qui nous occupe ici par Norman Malcolm (1964-1965), « Scientific Materialism and the Identity Theory », *Dialogue*, n° 3, p. 115-125, ici p. 123-124. Voir aussi mes essais « Actions, raisons et causes » (1963), déjà cité, et « L'individuation des événements » (1969; traduction de « The Individuation of Events »), dans Davidson (1993).

nombre des événements soit fini, rien ne semble s'opposer à ce qu'il existe des prédicats coextensifs, mentaux et physiques.

Ma thèse est plutôt la suivante : le mental est nomologiquement irréductible, au sens où il peut y avoir des énoncés généraux *vrais* reliant le mental au physique qui aient la forme de lois, mais ces énoncés ne sont pas *nomiques (lawlike)* (en un sens fort du mot que je vais préciser). Si, par un hasard extraordinaire, on tombait sur une généralisation psychophysique vraie non stochastique, nous n'aurions aucune raison de croire qu'elle est plus qu'approximativement vraie.

Quand nous déclarons qu'il n'y a pas de lois psychophysiques vraies, ne braconnons-nous pas sur les chasses gardées empiriques de la science – nous rendant ainsi coupables d'une forme d'*hubris* contre laquelle les philosophes ont souvent mis en garde ? Bien entendu, juger qu'un énoncé est nomique ou non nomique ne revient pas à juger d'emblée qu'il est vrai ; par rapport à l'acceptation d'un énoncé général sur la base de ses instances particulières, tenir un énoncé pour nomique est une stipulation *a priori*. Mais cet apriorisme relatif ne peut pas justifier la philosophie, car en général, les raisons qu'on peut avoir de se fier à un énoncé sur la base de ses instances particulières dépendront elles-mêmes de considérations théoriques et empiriques qui relèvent de l'enquête scientifique. Si ce n'est pas la même chose dans le cas de lois supposées de relier le mental au physique, ce ne peut être que parce que le fait d'admettre la possibilité de telles lois reviendrait à changer de sujet. Quand je dis « changer de sujet », je veux dire : décider de ne pas accepter le critère du mental en termes d'attitudes propositionnelles. Cette réponse concise n'interdit pourtant pas qu'on envisage d'autres ramifications du problème, parce qu'il n'y a pas de ligne de partage précise entre le fait de changer de sujet et le fait de changer ce que l'on dit d'un sujet donné ; ce qui revient à dire, dans le présent contexte, qu'il n'y a pas de ligne de partage précise entre philosophie et science. Là où il n'y a pas de frontières précises, il n'y a que les timides qui ne courent pas de risque de les transgresser.

Nous pourrons mieux apprécier le caractère anomologique des généralisations mental-physique en considérant une question voisine, celle de l'échec du béhaviorisme définitionnel. Pourquoi est-on prêt (comme je suppose qu'on l'est) à abandonner toute tentative de définition explicite de concepts mentaux en termes de concepts comportementaux ? Certes pas parce que toutes les tentatives existantes sont à l'évidence inadéquates. C'est plutôt parce qu'on est persuadé, comme pour beaucoup d'autres formes de réductionnisme définitionnel (le naturalisme en éthique, l'instrumentalisme et l'opérationnalisme dans les sciences, la théorie causale de la signification, le phénoménalisme, et ainsi de suite – tout le catalogue des défaites philosophiques), que ces échecs ont quelque chose de systématique. Supposez que nous essayions de dire, sans utiliser de concepts mentaux, en quoi consiste pour un individu le fait de croire qu'il y a de la vie sur Mars. On pourrait proposer ceci : quand un certain son est produit en présence de l'individu (« Y a-t-il de la vie sur Mars ? ») il en produit un autre ("Oui"). Mais bien entendu, cela ne montre qu'il croit qu'il y a de la vie sur Mars que s'il comprend le français, que l'émission du son produit soit intentionnelle, et qu'elle soit une réponse à des sons reconnus comme signifiant quelque chose en français, et ainsi de suite. À chaque fois qu'il manque quelque chose pour parvenir à la définition, il faut ajouter une nouvelle clause restrictive. Et pourtant quelle que soit la manière dont nous rafistolons et adaptons les conditions non mentales, nous avons toujours besoin d'une condition additionnelle (à condition qu'il *remarque, comprenne,* etc.) qui a un caractère mental [1].

---

1. Roderick Chisholm (1957) développe ce point dans *Perceiving*, Ithaca, Cornell University Press, chap. 2.

Il est frappant de constater au sujet des tentatives de réduction définitionnelle que la question de la synonymie entre *definiens* et *definiendum* n'y joue qu'un rôle mineur. Certes, quand nous recherchons des contre-exemples, nous infirmons bien les synonymies supposées. Mais ce qu'il y a de commun à ces échecs suggère une conclusion plus forte : si nous découvrions une phrase ouverte formulée en termes comportementaux qui ait exactement la même extension qu'un prédicat mental donné, rien ne nous assurerait pour autant que nous l'avons vraiment découverte. Nous en savons trop long sur la pensée et le comportement pour nous fier à des énoncés exacts et universels établissant des relations entre eux. Les croyances et les désirs ne produisent du comportement que s'ils sont modifiés par l'intermédiaire d'autres croyances et d'autres désirs, attitudes et constats, sans limite. Il est clair que ce holisme du monde mental est le signe à la fois de l'autonomie et du caractère anomal du mental.

Ces remarques sur le béhaviorisme définitionnel sont seulement l'indice du fait que nous ne devons pas nous attendre à trouver des liens nomologiques entre le mental et le physique. Mais il faut en dire plus sur la thèse centrale.

Les énoncés nomiques sont en général des énoncés qui étayent des affirmations contrefactuelles et au conditionnel irréel, et qui sont étayés par leurs instances. On ne peut pas (selon moi), donner de critère non circulaire pour savoir quand on a affaire à un énoncé nomique, ce qui ne veut pas dire qu'on ne puisse pas trancher dans tel ou tel cas particulier. La nomicité d'un énoncé est une affaire de degré, ce qui ne veut pas dire qu'il n'y ait pas des cas parfaitement nets. Et dans les limites que les conditions de la communication nous imposent, l'ensemble des énoncés auxquels on peut assigner divers degrés de nomicité varient selon les individus. En ce sens, la nomicité ressemble dans une large mesure à l'analyticité, comme on peut d'ailleurs s'y attendre, dans la mesure où toutes deux ont quelque chose à voir avec la signification.

« Toutes les émeraudes sont vertes » est un énoncé nomique parce que toutes ses instances le confirment, mais « Toutes les émeraudes sont vreues » (grue) ne l'est pas, parce que "vreu" veut dire « observé avant le temps t et vert, sinon bleu », et si nos observations étaient toutes faites avant t et révélaient uniformément des émeraudes vertes, ce ne serait pas une raison pour nous attendre à découvrir que d'autres émeraudes sont bleues. Nelson Goodman a suggéré que ceci montre que certains prédicats, "vreu" par exemple, ne se prêtent pas à une integration dans des lois (en sorte qu'un critère nous permettant de dire quels prédicats peuvent l'être pourrait conduire à un critère de la nomicité d'un énoncé). Mais il me semble que le caractère anomal de « Toutes les émeraudes sont vreues » montre seulement que les prédicats « est une émeraude » et « est vreue » ne vont pas ensemble : la vreuité n'est pas une propriété inductive des émeraudes. La vreuité *est* cependant bien une propriété inductive d'entités d'autres sortes, par exemple des émerirs *(emerires)* (quelque chose est une émerir s'il est examiné avant t et est une émeraude, sinon il est un saphir). Non seulement « Toutes les émerirs sont vreues » est impliqué par la conjonction des énoncés nomiques « Toutes les émeraudes sont vertes » et « Tous les saphirs sont bleus », mais il n'y a pas de raison, pour autant que je puisse voir, de rejeter ce que nous dicte l'intuition, à savoir que cet énoncé est nomique [1]. Les énoncés nomologiques réunissent des prédicats dont nous savons *a priori*

1. Cette idée est acceptée par Richard C. Jeffrey (1966), « Goodman's Query », *Journal of Philosophy*, vol. LXIII, p. 281-288 ; John R. Wallace (1966), « Goodman, Logic, Induction », *Journal of Philosophy*, vol. LXIII, p. 310-328 ; John M. Vickers (1967), « Characteristics of Projectible Predicates », *Journal of Philosophy*, vol. LXIV, p. 280-285. Goodman (1966), dans ses « Comments » (*Journal of Philosophy*, vol. LXIII, p. 328-331), conteste le caractère légal d'énoncés tels que « Toutes les émerirs sont vreues ». Je ne vois pas cependant en quoi il répond à mon « Les émeroses autrement nommées ». Ce court article est ici donné en appendice de celui-ci.

– c'est-à-dire indépendamment du fait de savoir si leur lien est confirmé empiriquement – qu'ils sont faits l'un pour l'autre. "Bleu", "rouge" et "vert" sont faits pour s'appliquer aux émeraudes, aux saphirs et aux roses; "vreu", "blert" (*bleen*), et "vouge" (gred) sont faits pour s'appliquer aux sapphaudes (*sapphalds*), aux émerirs et aux émeroses.

Il semble que nous nous dirigions dans la direction suivante : les prédicats mentaux et physiques ne sont pas faits les uns pour les autres. Du point de vue de la nomicité, les énoncés psychophysiques sont plutôt du genre de « Toutes les émeraudes sont vreues » que du genre de « Toutes les émeraudes sont vertes ».

Pour que cette thèse ait une chance d'être plausible, il faut la modifier sérieusement. Non seulement le fait que les émeraudes examinées avant *t* soient vreues n'est pas une bonne raison pour croire que toutes les émeraudess ont vreues ; ce n'est même pas une raison (si nous savons à quel moment) pour croire qu'une émeraude non observée *quelconque* soit vreue. Mais si un événement mental d'un certain type s'accompagne habituellement d'un état physique d'un certain type, cela nous fournit souvent une bonne raison de nous attendre à ce que d'autres conjonctions de ce genre se présentent, *mutatis mutandis*. Nous supposons que les généralisations qui expriment cette forme de sagesse pratique sont tout au plus en gros vraies, ou nous les formulons explicitement en termes probabilistes, ou encore nous les défendons face à des contre-exemples en trouvant de généreuses clauses de sauvegarde. Elles tirent leur importance principalement du soutien qu'elles apportent à des affirmations causales singulières et à des explications semblables d'événements particuliers. Ce soutien est dû au fait que de telles généralisations, aussi grossières et vagues soient elles, peuvent nous donner de bonnes raisons de croire qu'il y a une régularité qui sous-tend le cas particulier, et qu'on pourrait formuler avec précision et sans conditions restrictives.

Dans nos contacts quotidiens avec des actions et des événements qu'il nous faut prévoir ou comprendre, nous devons obligatoirement faire usage de la généralisation hâtive et rapide, parce que nous ne connaissons pas de loi plus précise, ou si nous en connaissons une, il nous manque une description des événements particuliers qui nous intéressent et qui montreraient la pertinence de la loi. Mais nous devons faire une distinction importante au sein de la catégorie des règles heuristiques. D'un côté, il y a des généralisations dont les instances positives nous donnent des raisons de croire que l'on pourrait améliorer la généralisation elle-même en ajoutant d'autres clauses et d'autres conditions énoncées dans le même vocabulaire général que celui dans lequel est formulée la généralisation initiale. Ce genre de généralisations nous donne des indications sur ce que sera la forme et le vocabulaire de la loi complète correspondante ; nous pouvons dire que c'est une généralisation *homonomique*. D'un autre côté, il y a des généralisations qui, quand elles sont exemplifiées, peuvent nous donner des raisons de croire qu'on a affaire à une loi précise, mais que l'on ne peut énoncer en changeant de vocabulaire. Nous pouvons appeler ce genre de généralisations *hétéronomiques*.

Je suppose que la majeure partie de la science pratique que nous avons reçue en partage est hétéronomique. Il en est ainsi parce qu'on peut espérer qu'une loi soit précise, explicite et aussi peu sujette à des exceptions que possible seulement si cette loi tire ses concepts d'une théorie qui embrasse un vaste champ et est close. Cette théorie idéale peut être déterministe ou ne pas l'être, mais elle doit l'être si toute vraie théorie l'est. Dans les sciences physiques, nous trouvons bien des généralisations homonomiques, c'est-à-dire des généralisations telles que si elles sont confirmées empiriquement, alors nous avons des raisons de croire qu'on peut les préciser indéfiniment en recourant à de nouveaux concepts physiques : il y a une asymptote théorique de la cohérence parfaite avec toutes les données empiriques, de la prédictibilité parfaite (dans les termes propres à tel système) et de l'explication totale (toujours dans les termes propres à tel système). Ou peut-être doit-on dire que la théorie ultime est probabiliste et que l'asymptote n'est pas parfaite, auquel cas on ne pourra rien obtenir de mieux.

Si l'on a de bonnes raisons de croire qu'un énoncé est homonomique, corrigible à l'intérieur de son propre domaine conceptuel, alors il faut que les concepts utilisés par cet énoncé dérivent d'une théorie dont les éléments constitutifs sont forts. Voici l'exemple le plus simple possible ; si la leçon qu'on peut en tirer est correcte, alors il sera évident que l'on pourra éviter ce genre de simplification.

La mesure de la longueur, du poids, de la température ou du temps, dépend (entre de nombreuses autres choses, bien entendu) de l'existence dans chaque cas d'une relation à deux places qui est transitive et asymétrique : plus chaud que, après, plus lourd que, et ainsi de suite. Prenons comme exemple la relation *plus long que*. La loi ou le postulat de transitivité est la suivante :

$$(L)\, L(x, y) \text{ et } L(y, t) \varnothing L(x, t).$$

Si cette loi (ou une version plus sophistiquée de celle-ci) ne vaut pas, il ne sera pas facile de dire ce qu'est le concept de longueur. Il n'y aura aucun moyen d'assigner des nombres ne serait-ce que pour introduire des ordres dans les grandeurs, et *a fortiori* pour faire des mesures plus précises sur une échelle de proportions. Et ceci ne vaut pas seulement pour les trois éléments qui interviennent directement dans un cas d'intransitivité : il est facile de montrer (avec seulement quelques hypothèses supplémentaires nécessaires pour la mesure des longueurs) qu'on ne peut pas assigner de façon cohérente un ordre sur des éléments si (L) ne vaut pas de manière générale.

Il va de soi que (L) seul ne peut pas épuiser le sens de « plus long que », sans quoi ce terme ne différerait pas de « plus chaud que » ou « après ». Nous devons supposer que « plus long que » se distingue des autres prédicats transitifs de mesure à deux places par un contenu empirique spécifique, aussi difficile soit-il à formuler dans le vocabulaire disponible, et sur la base duquel nous puissions affirmer qu'une chose est plus longue qu'une autre. Imaginons que ce contenu empirique puisse être en partie exprimé par le prédicat « $O(x, y)$ ». Nous aurons donc le « postulat de signification » suivant :

$$(M)\, O(x, y) \oslash L(x, y)$$

qui donne une interprétation partielle de (L). Mais (L) et (M) pris ensemble nous fournissent une théorie empirique très forte, puisque leur conjonction implique qu'il n'existe pas trois objets a, b, c tels que $O(a, b)$, $O(b, c)$ et $O(c, a)$. Qu'est-ce qui cependant, empêche que cette condition soit réalisée si « $O(x, y)$ » est un prédicat que nous pouvons appliquer en toute confiance ? Supposons que nous pensions observer une triade intransitive : que dire dans ce cas ? Nous pourrions tenir (L) pour faux, mais il s'ensuivrait que nous ne pouvons pas appliquer le concept de longueur. Nous pourrions dire que (M) ne nous fournit pas le test approprié pour la longueur ; mais dans ce cas on ne voit pas bien quel contenu avait pour nous l'idée qu'une chose soit plus longue qu'une autre. Ou bien encore nous pourrions dire que les objets observés ne sont pas, comme le requiert la théorie, des objets *rigides*. C'est une erreur que de penser que nous sommes tenus d'accepter l'une ou l'autre de ces réponses. Des concepts comme celui de longueur sont maintenus en équilibre par un grand nombre d'autres concepts, et ce serait fausser les théories de la mesure fondamentale que de choisir de traiter à toute force des principes comme (L) et (M) comme analytiques ou synthétiques. Il vaut mieux dire que tout l'ensemble des axiomes, des lois ou des postulats de mesure de la longueur constitue en partie la notion même d'un système d'objets physiques macroscopiques et rigides. On peut suggérer de même que l'existence d'énoncés nomiques dans les sciences physiques dépend de l'existence de lois constitutives (ou synthétiques *a priori*) comparables à celles de la mesure des longueurs à l'intérieur du même domaine conceptuel.

Tout comme on ne peut pas comprendre ce que cela veut dire que d'assigner une longueur à un objet quelconque si les objets de ce type ne sont pas régis par une théorie englobante, on ne peut pas comprendre ce que c'est qu'attribuer une attitude propositionnelle à un agent si l'on ne dispose pas du schème préalable constitué par une théorie viable de ses croyances, de ses intentions et de ses décisions.

On ne peut pas assigner des croyances une par une à une personne sur la base de son comportement verbal, de ses choix ou d'autres signes spécifiques plus ou moins clairs et évidents, parce que nous ne pouvons comprendre les croyances particulières que dans la mesure où elles sont intrinsèquement liées à d'autres croyances, à des préférences, à des intentions, espoirs, peurs, attentes et autres états mentaux. Cela ne tient pas seulement, comme dans le cas de la mesure de la longueur, au fait que chaque cas particulier confirme une théorie et dépend d'elle, mais au fait que le contenu d'une attitude propositionnelle dérive de la position qu'elle occupe dans la trame générale.

Ce n'est pas simplement par charité que l'on est amené à accorder aux gens un large degré de cohérence psychologique : c'est inévitable si nous voulons pouvoir, sans tomber dans des absurdités, les accuser de faire des erreurs et d'être dans une certaine mesure irrationnels. La confusion totale, comme l'erreur universelle, sont impensables, non pas parce que nous ne pouvons pas les imaginer, mais parce que si l'on attribue à quelqu'un trop de confusions, on ne peut plus voir sur quoi il peut être confus, et parce que l'idée d'une erreur massive annule l'arrière-plan de croyances vraies sans lequel l'erreur elle-même ne peut s'expliquer. Quand on réalise jusqu'à quel point il est possible et sensé d'attribuer aux autres des bévues et des fautes de raisonnement, on est amené à constater une fois de plus combien la question de savoir quels sont les concepts que quelqu'un maîtrise est inséparable de la question de savoir comment il utilise ces concepts quand il a des croyances, des désirs et des intentions. Si nous ne parvenons pas à découvrir une trame cohérente et plausible dans les attitudes et les actions d'autrui, nous perdons tout simplement toute chance de le traiter comme une personne.

Ce problème n'est pas éludé, mais devient au contraire central quand on considère le comportement verbal explicite. Car nous ne pourrions même pas commencer à décoder ce que dit quelqu'un si nous ne pouvions pas déterminer quelles attitudes il entretient avec les phrases qu'il prononce : quand il tient ces phrases pour vraies, quand il souhaite ou veut qu'elles le soient. En partant de ces attitudes, nous devons construire une théorie de ce qu'il veut dire, en donnant ainsi simultanément un contenu à ses attitudes et à ses mots. En cherchant à lui donner la capacité de donner un sens, nous essaierons de formuler une théorie qui le rendra cohérent, qui lui attribuera une capacité à croire des vérités et à aimer le bien (tout ceci d'après notre propre point de vue, cela va de soi). La vie étant ce qu'elle est, la théorie qui satisfera ces réquisits aura peu de chances d'être simple. Beaucoup de théories conduiront à des compromis plus ou moins acceptables, et le choix entre ces théories ne reposera pas sur un fondement objectif.

Le caractère hétéronomique des énoncés généraux liant le mental au physique a sa source dans ce rôle central de la traduction dans la description des attitudes propositionnelles, et dans le rôle de l'indétermination de la traduction [1]. Il n'y a

---

[1]. L'influence de la doctrine de l'indétermination de la traduction de W.V. Quine, telle qu'elle est formulée au chap. 2 de *Word and Object* (Cambridge (Ma), MIT Press, 1960), devrait être, je l'espère, évidente. En section 45, Quine développe le lien entre la traduction et les attitudes propositionnelles, et remarque que « la thèse de Brentano de l'irréductibilité des idiomes intentionnels va de pair avec la thèse de l'indétermination de la traduction », p. 221.

pas de lois psychophysiques strictes parce que le schème mental et le schème physique diffèrent dans leurs implications fondamentales. C'est un trait essentiel de la réalité physique que le changement physique puisse s'expliquer par des lois qui relient cette réalité à d'autres changements et conditions décrits en termes physiques. C'est un trait essentiel du mental que l'attribution de phénomènes mentaux repose sur un arrière-plan de raisons, de croyances et d'intentions propres à un individu. Il ne peut pas y avoir de relations étroites entre les deux domaines si chacun d'eux doit dépendre de sa source de confirmation empirique propre. L'irréductibilité nomologique du mental ne vient pas seulement du caractère lié du monde des pensées, des préférences et des intentions, parce qu'on trouve couramment ce genre d'interdépendance dans la théorie physique, et parce qu'elle est compatible avec le fait que les attitudes d'un individu puissent être interprétées correctement d'une seule manière sans que cette interprétation soit relative à un schème de traduction. Cette irréductibilité n'est pas due non plus au fait que plusieurs schèmes d'interprétation soient également possibles, parce que cette pluralité de schèmes est compatible avec un choix arbitraire d'un schème particulier relativement auquel on attribue les traits mentaux. L'important est plutôt que quand nous utilisons les concepts de croyance, de désir et autres concepts mentaux, nous devons nous tenir prêts, au fur et à mesure que les données empiriques s'accumulent, à ajuster notre théorie à la lumière de considérations de cohérence globale : l'idéal constitutif de rationalité contrôle en partie chaque phase de l'évolution de ce que nous devons considérer comme une théorie en évolution. Le choix arbitraire d'un schème de traduction empêcherait cette modulation opportuniste de notre théorie ; en d'autres termes, un choix justifié d'un manuel de traduction nous fournirait un manuel que nous accepterions à la lumière de toutes les données possibles, et c'est précisément le genre de choix que nous ne pouvons pas opérer. Nous devons conclure, à mon avis, que le caractère lâche des liens nomologiques entre le mental et le physique est essentiel tant que nous considérons l'homme comme un animal rationnel.

III

Ce qui ressort des analyses qui précèdent, de même que la conclusion qu'on en a tirée, ne surprendra pas. Le fait qu'il y ait une différence de catégorie entre le mental et le physique est un lieu commun. Il peut sembler étonnant que je ne dise rien du caractère privé qu'on prête habituellement au mental, ou de l'autorité spéciale qu'un agent exerce sur ses propres attitudes propositionnelles, mais cette apparence de nouveauté se dissiperait si nous devions analyser plus en détail les raisons que nous pouvons avoir d'accepter un schème de traduction. Le raisonnement qui nous conduit de la différence de catégorie entre le mental et le physique à l'impossibilité de lois strictes reliant les deux domaines est sans doute moins courant, mais n'est certainement pas nouveau. Ce qui pourra paraître surprenant, en revanche, c'est le fait que le caractère non nomique du mental serve ici à établir l'identité du mental et de ce qui constitue un cas paradigmatique de domaine soumis à des lois, à savoir le domaine du physique.

Le raisonnement est le suivant. Nous supposons, d'après le Principe de Dépendance Causale du Mental, que certains événements mentaux au moins sont des causes ou des effets d'événements physiques ; l'argument ne s'applique qu'à cette classe particulière d'événements mentaux. Un second Principe (celui du Caractère Nomologique de la Causalité) nous dit que tout énoncé causal singulier vrai est sous-tendu par une loi stricte reliant des événements appartenant à des types de ceux auxquels appartiennent des événements mentionnés comme étant des causes et des effets. Là où il y a des lois grossières, mais homonomiques, il y a des lois reposant sur des concepts provenant du même domaine conceptuel et qu'on ne peut pas améliorer en les rendant plus précis et plus exhaustifs. Nous avons soutenu dans la section précédente que l'on trouve ce genre de lois en physique. La théorie physique nous laisse espérer qu'on pourra avoir un système clos et exhaustif nous permettant de fournir une description unique canonique de tout événement physique, formulée dans un vocabulaire qui pourra recevoir une forme nomique.

Il y a peu de chances que les concepts mentaux à eux seuls puissent nous fournir ce genre de schème, tout simplement parce que le mental ne constitue pas, de par nos principes initiaux, un système clos. Trop de choses affectent le mental qui ne font pas systématiquement partie du mental. Mais si nous combinons cette observation avec la conclusion qu'aucun énoncé psychologique n'est une loi stricte, ni ne peut être intégré dans une loi stricte, nous obtenons le Principe de l'Anomie du Mental : il n'y a tout simplement pas de lois strictes sur la base desquelles nous puissions prédire et expliquer les phénomènes mentaux.

La démonstration de l'identité des deux domaine s'ensuit aisément. Supposez que m, un événement mental, ait causé p, un événement physique ; alors, sous une description quelconque, m et p exemplifient une loi stricte. Cette loi ne peut être que physique, d'après ce qui a été dit au paragraphe précédent. Mais si m tombe sous une loi physique, il a une description physique ; ce qui revient à dire que c'est un événement physique. On peut tenir un raisonnement semblable dans le cas où un événement physique cause un événement mental. Par conséquent, tout événement mental relié causalement à un événement physique est un événement physique. Pour établir le monisme anomal de façon parfaitement générale, il suffirait de montrer que tout événement mental est une cause ou un effet d'un événement physique ; je ne chercherai pas à le montrer.

Si un événement en cause un autre, il y a une loi stricte que ces événements exemplifient quand ils sont décrits de manière appropriée. Mais il est possible (et banal) de connaître la relation causale singulière sans connaître la loi ni les descriptions pertinentes. La connaissance requiert des raisons de connaître, mais on dispose de ces raisons sous la forme de généralisations hétéronomiques grossières qui sont nomiques en ceci que quand nous observons des instances de ces lois, il est raisonnable de nous attendre à en rencontrer d'autres sans que ces lois le soient au sens où on pourrait indéfiniment les préciser. Si l'on applique ces constats à notre connaissance des identités, nous verrons qu'il est possible de savoir qu'un événement mental est identique à un événement physique sans savoir quel événement mental est ainsi identique à l'événement physique correspondant (au sens où nous pourrions en donner une description physique unique qui ferait de cet événement l'exemplification d'une loi pertinente). Même si l'on connaissait l'histoire physique complète du monde, et si tout événement mental était identique à un événement physique, il ne s'ensuivrait pas que nous puissions prédire ou expliquer un événement mental particulier (en tant que décrit comme tel, bien entendu).

Il y a donc deux traits des événements mentaux dans leur relation au domaine physique – la dépendance causale et l'indépendance nomologique – qui, une fois mis ensemble, permettent de dissiper ce qui est souvent apparu comme un paradoxe, à savoir le fait que la pensée et la volonté aient une efficacité causale dans le monde matériel tout en échappant à l'emprise des lois. Quand nous décrivons des événements comme étant des perceptions, des souvenirs, des décisions et des actions, nous les localisons nécessairement comme faisant partie des occurrences physiques par l'intermédiaire de la relation de cause à effet ; mais tant que nous ne changeons pas notre vocabulaire, ce même mode de description isole les événements mentaux des lois strictes qu'on devrait en principe pouvoir invoquer pour expliquer et prédire des phénomènes physiques.

La classe des événements mentaux ne peut pas être expliquée par la science physique ; en revanche, les événements mentaux particuliers peuvent l'être quand nous connaissons des identités particulières. Mais les explications d'événements mentaux qui nous intéressent en général sont celles qui relient ces événements à d'autres événements mentaux et à d'autres conditions mentales. Nous expliquons les actions libres d'une personne, par exemple, en faisant appel à ses désirs, habitudes, connaissances et perceptions. Ces explications du comportement intentionnel fonctionnent au sein d'un schème conceptuel qui échappe à l'emprise directe de la loi physique parce qu'elles décrivent à la fois la cause et l'effet, la raison et l'action comme des aspects d'un portrait de la gent humaine. L'anomie du mental est donc une condition nécessaire de l'autonomie de l'action. Je conclus par un second passage de Kant :

> Aussi est-ce une tâche à laquelle la philosophie spéculative ne peut se soustraire, que de montrer du moins ce qui fait que la contradiction qu'elle croit voir est illusoire, c'est que nous concevons l'homme, quand nous le qualifions de libre, en un autre sens et sous un autre rapport que lorsque nous le considérons comme soumis... aux lois de la nature ; c'est que non seulement les deux choses *peuvent* fort bien aller ensemble mais encore qu'elles doivent être conçues *comme nécessairement unies* dans le même sujet [1].

---

1. *Fondements de la métaphysique des mœurs*, trad. V. Delbos revue par A. Philonenko, Paris, Vrin, p. 140-141.

APPENDICE

Les émeroses autrement nommées

Considérons l'hypothèse selon laquelle tout ce qui est examiné avant t est une émeraude (sinon est une rose) et est vert si on l'examine avant t (sinon est rouge), soit :

H_1 Toutes les émeroses sont vouges.

Si H_1 est un énoncé nomique, c'est un contre-exemple à l'analyse de Goodman dans *Faits, fictions et prédictions,* et il semble sérieux. Les tests proposés par Goodman pour décider si un énoncé est nomique dépendent principalement de la bonne tenue de ses prédicats, pris individuellement : ainsi pour Goodman, H_1 est doublement non nomique. Ce que H_1 suggère, cependant, est que le caractère nomique d'un énoncé tient à une relation entre les prédicats, et il n'est pas évident que l'on puisse définir cette relation sur la base du renforcement *(entrenchment)* des prédicats individuels.

Mais H_1 est-il nomique ? Goodman a récemment soutenu que non [1]. J'examine ici s'il a raison.

Mettons que les deux énoncés suivants soient vrais et nomiques :

H_2 Toutes les émeraudes sont vertes.
H_3 Toutes les roses sont rouges.

Alors H_1 est vrai, et nous avons de bonnes raisons de le croire. Et pourtant, comme Goodman le fait remarquer, il ne s'ensuit pas, du fait que H_1 soit impliqué par des hypothèses

---

1. Richard C. Jeffrey, dans « Goodman's Query », et John Wallace, dans « Goodman, Logic, Induction » (voir la note 14), ont la générosité de me citer au sujet de la difficulté que rencontre apparemment Goodman avec des hypothèses comme H_1 et Goodman répond dans les deux premières pages de ses « Comments ».

qui sont confirmées par leurs instances positives, que H_1 soit confirmé par *ses propres* instances positives.

Si je ne me trompe, la seule raison que donne Goodman pour dire que H_1 n'est pas nomique se trouve dans sa remarque : « ... aussi vrai que H_1 puisse être, il n'est pas projectible en ceci que ses instances positives n'augmentent en général pas sa crédibilité; que des émeraudes découvertes avant t soient vertes ne confirme pas H_1 »[1]. Ici, la conclusion se trouve entre le point-virgule et le guillemet; ce qui suit donne sans doute la raison. Le problème est de savoir si la raison justifie la conclusion.

Si les instances positives étaient des objets du monde, l'argument pourrait être celui-ci. Les instances positives de H_1 sont des émeroses vouges, et si on les examine avant t, elles sont aussi des émeraudes vertes examinées avant t, Mais les émeraudes vertes examinées avant t ne nous disent rien de la couleur des roses examinées après t. Malheureusement, si l'argument était correct, il montrerait aussi que H_2 n'est pas nomique, car les instances positives de H_2 examinées avant t ne seraient rien d'autre que des émeroses vouges examinées avant t; et qu'est-ce que ces instances peuvent nous dire de la couleur des émeraudes après t ?

En tout cas, l'hypothèse sur laquelle repose l'argument qui précède est tout simplement incompatible avec des indications claires de *Faits, fictions et prédictions*[2] qui disent que les instances positives d'une hypothèse sont des phrases (ou des "énoncés") immédiatement dérivables de l'hypothèse par instanciation. La question de savoir si H_1 est nomique est donc celle de savoir si H_1 est confirmé par des énoncés disant que tel ou tel objet est une émerose vouge. Si l'on interprète ainsi la

---

1. Nelson Goodman (1983), *Fact, Fiction, and Forecast* (quatrième édition), Cambridge, Mass., Harvard University Press, p. 328. Nous traduisons.

2. Voir p. 91 de la première édition anglaise, par exemple e t p . 100 de la traduction française (N.d.T.).

notion d'« instance positive », la remarque de Goodman citée ci-dessus semble être un *non sequitur* : car comment le fait que H_1 n'est pas confirmé par des émeraudes découvertes avant t de couleur verte peut-il montrer que H_1 n'est pas confirmé par des énoncés disant que tel ou tel objet est une émerose vouge ?

Les instances positives de H_1 ne mentionnent pas plus le temps t que ne le fait H_1 elle-même. Néanmoins, toute la discussion présuppose que les objets qui sont décrits dans les instances positives sont en fait observés avant $t,$ et peut-être présuppose-t-on aussi que cela fait partie des données empiriques d'arrière-plan à partir desquelles on peut estimer que H_1 est nomique. Si l'on fait ces hypothèses, il est naturel de supposer que l'observateur détermine qu'une instance est positive en notant le moment où il le fait et en observant que l'objet est une émeraude verte. Mais c'est là une supposition annexe, qui peut être fausse. Je peux savoir qu'en t il se produira un changement dans la chimie de mon œil qui fasse qu'après t les choses qui sont rouges me sembleront être vertes à la lumière normale (avant t, les choses vertes m'apparaissent comme vertes) ; si bien que, que je connaisse ou non le moment où a lieu mon observation, je peux dire, juste à l'œil nu, si quelque chose est vouge. De même, je peux être capable de dire si quelque chose est une émerose sans connaître le moment où je l'observe. Dans ces circonstances, il est difficile de voir pourquoi nous voudrions nier que H_1 est confirmé par ses instances positives, c'est-à-dire qu'il est nomique.

DONALD DAVIDSON

Traduit de l'anglais par Pascal Engel, revu et corrigé par Dominique Boucher

LA NATURE DES ÉTATS MENTAUX [1]

Les problèmes centraux de la philosophie de l'esprit peuvent être représentés au moyen des trois questions suivantes : 1) Comment savons-nous que les autres éprouvent de la douleur ? 2) La douleur est-elle un état cérébral ? 3) Comment faut-il analyser le concept de *douleur* ? Je n'aborderai ici ni la première ni la troisième de ces questions. Je me contenterai de dire quelques mots de la seconde [2].

I. LES QUESTIONS D'IDENTITÉ

« La douleur est-elle un état cérébral ? » (Ou encore : « La propriété d'éprouver de la douleur au moment *t* est-elle un état cérébral ? ») [3]. Il est impossible de procéder raisonnablement à

1. « La nature des états mentaux » est la traduction de « The Nature of Mental States », originellement publié en 1967 dans *Art, Mind and Religion*, University of Pittsburgh Press, 1971, et réédité dans le volume II des *Philosophical Papers* de H. Putnam, Cambridge, Cambridge University Press, 1975. Reproduit avec l'aimable autorisation de l'auteur.

2. Ces questions ont été abordées dans « Brains and Behavior », « Minds and Machines » et « The Mental Life of some Machines » (*Philosophical Papers*, t. II).

3. Je souhaite laisser ici de côté la question controversée des relations entre les *douleurs* et les *états de douleur*. Je me contenterai de faire remarquer au

l'examen de cette question sans dire quelque chose de quelques règles qui ont été établies à la faveur du développement de la « philosophie analytique » – règles qui, loin de mettre un terme à toutes les confusions conceptuelles, en représentent elles-mêmes une de taille. Ces règles – qui bien sûr restent en fait plus implicites qu'explicites chez la plupart des philosophes analytiques – sont : 1) qu'un énoncé de la forme « être A, c'est être B » (par exemple : « éprouver de la douleur, c'est être dans un certain état cérébral ») ne peut être correct que s'il découle d'une certaine manière du sens des termes A et B ; 2) qu'un énoncé de la forme « être A, c'est être B » ne peut être philosophiquement *informatif* que s'il est en un certain sens réducteur (par exemple : « éprouver de la douleur, c'est avoir une certaine sensation désagréable » n'est pas philosophiquement informatif ; « éprouver de la douleur, c'est avoir une disposition à se comporter d'une certaine manière », si c'est vrai, est philosophiquement informatif). Ces règles sont excellentes pour qui croit que le programme de l'analyse réductionniste (dans le style des années 1930) peut encore être mené à bien, mais pour qui s'y refuse, elles ne font que transformer la philosophie analytique en un jeu gratuit, du moins en ce qui concerne les questions d'identité qui nous intéressent.

Dans cet article, j'emploierai le terme de "propriété" comme un terme général désignant des choses telles qu'éprouver de la douleur, être dans un certain état cérébral, avoir une disposition à se comporter d'une certaine façon, ainsi que des grandeurs comme la température, etc. – c'est-à-dire pour désigner des choses qui peuvent naturellement être représentées au moyen de foncteurs ou de prédicats à une ou plusieurs places. J'emploierai le terme de "concept" pour désigner des choses qui peuvent être identifiées avec des classes d'expressions

---

passage que l'un des arguments communément invoqués *contre* leur identification – à savoir qu'une douleur peut être dans le bras tandis que cela est impossible pour un état de l'organisme – est à l'évidence fallacieux.

synonymes. Ainsi, le concept de *température* peut être identifié (selon moi) avec la classe des synonymes du mot température »[1], c'est comme de dire que le nombre 2 peut être
identifié avec la classe de toutes les paires. Mais ce n'est pas du
tout la même chose que de dire que 2 *est* la classe de toutes les
paires. Je ne dis pas que les concepts *sont* des classes de synonymes, quoi que cela puisse vouloir dire au juste, mais qu'ils
peuvent être identifiés avec des classes de synonymes afin de
pouvoir formaliser le discours où ils figurent.

La question : « Qu'est-ce que le concept *température* ? »
est une bien « drôle » de question. On peut l'interpréter comme
signifiant : « Qu'est-ce que la température ? Ayez l'obligeance
de bien vouloir comprendre cette question comme une
question d'ordre conceptuel ». On pourrait alors répondre
(faisons momentanément comme si « température » et
« chaleur » étaient synonymes) « la température est la
chaleur », ou encore « le concept de température est le même
concept que le concept de chaleur ». On peut aussi l'interpréter
comme signifiant : « Mais en fait, que sont les *concepts* ? Par
exemple, qu'est-ce que "le concept de température" ? ». Dans
ce cas, le ciel sait quelle forme pourrait prendre la "réponse".

1. Alonzo Church a fait quelques remarques bien connues à ce sujet. Elles
ne portent pas (comme on serait tenté de le croire) sur l'identification des
concepts avec des synonymes en tant que tels, mais plutôt sur la nécessité (pour
la sémantique formelle) de retenir la distinction frégéenne entre l'usage normal
et l'usage "oblique" des expressions. Ce qui revient à dire que même si nous
disons que le concept de température est la classe des synonymes du mot
"température", nous ne devons pas pour autant commettre l'erreur de supposer
que « le concept de température » est le synonyme de « la classe des synonymes
du mot "température" », car alors « le concept de température » et « *der Begriff
der Temperatur* » ne seraient pas synonymes, alors qu'en fait ils le sont. Il faut
plutôt dire que le concept de "température" se réfère à la classe des synonymes
du mot "température", mais que cette classe n'est pas identifiée « comme la
classe des synonymes à laquelle tel ou tel mot appartient », mais d'une autre
manière (par exemple comme la classe des synonymes dont les membres ont tel
ou tel emploi caractéristique).

(Peut-être serait-ce justement que les concepts *peuvent être identifiés avec* des classes de synonymes).

Bien entendu, la question : « Qu'est-ce que la propriété de température ? » est aussi une drôle de question. On peut l'interpréter comme une question portant sur le concept de température. Mais ce n'est pas ainsi que l'entend un physicien.

Dire que la propriété P_1 peut être identique à la propriété P_2 si et seulement si P_1 et P_2 sont en certain sens "synonymes", ce n'est jamais que fondre les deux notions de "propriété" et de "concept" en une seule. L'idée que les concepts (les intensions) *sont* la même chose que les propriétés a été explicitement défendue par Carnap (par exemple dans *Meaning and Necessity*). C'est apparemment une idée assez malencontreuse, puisque « la température est l'énergie cinétique moléculaire moyenne » est un parfait exemple d'énoncé d'identité de deux propriétés qui soit vrai, tandis que « le concept de température est le même que le concept d'énergie cinétique moléculaire moyenne » est tout simplement faux.

De nombreux philosophes croient que l'énoncé « la douleur est un état cérébral » viole certaines règles ou normes de l'anglais. Mais les arguments avancés à l'appui de cette thèse ne sont guère convaincants. Par exemple, si le fait que je puisse savoir que j'éprouve de la douleur sans savoir que je suis dans l'état cérébral S montre que la douleur ne peut pas être un état cérébral S, alors, en vertu du même argument, le fait que je puisse savoir que la cuisinière est chaude sans savoir que l'énergie cinétique moléculaire moyenne est élevée (ou même que les molécules existent) montre qu'il est *faux que la température est l'énergie cinétique moléculaire moyenne,* bien que la physique affirme le contraire. En fait, de ce que je puisse savoir que j'éprouve de la douleur sans savoir que je suis dans l'état cérébral S, il ne s'ensuit rien de plus que le fait que le concept de douleur n'est pas le même concept que celui d'être dans l'état cérébral S. Mais cela n'empêche ni la douleur, ni l'état d'éprouver de la douleur, ni une douleur, ni un état de douleur d'être l'état cérébral *S*. Après tout, le concept de température n'est pas le même concept que le concept d'énergie cinétique moléculaire moyenne. Mais la température est l'énergie cinétique moléculaire moyenne.

Certains philosophes maintiennent que tant « la douleur est un état cérébral » que « les états de douleur sont des états cérébraux » sont inintelligibles. Il faut expliquer à ces philosophes, autant que faire se peut étant donné le caractère vague de toute méthodologie scientifique, quelles sortes de considérations conduisent à une réduction empirique (c'est-à-dire à affirmer des choses telles que « l'eau est le H_2O », « la lumière est la radiation électromagnétique », « la température est l'énergie cinétique moléculaire moyenne »). Si, sans donner plus de raisons, ces philosophes continuent de soutenir face à de tels exemples qu'ils ne peuvent imaginer quelles circonstances analogues pourraient conduire à faire usage de « les douleurs sont des états cérébraux » (ou, peut-être, « les états de douleurs sont des états cérébraux »), on est fondé à les considérer comme pervers.

D'autres philosophes soutiennent quant à eux que « P_1 est P_2 », quand le "est" en jeu est le "est" de la réduction empirique, est quelque chose qui ne peut être vrai que lorsque les propriétés P_1 et P_2 sont : a) associées avec une région spatio-temporelle ; b) dans les deux cas, cette région est la même. Il s'ensuit que « la température est l'énergie cinétique moléculaire moyenne » est une réduction empirique acceptable, puisque température et l'énergie moléculaire sont associées avec la même région d'espace-temps, mais qu'« éprouver de la douleur dans le bras c'est être dans un état cérébral » ne l'est pas, parce que les régions spatiales sont dans les deux cas différentes.

Cet argument ne semble pas très solide. À l'évidence, le fait qu'une image dans un miroir peut être "localisée" trois pieds *derrière* le miroir n'empêche personne de dire que les images dans un miroir sont de la lumière réfléchie par un objet puis par la surface du miroir ! (De plus, il est toujours possible de trouver *une* propriété commune aux réductions que l'on est prêt à admettre – par exemple de la température à l'énergie cinétique moléculaire moyenne – qui ne soit pas partagée par une réduction que l'on ne souhaite pas accepter. Il n'y a rien là d'impressionnant, à moins qu'on ne puisse montrer qu'aux fins mêmes de l'identification, on doive d'appuyer sur la propriété commune en question).

D'autres philosophes ont encore soutenu que toutes les prédictions qui peuvent être dérivées de la conjonction de lois neurophysiologiques et d'énoncés tels que « les états de douleur sont tel et tel états cérébraux » peuvent tout aussi bien l'être de la conjonction des mêmes lois et de l'énoncé « éprouver de la douleur est corrélé avec tel et tel états céré- braux » ; de là suit *(sic !)* que sur le plan méthodologique, on n'est pas fondé à dire que les douleurs (ou les états de douleur) *sont* des états cérébraux, alors qu'on l'est à dire qu'ils sont simplement *corrélés* (de façon invariable) avec des états cérébraux. En vertu du même argument, on peut également montrer que la lumière est seulement corrélée avec la radiation électromagnétique. L'erreur consiste ici à ignorer le fait que, bien que les théories en question puissent effectivement conduire aux mêmes prédictions, elles soulèvent et excluent des *questions* différentes. « La lumière est invariablement corrélée avec la radiation électromagnétique » conduit à demander : « Qu'est-ce que la lumière si ce n'est pas la même chose que la radiation électromagnétique ? » et « Qu'est-ce qui fait que la lumière accompagne la radiation électromagné- tique ? », questions qui sont exclues par le fait de dire que la lumière *est* la radiation électromagnétique. De même, dire que les douleurs sont des états cérébraux a précisément pour but d'exclure de la classe des questions empiriques dotées de signification les questions : « Qu'est-ce que la douleur si ce n'est pas la même chose que l'état cérébral ? » et « Qu'est-ce qui fait que la douleur accompagne l'état cérébral ? ». S'il y a des raisons de suggérer que ces questions constituent, pour ainsi dire, une mauvaise façon d'approcher le problème, alors ce sont aussi du même coup des raisons qui militent en faveur de l'identification théorique des douleurs avec des états cérébraux.

Si aucun des arguments qui s'y opposent n'est convaincant, pouvons-nous conclure qu'il est sensé (et peut-être vrai) de dire soit que les douleurs sont des états cérébraux, soit que les états de douleur sont des états cérébraux ?

1) Il est parfaitement sensé (cela ne viole aucune «règle du français», n'implique aucune «extension d'usage») de dire que «les douleurs sont des états cérébraux».

2) Il n'est pas sensé (cela implique un «changement de sens» ou une «extension d'usage», etc.) de dire que «les douleurs sont des états cérébraux».

Ni 1) ni 2) ne rend adéquatement ma propre position. Il me semble que les notions de «changement de sens» et d'«extension d'usage» sont simplement si mal définies qu'il est impossible d'affirmer en fait *soit* 1), *soit* 2). Je ne vois aucune raison de croire que le linguiste, ou l'homme de la rue, ou encore le philosophe possède aujourd'hui une notion de «changement de sens» applicable à des cas tels que ceux que nous avons discutés. C'est que la notion de changement de sens a en fait été développée dans l'histoire du langage pour remplir une fonction beaucoup moins sophistiquée que celle-là.

Mais si nous n'affirmons ni 1) ni 2) – en d'autres termes, si nous considérons le problème du «changement de sens» comme un pseudo-problème dans le cas qui nous occupe – comment procéder alors à l'examen de la question qui nous intéresse, à savoir : «La douleur est-elle un état cérébral ?».

La réponse consiste à admettre des énoncés de la forme «la douleur est *A*», où "douleur" et "*A*" ne sont aucunement synonymes, et d'essayer de voir s'il existe un énoncé de ce genre qui puisse être considéré comme empiriquement et méthodologiquement acceptable. C'est à quoi nous allons maintenant nous employer.

II. LA DOULEUR EST-ELLE UN ÉTAT CÉRÉBRAL ?

Nous allons donc examiner le problème de savoir si la douleur est un état cérébral, étant admis que le problème du « changement de sens » pouvait être laissé de côté.

Puisque je n'examine pas le problème de savoir en quoi consiste le concept de douleur, mais ce que c'est que la douleur, en un sens d'"être" qui fait appel à la construction d'une théorie empirique (ou du moins à de la spéculation empirique), je n'ai aucune raison de m'excuser de répondre en avançant une hypothèse empirique. En vérité, ma stratégie consistera à argumenter que la douleur *n'est* pas un état cérébral, non pas pour des raisons *a priori*, mais plus simplement parce qu'une autre hypothèse a plus de plausibilité. Il serait aussi utopique d'entreprendre de développer en détail et de vérifier mon hypothèse que de prétendre faire de même avec celle de l'état cérébral. Mais proposer des schémas d'hypothèses, et non pas des hypothèses "finies" et détaillées, est depuis longtemps une des fonctions de la philosophie. En bref, je ferai valoir que la douleur n'est pas un état cérébral au sens d'état physico-chimique du cerveau (ou même de l'ensemble du système nerveux), mais un état d'une tout autre *espèce*. Je propose l'hypothèse que la douleur, ou l'état d'éprouver de la douleur, est un état fonctionnel d'un organisme tout entier.

Il est nécessaire d'introduire quelques notions techniques préliminaires. Dans des articles précédents, j'ai expliqué la notion de machine de Turing et discuté de l'utilisation de cette notion comme modèle d'un organisme. La notion d'automate probabiliste est définie de la même manière que celle de machine de Turing, sauf que les transitions entre les "états" peuvent avoir différentes probabilités au lieu d'être "déterministes". (Bien entendu, une machine de Turing est simplement une espèce particulière d'automate probabiliste, soit un automate avec des probabilités de transition 0 et 1). Je supposerai que la notion d'automate probabiliste a été généralisée de façon à pouvoir admettre des «inputs sensoriels» et des «outputs moteurs», c'est-à-dire que la table de machine spécifie pour chaque combinaison possible d'un "état" et d'un ensemble complet d'«inputs sensoriels» une "instruction" qui détermine la probabilité de l'"état" suivant, ainsi que les probabilités des «outputs moteurs». (Ce qui remplace l'idée que la machine imprime sur un ruban). Je supposerai également que la nature physique des organes sensoriels responsables des différents inputs ainsi que celle des organes moteurs est spécifiée, mais que les "états" et les "inputs" eux-mêmes ne le sont, comme d'habitude, que de manière "implicite", c'est-à-dire par l'ensemble des probabilités de transition données par la table de machine.

Puisqu'un système empiriquement donné peut être simultanément la «réalisation physique» de plusieurs automates probabilistes différents, j'introduis la notion de *description* d'un système. Une description de S, où S est un système, est n'importe quel énoncé vrai affirmant que S possède des états distincts $S_1, S_2, ..., S_n$ qui sont reliés les uns aux autres de même qu'aux outputs moteurs et aux inputs sensoriels par les probabilités de transition indiquées dans tel ou tel tableau de transitions (*Machine Table*). Le tableau de transitions mentionné dans une description sera donc appelé l'organisation fonctionnelle de S relativement à cette description, et le S_i tel que S est dans l'état S_i à un moment donné sera appelé l'état total de S (à cet instant) relativement à cette description. Il faut souligner que connaître l'état total d'un système relativement à une description implique que l'on ait une bonne connaissance de la manière dont le système est susceptible de se comporter pour diverses combinaisons d'inputs sensoriels, mais non pas que l'on connaisse la réalisation physique de S_i, comme, par exemple, les états physico-chimiques du cerveau. Les S_i, une fois encore, ne sont spécifiés qu'*implicitement* par la description, c'est-à-dire spécifiés *uniquement* par l'ensemble des probabilités de transition données dans le tableau de transitions.

L'hypothèse qu'«éprouver de la douleur est un état fonctionnel d'un organisme» peut alors être formulée avec plus de précision de la manière suivante :

1) Tous les organismes capables de sentir de la douleur sont des automates probabilistes.

2) Chaque organisme capable d'éprouver de la douleur possède au moins une description d'une certaine espèce (c'est-à-dire que chaque organisme capable d'éprouver de la douleur *possède* une espèce appropriée d'organisation fonctionnelle).

3) Aucun organisme capable d'éprouver de la douleur ne peut être décomposé en parties qui possèdent chacune séparément des descriptions de l'espèce mentionnée en 2).

4) Pour chaque description de l'espèce mentionnée en 2), il existe un sous-ensemble d'inputs sensoriels tels qu'un organisme avec cette description éprouve de la douleur quand et seulement quand certains de ses inputs sensoriels appartiennent à ce sous-ensemble.

Cette hypothèse, il est vrai, demeure vague, mais certainement pas plus que l'hypothèse de l'état cérébral sous sa forme actuelle. On aimerait, par exemple, en savoir plus sur l'espèce d'organisation fonctionnelle qu'un organisme doit avoir pour être capable de ressentir de la douleur, et aussi sur ce qui caractérise le sous-ensemble d'inputs sensoriels indiqué en 4). À la première question, on peut vraisemblablement répondre que l'organisation fonctionnelle doit inclure quelque chose qui ressemble à une «fonction de préférence», ou du moins à un ordonnancement partiel par préférence, et quelque chose qui ressemble à une «logique inductive» (c'est-à-dire que la machine doit «apprendre par expérience»). (Le sens de ces conditions pour les modèles d'automates a été examiné dans mon article «Other Minds»). En outre, il semble naturel d'exiger que la machine possède des détecteurs de douleur, c'est-à-dire des organes sensoriels qui normalement signalent

les dommages causés au corps de la machine ou les températures et les pressions dangereuses, etc., et qui transmettent un
sous-ensemble spécial d'inputs, celui signalé en 4). Enfin, en
ce qui concerne la seconde question, nous voudrions être au
moins en mesure d'exiger que les inputs de ce sous-ensemble
aient une valeur négative élevée pour la fonction de préférence
de la machine ou pour l'ordonnancement (d'autres conditions
ont été examinées dans « Other Minds »). Le but de la condition 3) est d'éliminer des "organismes" (pour autant qu'on
puisse les considérer comme tels) tels que les essaims
d'abeilles de la classe des individus capables de ressentir de la
douleur. La condition 1) est à l'évidence redondante et n'est
introduite qu'à des fins d'exposition. (Elle est en fait vide,
puisque pour toutes choses, il existe *une* description en termes
d'automate probabiliste).

Je fais remarquer au passage que cette description, en dépit
du fait qu'elle est incontestablement vague, l'est *beaucoup*
moins que l'hypothèse de l'« état physico-chimique » ne l'est
aujourd'hui et qu'elle est bien plus susceptible qu'elle de faire
l'objet d'une exploration à la fois mathématique et empirique.
En fait, explorer cette hypothèse, ce n'est rien d'autre que
tenter d'élaborer des modèles "mécaniques" des organisme ;
or n'est-ce pas là, d'une certaine manière, précisément l'objet
de la psychologie ? La difficulté sera bien entendu de passer
de modèles d'organismes particuliers à une *forme normale* de
description psychologique des organismes – car c'est là ce
qui est requis pour rendre 2) et 4) plus précis. Mais cela
semble aussi faire inévitablement partie du programme de la
psychologie.

Je vais maintenant comparer l'hypothèse qui vient d'être
avancée avec a) l'hypothèse que la douleur est un état cérébral ; b) l'hypothèse que la douleur est une disposition
comportementale.

III. État fonctionnel contre état cérébral

On pourrait se demander s'il n'est pas quelque peu injuste de ma part de considérer que le partisan de l'hypothèse de l'état cérébral parle des états physico-chimiques du cerveau. Mais a) ce sont là les seuls états qui sont jamais mentionnés par lui. b) D'autre part, il mentionne habituellement (avec une certaine fierté qui n'est pas sans rappeler l'athée de village) l'incompatibilité de son hypothèse avec toutes les formes de dualisme et de mentalisme. Ce qui est naturel si les états physico-chimiques du cerveau sont ce qui est en question. Cependant, les états fonctionnels de systèmes entiers sont quelque chose de tout à fait différent. En particulier, l'hypothèse de l'état fonctionnel n'est *pas* incompatible avec le dualisme! Quoiqu'il aille sans dire que l'hypothèse est "mécaniste" dans son inspiration, il est assez remarquable qu'un système formé d'un corps et d'une "âme", si tant est que cela existe peut parfaitement être un automate probabiliste. c) Smart avance l'argument que la théorie de l'état cérébral ne suppose que des propriétés "physiques", et il trouve que les propriétés « non physiques » sont inintelligibles. Les états totaux et les "inputs" définis ci-dessus ne sont, bien sûr, ni mentaux ni physiques *per se*, et je ne peux imaginer un fonctionnaliste avancer un tel argument. d) Si le partisan de la théorie de l'état cérébral veut parler d'états autres que physico-chimiques (ou du moins admet qu'il puisse y en avoir d'autres), alors son hypothèse est complètement vide, du moins jusqu'à ce qu'il précise de *quelle* sorte d'"états" il veut parler.

Si l'on considère l'hypothèse de l'état cérébral de cette façon, quelles raisons y a-t-il alors de lui préférer celle de l'état fonctionnel? Considérons ce que doit faire le partisan de la première pour étayer ses affirmations. Il doit spécifier un état cérébral qui soit tel que *n'importe quel* organisme (et pas seulement un mammifère) éprouve de la douleur si et seulement si a) il possède un cerveau d'une structure physico-chimique adéquate; b) son cerveau est dans cet état physico-chimique. Ce qui veut dire que l'état physico-chimique en question doit être un état possible d'un cerveau de mammifère, de reptile, de mollusque (les pieuvres sont des mollusques et il est certain qu'elles éprouvent de la douleur), etc. En même temps, ce ne doit *pas* être un état possible (physiquement possible) du cerveau de n'importe quelle créature physiquement possible qui n'éprouve pas de douleur. Même si on pouvait trouver un tel état, il doit être nomologiquement certain qu'il puisse aussi être un état du cerveau de n'importe quel organisme vivant extraterrestre qui peut être découvert et qui soit capable d'éprouver de la douleur, avant même de pouvoir commencer à envisager qu'il *soit* la douleur.

Il n'est pas complètement exclu qu'un tel état soit un jour découvert. Bien que les pieuvres et les mammifères soient des exemples d'évolution parallèle (plutôt que séquentielle), des structures virtuellement identiques (physiquement parlant) sont par exemple apparues dans l'œil de la pieuvre et dans celui du mammifère en dépit du fait que cette évolution ait eu pour point de départ des cellules d'espèces différentes dans chacun des deux cas. Il est donc au moins possible que l'évolution parallèle, dans la totalité de l'univers, ait *toujours* conduit à *un seul et même* "corrélat" physique de la douleur. Mais c'est certainement là une hypothèse ambitieuse.

Enfin, l'hypothèse devient plus ambitieuse encore quand on réalise que le partisan de la théorie de l'état cérébral ne dit pas simplement que la *douleur* est un état du cerveau; il veut bien entendu soutenir que *chaque* état psychologique est un état cérébral. Si donc nous pouvons trouver un seul prédicat psychologique qui peut être clairement appliqué à la fois à un mammifère et à une pieuvre (par exemple « avoir faim »), mais dont le "corrélat" physico-chimique est différent dans les deux cas, la théorie de l'état cérébral s'effondre. Il me paraît plus que probable que nous en soyons capables. Il est vrai que dans ce cas, le partisan de la théorie de l'état cérébral pourrait trouver une échappatoire en recourant à des hypothèses *ad hoc* (par exemple en définissant la disjonction de deux états comme un seul «état physico-chimique»), mais une telle échappatoire ne mérite pas d'être prise au sérieux.

Si l'on envisage maintenant les arguments qui peuvent être avancés *en faveur* de la théorie de l'état fonctionnel, il faut mentionner en premier lieu le fait que nous déterminons si des organismes éprouvent de la douleur, ou ont faim, ou sont en colère, ou ont chaud, etc., sur la base de leur *comportement*. Or, c'est un truisme que l'existence de similitudes dans le comportement de deux systèmes constitue à tout le moins une raison de soupçonner l'existence de similitudes dans l'organisation fonctionnelle de ces deux systèmes, mais une raison bien plus faible de soupçonner l'existence de similitudes dans l'organisation physique. Plus encore, nous supposons naturellement que les probablités de transition des divers états psychologiques – du moins les plus fondamentaux comme la faim, la soif et l'agression, etc. –, de même que des comportements, doivent, dans le cas d'espèces différentes, être plus ou moins similaires (dans des limites assez larges et mal définies, il est vrai), parce que c'est là un artefact inhérent à la façon dont nous identifions ces états. Ainsi nous ne considérerions pas un animal comme *assoiffé* si son comportement "inassouvi" ne semblait pas le conduire directement à boire et n'était pas suivi d'une «recherche d'assouvissement au moyen de liquide». Tout animal que nous considérons comme capable d'avoir ces différents états paraîtra au moins posséder une certaine espèce élémentaire d'organisation fonctionnelle. Et, ainsi qu'on l'a déjà remarqué, si le projet de découvrir des lois psychologiques qui ne sont pas spécifiques à une espèce – c'est-à-dire de trouver une forme normale pour les théories psychologiques d'espèces différentes – est un jour couronné de succès, il apportera une délimitation de l'espèce d'organisation fonctionnelle qui est nécessaire et suffisante à l'acquisition d'un état psychologique donné en même temps qu'une définition précise de la notion d'«état psychologique». Au contraire, le théoricien de l'état cérébral doit espérer que puissent voir le jour des lois neurophysiologiques qui ne soient pas spécifiques à une espèce, ce qui semble bien moins raisonnable que d'espérer que des lois psychologiques (d'une espèce suffisamment générale) puissent ne pas être spécifiques à une espèce ou, plus modestement encore, que l'on puisse découvrir une *forme* qui ne soit pas spécifique à une espèce et dans laquelle les lois psychologiques puissent être formulées.

IV. ÉTAT FONCTIONNEL CONTRE DISPOSITION COMPORTEMENTALE

La théorie selon laquelle éprouver de la douleur n'est ni un état cérébral ni un état fonctionnel, mais une disposition comportementale présente un avantage : celui de s'accorder en apparence avec la façon dont nous vérifions que des organismes éprouvent de la douleur. En pratique, nous ne savons rien de l'état cérébral d'un animal quand nous disons qu'il éprouve de la douleur et nous ne disposons d'aucune connaissance non plus sur son organisation fonctionnelle, si ce n'est intuitive et élémentaire. Toutefois, cet "avantage" n'en est en réalité pas un : car, quoique les énoncés relatifs à la façon dont nous vérifions comment x est A aient peut-être beaucoup à nous apprendre sur la question de savoir en quoi consiste le concept d'être A, ils n'ont que fort peu à voir avec celle de savoir ce qu'*est* la propriété A. Faire valoir à partir de là que la douleur n'est ni un état cérébral ni un état fonctionnel, c'est comme faire valoir que la chaleur n'est pas l'énergie cinétique moléculaire moyenne en invoquant le fait que les gens ne croient pas vérifier l'énergie cinétique moyenne quand ils vérifient si quelque chose est chaud ou fro*id*. Ce n'est pas nécessaire ; ce qui l'est, c'est que ce qu'ils considèrent comme des indices de chaleur s'explique en fait par l'énergie cinétique moléculaire moyenne. De même, il est nécessaire pour notre hypothèse que ce qui est considéré comme un indice de comportement de douleur s'explique par le fait que l'organisme ait un état fonctionnel de l'espèce appropriée, et non pas que les locuteurs *sachent* qu'il en va ainsi.

Les problèmes que soulève la théorie de la « disposition comportementale » sont si connus que je me contenterai ici de les rappeler. La difficulté – il semble qu'en fait ce soit plus qu'une simple "difficulté" – qu'il y a à caractériser une disposition autrement que comme « la disposition de X à se comporter comme si X éprouvait de la *douleur* » est la plus importante de toutes, bien entendu. En revanche, nous *pouvons* caractériser l'état fonctionnel avec lequel nous nous proposons d'identifier la douleur, au moins dans ses grandes lignes, sans faire usage de la notion de douleur. L'état fonctionnel auquel nous pensons est l'état de recevoir des inputs sensoriels qui jouent un certain rôle dans l'organisation fonctionnelle de l'organisme. Ce rôle se caractérise, en partie du moins, par le fait que les organes sensoriels responsables des inputs en question sont des organes dont la fonction est de détecter les dommages subis par le corps, ou les limites de température et de pression dangereuses, etc., et par le fait que les "inputs" eux-mêmes, quelle que soit leur réalisation physique, représentent une condition à laquelle l'organisme attribue une valeur hautement négative. Comme je l'ai souligné dans mon article « The Mental Life of some Machines », cela ne signifie *pas* que la machine *évitera* toujours la condition en question (la "douleur"); cela signifie seulement qu'elle l'évitera, à moins que ne pas l'éviter soit nécessaire à l'atteinte de quelque but auquel elle accorde une valeur supérieure. Puisque le comportement de la machine (dans ce cas un organisme) ne dépend pas seulement des inputs sensoriels mais aussi de l'état total (c'est-à-dire des autres valeurs, croyances…), il semble impossible de formuler un énoncé général quelconque sur la façon dont un organisme dans une telle condition *doit* se comporter, mais cela ne signifie pas que nous devions abandonner l'espoir de caractériser cette condition. En fait, nous venons de le faire [1].

Non seulement la théorie de la disposition comportementale semble irrémédiablement vague, mais si de plus le "comportement" auquel on se réfère est un comportement périphérique et que les stimuli pertinents sont des stimuli périphériques (par exemple si nous ne disons rien de ce ce que l'organisme fera si on l'opère au cerveau), alors la théorie est clairement fausse. Par exemple, deux animaux dont tous les nerfs moteurs ont été coupés auront le même "comportement" effectif et potentiel (c'est-à-dire aucun), mais si on coupe chez l'un les fibres de la douleur et non chez l'autre, l'un ressentira de la douleur et l'autre non. De même, si on coupe chez une personne les fibres de la douleur et qu'une autre réprime toutes les réponses propres à la douleur de façon délibérée, alors leur comportement périphérique actuel et potentiel peut être le même, mais l'une sentira de la douleur et l'autre non. (Certains philosophes maintiennent que ce cas est conceptuellement impossible, mais la seule évidence à l'appui de cette affirmation est qu'*ils* ne peuvent ou ne veulent le concevoir) [2]. Si, au lieu de la douleur, nous prenons une sensation dont l'« expression corporelle » est plus facile à réprimer – par exemple une certaine froideur dans le petit doigt gauche –, le cas est encore plus clair.

---

1. Dans « The Mental Life of some Machines », j'ai analysé une caractéristique supplémentaire, et relativement indépendante des inputs de douleurs – à savoir la spontanéité de l'inclination à retirer la partie du corps blessé, etc. – en termes de modèles d'automates. Ce qui soulève la question, que j'ai discutée ci-dessus, de savoir comment fournir une analyse fonctionnelle de la notion d'inclination spontanée. Bien entendu, d'autres caractéristiques viennent spontanément à l'esprit, par exemple le fait que les sentiments de douleur sont localisés (ou semblent être localisés) dans les parties du corps.

2. Voir le passage sur les « super-spartiates » dans « Brains and Behavior ».

Enfin, même s'il y avait une disposition comportementale invariablement corrélée avec la douleur (qui ne soit pas spécifique à l'espèce) et qui soit spécifiable sans faire appel à la notion de "douleur", il semblerait plus plausible encore d'identifier le fait d'éprouver de la douleur avec un état dont la présence *explique* cette disposition comportementale – l'état cérébral ou l'état fonctionnel – plutôt qu'avec la disposition comportementale elle-même. De telles considérations de plausibilité peuvent être quelque peu subjectives : mais si toutes choses étaient égales par ailleurs (bien entendu, il n'en est rien), pourquoi ne pas permettre à de telles considérations de jouer un rôle décisif ?

V. CONSIDÉRATIONS MÉTHODOLOGIQUES

Jusqu'ici nous n'avons considéré que ce que l'on pourrait appeler les raisons "empiriques" qui permettent de dire qu'un état de douleur est un état fonctionnel plutôt qu'un état cérébral ou une disposition comportementale ; à savoir qu'il est apparemment plus plausible que ce soit l'état fonctionnel que nous avons décrit qui soit invariablement corrélé avec la douleur, d'une manière qui n'est pas spécifique à l'espèce, plutôt qu'un état physico-chimique du cerveau (un organisme doit-il avoir un *cerveau* pour ressentir de la douleur ? Peut-être des ganglions font-ils l'affaire) ou une disposition comportementale. Si cela est correct, alors il s'ensuit que l'identification que nous avons proposée est au moins à prendre en considération. Qu'en est-il des considérations méthodologiques ?

Elles sont à peu près les mêmes dans tous les cas de réduction, et nous n'avons ici aucune surprise à attendre. En premier lieu, l'identification des états psychologiques à des états fonctionnels signifie que les lois de la psychologie peuvent être dérivées d'énoncés de la forme « tel et tel organismes ont telle et telle descriptions » joints à des énoncés d'identité («éprouver de la douleur est tel et tel état fonctionnel», etc.). En second lieu, la présence de l'état fonctionnel (c'est-à-dire des inputs qui jouent le rôle que nous avons décrit dans l'organisation fonctionnelle de l'organisme) n'est pas simplement «corrélé avec» le comportement de douleur de l'organisme, mais il l'explique. En troisième lieu, l'identification sert à éliminer des questions qui (si le point de vue naturaliste est correct) témoignent d'une approche complètement erronée du problème. Par exemple : «Qu'est-ce que la douleur si ce n'est ni un état cérébral ni un état fonctionnel?» et «Qu'est-ce qui fait que la douleur s'accompage toujours de cette sorte d'état fonctionnel?». En bref, l'identification doit être provisoirement acceptée comme une théorie qui conduit à la fois à des prédictions et à des questions fructueuses, et qui sert à décourager les questions inutiles et empiriquement dépourvues de sens, et ce non pas seulement du point de vue de la vérification, mais aussi de ce qui *est* effectivement.

HILARY PUTNAM

Traduction de l'anglais de Jean-Michel Roy, revue et corrigée par Dominique Boucher

DOULEUR DE FOU ET DOULEUR
DE MARTIEN [1]

I

Il se pourrait qu'un homme étrange ressente la douleur, tout comme nous, mais que sa douleur diffère grandement de la nôtre par ses causes et ses effets. D'une manière générale, notre douleur a pour cause des coupures, des brûlures, des pressions, et ainsi de suite; la sienne a pour cause l'exercice modéré alors qu'il a l'estomac vide. Notre douleur nous rend généralement distraits; la sienne détourne son attention sur les mathématiques et, ce faisant, l'aide à se concentrer, mais elle le distrait de tout le reste. Chez lui, la douleur n'a en rien tendance à le pousser à gémir et se tordre, mais elle le fait se croiser les jambes et claquer des doigts. Il n'a pas le moins du monde envie de prévenir la douleur ou d'y mettre un terme. Bref, il ressent la douleur, mais celle-ci ne joue pas du tout le rôle causal typique de la douleur. Il nous apparaîtrait à n'en pas douter comme une sorte de fou, et c'est ainsi que j'entends

1. Cet article a été présenté lors d'une conférence sur l'identité corps-esprit à la Rice University en avril 1978. Je suis reconnaissant à de nombreux amis, en particulier à Patricia Kitcher, pour les précieuses discussions que j'ai eues sur la question.

l'appeler, bien qu'une folie de ce type ressemble évidemment fort peu à la folie véritable.

J'ai dit qu'il pourrait y avoir un tel fou. Je ne sais comment prouver que quelque chose est possible, mais j'ai la ferme conviction qu'un tel cas est possible. Si je veux disposer d'une théorie de l'esprit crédible, j'ai besoin d'une théorie qui ne nie pas que la douleur du fou soit possible. Je n'ai pas d'objection à concéder que peut-être le fou n'a pas mal *tout à fait* au même sens que nous, mais il doit y avoir un sens passablement clair où lui et nous avons mal.

Il se pourrait aussi qu'un Martien ressente parfois la douleur, tout comme nous, mais que sa douleur diffère grandement de la nôtre par sa réalisation physique. Son esprit hydraulique ne contient rien qui ressemble à nos neurones. Il s'y trouve plutôt des quantités variables de liquide dans des cavités gonflables, et le gonflement de ces cavités provoque l'ouverture de valves et la fermeture d'autres valves. Sa tuyauterie mentale parcourt presque tout son corps, à l'exception de sa tête, qu'occupe un échangeur thermique. Quand on lui pince la peau, on ne provoque pas de stimulation de fibres C – il n'en a aucune – mais plutôt le gonflement de plusieurs cavités de petite taille dans ses pieds. Quand ces cavités se gonflent, il a mal. Et les effets de la douleur le frappent de plein fouet : elle perturbe le cours de ses pensées et de ses activités, il gémit et se tord, il a une grande envie de faire en sorte qu'on cesse de le pincer et qu'on ne recommence pas. Bref, il ressent la douleur mais il lui manque les états corporels en quoi consiste la douleur ou qui l'accompagnent.

Il se pourrait qu'il y ait un tel Martien ; là aussi, j'en ai la ferme conviction. Une théorie de l'esprit crédible ferait mieux de ne pas nier que la douleur du Martien soit possible. Je n'ai pas d'objection à concéder que peut-être le Martien n'a pas mal *tout à fait* au même sens que nous Terriens, mais il doit y avoir un sens passablement clair où lui et nous avons mal.

II

Une théorie de l'esprit crédible doit pouvoir tenir compte tant de la douleur du fou que de la douleur du Martien. À première vue, il semble difficile à une théorie de l'esprit matérialiste de passer ce double test. Nous philosophes aimerions définir la douleur *a priori*. (Il se peut que nous devions nous contenter de moins, mais commençons par demander le maximum). En tant que matérialistes, nous voulons définir la douleur comme un phénomène physique. Nous pouvons parler de la place qu'occupe la douleur dans le réseau causal reliant stimuli, états intérieurs et comportements. Et nous pouvons parler des processus physiques qui se déroulent quand il y a douleur et qui entrent dans le réseau causal. Nous n'avons apparemment pas d'autres ressources. Mais la douleur du fou nous enseigne que la douleur n'est reliée que de manière contingente à son rôle causal, tandis que la douleur du Martien nous enseigne que la douleur n'est reliée que de manière contingente à sa réalisation physique. Comment définir la douleur *a priori* en termes de rôle causal et de réalisation physique, et pourtant prendre en compte cette double contingence ?

Une simple théorie de l'identité permet de résoudre sans mal le problème de la douleur du fou. Cette même théorie est manifestement erronée dans le cas de la douleur du Martien. Un simple behaviorisme ou fonctionnalisme fait l'inverse : il a raison à propos du Martien, tort à propos du fou. Les théories qui échouent à notre double test sont décidément trop simples. (Peut-être sont-elles trop simples pour avoir jamais eu des tenants). Il semblerait qu'une théorie capable de passer notre test doive être mixte. Elle doit pouvoir nous dire que le fou et le Martien ont tous deux mal, mais pour des raisons différentes : le fou parce qu'il est dans le bon état physique, le Martien parce qu'il est dans un état occupant la bonne place dans le réseau causal.

Nous pouvons certes concocter une théorie mixte. Voici une recette facile : D'abord, trouvons une théorie qui vaille pour l'homme commun et le fou, sans égard au Martien – il s'agira présumément d'une théorie de l'identité. Ensuite, trouvons une théorie qui vaille pour l'homme commun et le Martien – il s'agira présumément d'une sorte de behaviorisme ou de fonctionnalisme. Ensuite, séparons les deux théories : disons qu'avoir mal, c'est avoir mal soit selon la première théorie, soit selon la seconde théorie. Ou encore, invoquons l'ambiguïté : disons qu'avoir mal en un sens, c'est avoir mal au sens de la première théorie, avoir mal en un autre sens, c'est avoir mal au sens de la seconde théorie.

Cette stratégie semble désespérée. On se demande pourquoi il faudrait que notre concept de douleur soit disjonctif ou ambigu si la douleur dont souffrent les hommes ordinaires lorsqu'ils ont mal tombent sous les deux parties du concept de douleur ou si elle correspond aux deux sens de "douleur". Le fait qu'une théorie complique inutilement notre concept de douleur porte atteinte à sa crédibilité. Inutilement dans le cas de l'homme ordinaire, du moins, et donc presque toujours inutilement.

Je n'ai rien contre une théorie invoquant l'ambiguïté. Comme on le verra, je défends une telle théorie. Mais il n'y a rien de plausible à concocter une ambiguïté *ad hoc* pour rendre compte de la compossibilité de la douleur du fou et de la douleur du Martien. Il vaudrait mieux mettre au jour une ambiguïté d'un type plus répandu que l'on puisse croire réelle quoi que nous pensions de la douleur, et montrer en quoi cette ambiguïté résoudra notre problème. Tel est mon plan.

III

Il y a une douzaine d'années, D. M. Armstrong et moi avons (indépendamment) proposé une théorie de l'esprit matérialiste qui pose tant une identité psychophysique au

niveau du type qu'une description béhavioriste ou fonctionnaliste d'états mentaux tels que la douleur [1]. Je crois que notre
théorie passe le double test. Sans poser d'ambiguïté en
l'absence de raisons indépendantes, elle fournit des sens
naturels où tant le fou que le Martien ont mal. Elle se glisse
entre Charybde et Scylla.

Notre point de vue est que le concept de douleur, comme
de toute autre expérience ou état mental, est un concept d'état
jouant un certain rôle causal, état dont certains effets et causes
sont typiques. La douleur est donc conçue comme un état
susceptible d'être causé par certains stimuli et de causer un
certain comportement. Ou, mieux, comme un état susceptible
d'être causé de certaines manières par des stimuli plus d'autres
états mentaux et susceptible de se combiner à d'autres états
mentaux pour causer conjointement un certain comportement.
La douleur est conçue comme un élément dans un système
d'états qui, ensemble, vérifient plus ou moins la constellation
de généralisations causales exposées par la psychologie du
sens commun. (Ce système peut être décrit comme un tout, ses
éléments étant décrits après coup par un renvoi à la place qu'ils
y occupent).

Si le concept de douleur est un concept d'état jouant un
certain rôle causal, alors l'état, quel qu'il soit, qui occupe ce
rôle est la douleur. Si l'état consistant à avoir les neurones

1. D. M. Armstrong, *A Materialist Theory of Mind* (Londres, Routledge,
1968); « The Nature of Mind », *in* C. V. Borst (éd.), *The Mind/Brain Identity
Theory* (Londres, Macmillan, 1970), p. 67-97; « The Causal Theory of the
Mind », *Neue Heft für Philosophie*, n° 11 (Vendenhoek et Ruprecht, 1977),
p. 82-95. David Lewis, 1966, « An Argument for the Identity Theory », *Philosophical Papers* (New York et Oxford, Oxford University Press, 1983), t. I,
p. 99-107; compte rendu de « Art, Mind, and Religion », *Journal of Philosophy*,
n° 66 (1969), p. 22-27, en particulier p. 23-25; « Psychophysical and Theoretical Identifications », *Australasian Journal of Philosophy*, n° 50 (1972),
p. 249-258; 1974, « Radical Interpretation », *Philosophical Papers* (New York
et Oxford, Oxford University Press, 1983), t. I, p. 108-118.

raccordés d'une certaine manière et envoyant des signaux selon un certain pattern est à proprement parler l'état causé et "causant", comme nous matérialistes le pensons, alors cet état neuronal est la douleur. Mais le concept de douleur n'est pas le concept de cet état neuronal. (« Le concept de … » est un foncteur intensionnel). Le concept de douleur, contrairement au concept de l'état neuronal en quoi consiste de fait la douleur, se serait appliqué à un état différent si les relations causales pertinentes avaient été différentes. La douleur aurait pu ne pas être la douleur. Ce qui occupe le rôle de douleur aurait pu ne pas l'occuper. Quelque autre état aurait pu l'occuper à sa place. Quelque chose qui n'est pas la douleur aurait pu être la douleur.

Cela ne veut pas dire, bien sûr, qu'il aurait été possible que la douleur ne soit pas la douleur et que la non-douleur soit la douleur. Cela veut dire qu'il aurait été possible que ce qui joue le rôle de la douleur ne le joue pas et que ce qui ne joue pas ce rôle le joue. Comparons : « Le gagnant aurait pu perdre » (vrai) par opposition à « Le gagnant pourrait être le perdant » (faux). Aucune formulation n'est dépourvue d'ambiguïté, mais je pense qu'on voit ce que je veux dire.

Bref, le concept de douleur tel qu'Armstrong et moi le comprenons est un concept *non rigide*. De même, le mot "douleur" est un désignateur non rigide. Il est contingent que le concept et le mot vaillent pour un certain état. Cela dépend de ce qui cause quoi. Il en va de même pour tous nos concepts et noms d'états mentaux.

Certains ne voudront pas aller plus loin. L'idée voulant que les concepts et noms d'états mentaux soient non rigides, d'où il découle que ce qui est la douleur aurait pu ne pas l'être, leur paraîtra d'une fausseté patente [1]. Je ne puis dire pourquoi ils

---

1. Par exemple, voir Saul A. Kripke, « Naming and Necessity », *in* Gilbert Harman et Donald Davidson (éd.), *Semantics of Natural Language* (Dordrecht, Reidel, 1972), p. 253-355, 763-769, en particulier p. 335-336. À noter que la

sont de cet avis. Si je devais mettre entre parenthèses mes propres options théoriques, je pense que je ne saurais pas de quel côté pencher. Non pas que je ne me soucie pas de façonner ma théorie de manière à ménager une opinion naïve autant que faire se peut, mais dans ce cas, je n'ai pas d'opinion naïve à ménager. Si tel n'est pas votre cas, soit.

Si la douleur est identique à un certain état neuronal, cette identité est contingente. Elle fait partie de ces choses qui varient d'un monde possible à l'autre. Mais attention. Je ne dis pas que nous avons deux états, la douleur et un état neuronal quelconque, qui sont identiques de manière contingente, c'est-à-dire identiques dans ce monde mais différents dans d'autres. Puisque je prends l'identité au sérieux, nous avons non pas deux états mais un seul. Cet état, l'état neuronal en quoi consiste la douleur, n'est pas de manière contingente identique à lui-même. Il ne diffère pas de lui-même dans quelque monde que ce soit. Rien ne le fait [1]. Ce qui se passe plutôt, c'est que le concept et le nom de douleur valent pour un certain état neuronal dans ce monde, mais pas dans un autre. De la même manière, il est vrai de manière contingente que Bruce est notre chat, mais ce serait une erreur de dire que Bruce et notre chat sont identiques de manière contingente. Notre chat Bruce est nécessairement identique à lui-même. Ce qui est contingent, c'est que le concept non rigide d'être notre chat vaut pour Bruce plutôt que pour quelque autre chat ou aucun chat du tout.

---

théorie de l'identité à laquelle Kripke s'oppose à coup d'arguments, et non pas en invoquant l'évidence, n'est pas du même type que celle qu'Armstrong et moi proposons.

1. Ce qui s'en rapproche le plus, c'est le cas où une chose dans un monde a pour contreparties des jumeaux dans un autre. Voir mon article de 1968, «Counterpart Theory and Quantified Modal Logic», *Philosophical Papers*, Oxford et New York, Oxford University Press, 1983, t. I, p. 26-39. Cette éventualité n'est pas pertinente ici.

IV

La non-rigidité, cela peut commencer chez soi. Tous les actuels sont des possibles, de sorte que la gamme des possibles contient la gamme des actuels. Bien que certains possibles ne soient décidément pas de ce monde, d'autres peuvent se trouver dans des planètes à portée de nos télescopes. Mars est de ce nombre.

Si un concept ou un nom non rigide vaut pour des états différents dans des cas possibles différents, on ne devrait pas s'étonner qu'il vaille aussi pour des états différents dans des cas actuels différents. La non-rigidité est à l'espace logique ce que d'autres relativités sont à l'espace ordinaire. Si le mot "douleur" désigne un état dans notre monde actuel et un autre état dans un monde possible où nos contreparties ont une structure interne différente, alors il peut aussi désigner un état sur Terre et un autre sur Mars. Ou, mieux, puisque les Martiens peuvent débarquer ici et que nous pouvons aller sur Mars, il peut désigner un état pour les Terriens et un autre pour les Martiens.

Nous pouvons dire que quelque état *joue un rôle causal chez une population donnée*, et ce peu importe que cette population soit entièrement située dans notre monde actuel, ou en partie dans notre monde actuel et en partie dans d'autres mondes, ou entièrement dans d'autres mondes. Si le concept de douleur est le concept d'un état jouant ce rôle, alors nous pouvons dire qu'un état est la *douleur chez une population*. Nous pouvons alors dire qu'un certain pattern de décharge des neurones est la douleur chez la population actuelle de Terriens et de certaines de nos contreparties, mais pas toutes, alors que le gonflement de certaines cavités des pieds est la douleur chez la population actuelle de Martiens et de certaines de leurs contreparties. La douleur humaine est l'état qui occupe le rôle de douleur chez les humains. La douleur martienne est l'état qui occupe le même rôle chez les Martiens.

Un état occupe un rôle causal chez une population, et le concept d'occupant de ce rôle vaut pour cet état, si et seulement si, à quelques exceptions près, chaque fois qu'un membre de cette population est dans cet état, le fait qu'il soit dans cet état s'accompagne du genre de causes et d'effets inhérents à ce rôle.

On dira donc de la douleur du Martien que le Martien a mal parce qu'il est dans un état jouant le rôle causal de douleur chez les Martiens, alors que nous avons mal parce nous sommes dans un état jouant ce rôle chez nous.

V

Mais qu'en est-il du fou ? Il a mal, mais il n'est pas dans un état jouant chez lui le rôle causal de la douleur. Il est dans un état jouant ce rôle chez la plupart d'entre nous, mais lui-même constitue une exception. Le rôle causal du pattern de décharge de neurones dépend de la façon dont notre circuit interne est raccordé, et chez lui, les branchements sont anormaux.

Son état ne joue pas le rôle causal qu'il joue chez une population dont lui et les autres fous de son espèce sont membres. Mais cet état joue ce rôle dans la partie la plus manifeste de la population, le genre humain en général. Il est un homme, quoique exceptionnel, et appartient à la population que constitue l'humanité.

Nous avons ménagé une place aux exceptions. J'ai parlé d'un syndrome bien défini de causes et d'effets *typiques*. Armstrong a parlé pour sa part d'un état *susceptible* de s'accompagner de certains effets et causes, ce qui ne signifie pas que ce soit invariablement le cas. Enfin, j'ai parlé d'un système d'états qui *est bien près* de réaliser la psychologie du sens commun. Un état peut donc jouer un certain rôle chez le genre humain même s'il ne joue pas ce rôle chez une minorité d'êtres humains fous.

On dira donc de la douleur du fou que le fou a mal parce qu'il est dans un état jouant le rôle causal de douleur chez une population englobant tout le genre humain. Il est un membre exceptionnel de cette population. L'état qui joue le rôle de la douleur chez la population à laquelle il appartient ne le joue pas chez lui.

VI

Nous pouvons dire que X a mal *simpliciter* si et seulement X est dans un état occupant le rôle causal de la douleur chez la population *appropriée*. Mais quelle est la population appropriée? Peut-être que 1) cela devrait être *nous*; après tout, il s'agit de notre concept et de notre terme. D'autre part, si c'est de X que nous parlons, peut-être que 2) cela devrait être la population à laquelle X appartient, et que 3) ce devrait être de préférence une population au sein de laquelle X ne constitue pas une exception. Dans l'un ou l'autre cas, 4) une population appropriée devrait constituer une "espèce" naturelle, par exemple, peut-être, une espèce au sens biologique du terme.

Si X est vous ou moi – donc un membre non exceptionnel de l'espèce humaine –, nos quatre considérations concordent. La population appropriée consiste en l'espèce humaine telle qu'elle est actuellement et elle ne s'étend dans les autres mondes que dans la mesure où ceux qui, dans le monde actuel, constituent la majorité n'y constituent pas une exception.

Les quatre critères s'accordant dans le cas de l'homme ordinaire, soit le cas qui nous occupe en général, nous n'avons pas de raison de décider de leur importance relative en cas de conflit. On ne devrait donc pas s'étonner qu'il y ait à l'occasion ambiguïté et incertitude. Cela dit, certains cas semblent relativement clairs.

Si X est notre Martien, nous sommes enclins à dire qu'il a mal quand les cavités de ses pieds sont gonflées, et c'est ce que dit la théorie, pourvu que l'on donne moins de poids au critère

1) qu'aux trois autres, de sorte que l'on considère l'espèce des Martiens comme la population appropriée.

Si *X* est notre fou, nous sommes enclins à dire qu'il a mal quand il est dans l'état jouant chez nous le rôle de la douleur, et c'est ce que dit la théorie, pourvu que l'on donne moins de poids au critère 3) qu'aux trois autres, de sorte que l'on considère l'espèce humaine comme la population appropriée.

Nous pouvons également envisager le cas d'un Martien fou qui serait aux autres Martiens ce que le fou est à nous. Si *X* est un Martien fou, je serais enclin à dire qu'il a mal quand les cavités de ses pieds sont gonflées, et c'est ce que dit notre théorie, pourvu que l'on donne plus de poids à la conjonction des critères 2) et 4) qu'aux critères 1) ou 3) pris isolément.

D'autres cas sont moins tranchés. La balance ne penchant pas de manière aussi nette en faveur de l'une ou l'autre population, il se peut que notre indécision nous fasse mieux percevoir la relativité à une population. Supposons que l'état qui joue chez nous le rôle de la douleur joue plutôt le rôle de la soif chez une petite population humaine, et vice versa. Quand l'un de ses membres est dans l'état qui est chez nous la douleur et chez lui la soif, il peut être véritablement impossible de décider s'il a mal ou s'il a soif – autrement dit, si nous devons le considérer comme un fou ou comme un Martien. Le critère 1) suggère que nous devrions appeler son état douleur et le considérer comme une exception; les critères 2) et 3) suggèrent que nous le considérions plutôt comme le membre d'une sous-population et appelions son état soif. Le critère 4) peut jouer dans l'un ou l'autre sens, tant le genre humain que la sous-population pouvant constituer des "espèces" naturelles. (Peut-être est-il pertinent de se demander si l'appartenance à la sous-population est héréditaire).

Le cas d'interchangeabilité de la douleur et de la soif a pour parallèle le problème traditionnel des spectres inversés. Je viens de suggérer qu'il n'y a pas de fait précis qui permette de trancher si celui qui est atteint d'inversion a mal ou bien soif.

Je pense que cette conclusion s'accorde bien avec le fait qu'il
ne semble pas y avoir de solution convaincante en un sens ou
l'autre au vieux problème des spectres inversés. Je dirais que
nous avons de bonnes raisons d'affirmer que la présumée
victime d'une inversion des spectres voit du rouge quand elle
regarde de l'herbe : elle est dans un état qui joue le rôle de la
vision du rouge chez l'humanité en général. Et il y a de tout
aussi bonnes raisons de dire qu'elle voit du vert : elle est dans
un état qui joue le rôle de la vision du vert chez elle et chez une
petite population dont elle est un élément n'ayant rien
d'exceptionnel, population qui peut prétendre être hissée au
rang des "espèces" naturelles. On est fondé à adopter l'une ou
l'autre solution, mais pas du même souffle. Est-il besoin d'en
dire davantage ?

Résumons. Armstrong et moi disons présenter un schéma
qui, s'il était rempli, décrirait la douleur et autres états *a priori*.
Si nous avons affaire aux faits causaux appropriés, alors nous
décrivons la douleur comme un phénomène physique. En
tenant compte des membres exceptionnels d'une population,
nous n'associons la douleur à son rôle causal que de manière
contingente. Nous ne nions donc pas que la douleur du fou soit
possible, pourvu que cette possibilité ne soit pas trop grande.
En permettant qu'il y ait variation d'une population à l'autre
(actuelle ou seulement possible), nous n'associons la douleur à
sa réalisation physique que de manière contingente. Nous ne
nions donc pas que la douleur du Martien soit possible. Si la
manière de remplir le schéma varie en fonction de la population, de sorte qu'on pourrait dire qu'il y a différents sens au mot
"douleur", alors nous plaidons l'ambiguïté. Le fou a mal en un
sens, soit par rapport à une population. Le Martien a mal en un
autre sens, soit par rapport à une autre population. (De même le
Martien fou).

Mais nous ne posons pas d'ambiguïté *ad hoc*. La souplesse
requise s'explique simplement en supposant que nous ne nous
sommes pas donné la peine de trancher de subtiles distinctions

sémantiques qui ne changeraient rien aux cas ordinaires. L'ambiguïté que soulèvent les cas de spectres inversés et autres cas du genre est simplement un exemple d'ambiguïté d'un type tout à fait commun. De telles ambiguïtés peuvent surgir chaque fois qu'il y a relativité tacite et que les critères de sélection dont nous disposons ne parviennent pas à choisir un *relatum* défini. C'est le type d'ambiguïtés qui surgit lorsque quelqu'un parle d'études pertinentes sans préciser à quel titre elles sont pertinentes.

VII

Nous savons où caser la douleur ordinaire, la douleur du fou, la douleur du Martien et même la douleur du Martien fou. Mais un cas demeure problématique. Qu'en est-il de la douleur chez un être à la fois fou, extraterrestre et unique ? Avons-nous prévu une place pour lui ? Il semble que non. Parce qu'il est fou, on peut supposer que son présumé état de douleur ne joue pas chez lui le rôle causal adéquat. Parce qu'il est extraterrestre, on peut supposer que cet état ne joue pas le rôle adéquat chez nous. Et parce qu'il est unique, cet état ne joue pas le rôle adéquat chez d'autres membres de son espèce. Que nous reste-t-il ?

Il pourrait nous rester une seule issue : le considérer comme appartenant à une population dont il est membre avec ses contreparties non actualisées. S'il est devenu fou en raison d'un accident improbable, peut-être pouvons-nous dire qu'il a mal parce qu'il est dans un état jouant le rôle de la douleur chez la plupart de ses contreparties possibles, état qui aurait occupé chez lui ce rôle s'il avait connu un développement plus probable. Pour rendre le problème aussi intraitable que possible, il me faut supposer que cette solution m'est fermée. Il ne s'en est *pas* fallu de peu qu'il soit ainsi constitué que son état présent joue le rôle de la douleur.

Je pense que nous ne pouvons ni ne devons résoudre ce problème. Notre seul recours est de nier qu'un tel cas soit possible et donc de stipuler qu'il est illégitime d'appeler douleur l'état de l'être dont il est ici question. Cela paraît assez plausible. Il est vrai que j'aurais spontanément pu croire un tel cas possible. À cela rien d'étonnant : il ne fait que combiner des éléments empruntés à des cas possibles. Mais je suis prêt à changer d'idée. Alors que je suis fermement convaincu que la douleur du fou et celle du Martien sont possibles, mes opinions naïves sur ce cas ne sont pas assez fermes pour être de quelque poids.

VIII

Enfin, je voudrais prévenir une objection. J'en entends d'ici dire que j'ai été étrangement silencieux sur le point central même de mon sujet. *Quel effet cela fait* d'être le fou, le Martien, le Martien fou, le sujet de l'inversion de la douleur et de la soif ou l'être à la fois fou, extraterrestre et unique ? Quel est le *caractère phénoménal* de cet état ? S'il sent que ça lui fait mal, alors il a mal, quel que soit le rôle causal ou la nature physique de son état. Sinon, il n'a pas mal. C'est aussi simple que cela !

Oui. Ce serait en effet une erreur d'examiner si un état est la douleur tout en ignorant l'effet que cela fait que d'être dans cet état. Heureusement, je n'ai pas commis cette erreur. En effet, il est impossible de la commettre, de même qu'il est impossible d'examiner si un nombre est composé sans se demander quels en sont les facteurs.

La douleur est un sentiment [1]. Voilà qui ne prête certes pas à controverse. Avoir mal et sentir que ça fait mal sont une seule et même chose. Car l'état qui consiste à avoir mal et celui de sentir que ça fait mal sont de même une seule et même chose. Une théorie sur l'état en quoi consiste la douleur est inévitablement une théorie sur l'effet que ça fait que d'être dans cet état, sur ce qu'on sent quand on est dans cet état, sur le caractère phénoménal de cet état. Loin d'ignorer les questions sur l'effet que cela fait que d'éprouver des états dans les cas bizarres que nous avons envisagés, je n'ai parlé de rien d'autre! Ce n'est que si l'on croit pour des raisons indépendantes que son rôle causal et son mode de réalisation physique n'a aucune portée sur la question de savoir si un état est de la douleur que l'on peut dire que les cas étudiés n'ont rien à voir avec ce que c'est que de sentir cet état.

POSTFACE À « DOULEUR DE FOU, DOULEUR DE MARTIEN » (1983)

Savoir l'effet que ça fait

Le défi le plus formidable que doivent relever le matérialisme et le fonctionnalisme sous toutes leurs formes leur est posé par l'ami des *qualia* phénoménaux. Celui-ci affirme que nous laissons de coté l'aspect phénoménal de la vie mentale : nous oublions que la douleur est un sentiment, qu'il y a quelque chose qui correspond à l'effet que ça fait que de tenir sa main dans une flamme, que nous sommes conscients de quelque chose quand nous éprouvons de la douleur, que nous pouvons reconnaître ce quelque chose quand nous en faisons à nouveau l'expérience… Notre réponse à ces remarques est contenue dans la section VIII : nous ne nions rien de tout cela!

---

1. La douleur qu'on éprouve effectivement, s'entend. Peut-être qu'une disposition qui cause parfois mais pas toujours une douleur éprouvée effectivement peut elle aussi être appelée douleur.

Ce que nous disons à l'ami des *qualia*, c'est que nonobstant son jargon tendancieux, il ne parle au fond que de la douleur et de diverses facettes de son rôle fonctionnel. Nous avons déjà dit ce qu'était à notre avis la douleur, et nous ne doutons pas que son rôle causal consiste en partie à nous faire juger que nous avons mal et en partie à nous rendre capables de reconnaître la douleur (soit le même état remplissant le même rôle) quand elle survient à nouveau.

Jusque-là, ça va. Mais s'il persiste, l'ami des *qualia* peut parvenir à rompre cet accord auquel il se refuse, auquel cas il nous faut changer de stratégie. Supposons qu'il défende son point de vue en ces termes [1] :

> Vous n'avez jamais goûté au Vegemite (célèbre condiment à base de levure). Vous ne savez donc pas ce que c'est de goûter au Vegemite. Et vous ne le saurez jamais, à moins que vous ne goûtiez au Vegemite. (Ou à moins que la même expérience, ou des traces contrefaites de celle-ci, ne se produise en vous par un moyen artificiel quelconque). Tous les renseignements que pourront vous fournir les matérialistes et les fonctionnalistes ne vous seront d'aucun secours. Mais si vous goûtez au Vegemite, *alors* vous saurez l'effet que ça fait que d'y goûter. Ainsi, vous y gagnerez un type d'information que les matérialistes et les fonctionnalistes négligent complètement. Appelons-la *information phénoménale*. Par *qualia*, j'entends ce qui fait l'objet de cette information phénoménale.

---

1. On reconnaîtra l'« argument de la connaissance » de Frank Jackson, dans « Epiphenomenal Qualia », *Philosophical Quartely*, n° 32 (1982), p. 127-136. Il apparaît également, sous une forme moins épurée, dans Thomas Nagel, « What is it like to be a Bat ? », *Philosophical Review*, n° 83 (1974), p. 435-450, et Paul Meehl, « The Compleat Autocerebroscopist », in *Mind, Matter, and Method : Essays in Philosophy and Science in Honor of Herbert Feigl* (sous la dir. de Paul Feyerabend et Grover Maxwell), Minneapolis, University of Minnesota Press, 1966.

Il s'agit ici pour nous de procéder par élimination. Disons-le tout net, nous n'accordons pas qu'il y ait un type d'information que nous avons négligé ou, en d'autres termes, qu'il y a des possibles à tous égards semblables à ceux que nous connaissons et pourtant différents de quelque manière. Ce serait nous avouer vaincus. Par ailleurs, nous ne pourrions pas non plus prétendre de manière crédible que des leçons de physique, de physiologie, etc., pourraient enseigner au non-initié l'effet que cela fait que de goûter au Vegemite. Ce qu'il convient de répondre, je pense, c'est que savoir l'effet que cela fait, ce n'est pas être en possession de quelque information que ce soit. Ce n'est pas éliminer des possibles qui nous étaient ouverts jusque-là. En fait, savoir ce que cela fait, c'est plutôt avoir fait l'acquisition d'aptitudes : des aptitudes à reconnaître, à imaginer, à prévoir son comportement à l'aide d'expériences où on laisse jouer son imagination. (Celui qui sait ce que cela fait que de goûter au Vegemite peut facilement prédire, et ce sans grand risque de se tromper, s'il prendrait une deuxième portion de crème glacée au Vegemite). Des leçons sont incapables de nous inculquer ces aptitudes – qui l'aurait jamais cru ? Il y a certes un état qui consiste à savoir l'effet que quelque chose fait. Et le Vegemite a le pouvoir particulier de susciter cet état. Mais l'information phénoménale et son objet particulier n'existent pas [1].

Imaginons une astucieuse banque de données. On peut lui dire des choses, elle peut emmagasiner de l'information, elle peut raisonner à l'aide de cette information, elle peut répondre à des questions en s'appuyant sur les renseignements qu'elle contient. Imaginons maintenant un dispositif de reconnais-

[1]. Cette défense contre l'argument de la connaissance est présentée en détail dans Lawrence Nemirow, *Functionalism and the Subjective Quality of Experience* (thèse de doctorat, Stanford University, 1979), chapitre 2, et, de manière plus brève, dans son compte rendu de Thomas Nagel, « Mortal Questions », *Philosophical Review*, n° 89 (1980), p. 473-477.

sance des motifs qui fonctionne comme suit. Lorsqu'il est
exposé à un motif, il en fait une sorte de gabarit qui est ensuite
appliqué aux motifs qui lui sont présentés par la suite. Imaginons maintenant un dispositif, assez semblable à un radio-
réveil, qui combine les deux facultés. Il n'y a aucune raison de
penser qu'un tel dispositif serait doué d'une troisième faculté :
celle de faire le gabarit de motifs auxquels il n'a jamais été
exposé en utilisant l'information qu'il a stockée sur ces motifs.
S'il a une description complètc d'un motif mais pas de gabarit
qui lui corresponde, il lui manque une aptitude mais pas des
renseignements. (Plus exactement, il lui manque des renseignements sous une forme utilisable). Lorsqu'on lui montre un
motif, il en fait le gabarit et acquiert des aptitudes, mais aucune
information. Il se peut que nous lui ressemblions assez.

DAVID LEWIS

Traduit de l'anglais par Dominique Boucher

POURQUOI IL DOIT ENCORE Y AVOIR
UN LANGAGE DE LA PENSÉE

« Mais pourquoi », demande Tatie avec une brusquerie perceptible, « ce doit être un *langage*? ». Tatie parle de la même voix que l'*establishment* et son intransigeance a quelque chose de terrible. Elle est cependant prête à certaines concessions dans les circonstances. Premièrement, elle concède qu'il y a des croyances et des désirs et que leurs contenus intentionnels sont déterminés, c'est-à-dire que la question de savoir quelle est la proposition qui est l'objet intentionnel d'une croyance ou d'un désir est une question de fait. Deuxièmement, Tatie accepte la cohérence du physicalisme. Il se peut que les croyances et les désirs s'avéreront être des états du cerveau, et Tatie ne sera pas contrariée si tel est le cas. Troisièmement, elle est prête à concéder que les croyances et les désirs ont des rôles causaux et que le comportement manifeste est typiquement le résultat d'interactions complexes entre ces causes mentales. (Il va de soi que Tatie a été élevée dans un béhaviorisme strict, mais elle n'est plus tout à fait la même depuis les années soixante. Qui parmi nous n'a pas changé?). Bref, Tatie reconnaît que les explications psychologiques doivent postuler un réseau d'états intentionnels liés causalement. « Mais pourquoi », demande-t-elle avec une brusquerie perceptible, « ce doit être un *langage*? ». Ou encore, pour dire les choses plus succinctement que ne le fait Tatie, qu'est-ce que l'Hypothèse du langage de la pensée nous rapporte, au-delà du simple Réalisme intentionnel ? Voilà ce sur quoi porte la discussion [1].

Question préliminaire : Qu'est-ce que l'Hypothèse du langage de la pensée (LP) *affirme* au-delà du simple Réalisme intentionnel ? Je crois qu'ici la situation est raisonnablement claire. Pour commencer, LP propose d'interpréter les tokens d'attitudes propositionnelles comme des relations avec des tokens de symboles. Selon la formulation courante, croire que *P* consiste à avoir une certaine relation avec un token d'un symbole qui signifie que *P*. (Il est généralement admis que les tokens de symboles en question sont des objets neuronaux, mais cette hypothèse ne sera pas requise pour la présente discussion). Or, les symboles ont des contenus intentionnels et leurs tokens sont physiques dans tous les cas connus. Et les tokens de symboles, *en tant* qu'ils sont des tokens physiques, sont le genre de choses qu'on voit jouer des rôles causaux. Il ne semble donc pas que *jusqu'ici*, LP soit de nature à froisser Tatie. Quel est donc précisément le problème ?

Voici une façon de l'exprimer. Pratiquement tout le monde s'entend pour dire que les *objets* des états intentionnels sont en un sens complexes : par exemple, ce qu'on croit lorsqu'on croit que Jean est en retard pour le dîner est un composé dont les éléments sont, en l'occurrence, le concept de Jean et le concept d'être en retard pour le dîner (ou, si l'on veut, Jean lui-même et la propriété d'être en retard pour le dîner). De façon

1. Tatie n'est pas la seule à vouloir connaître la réponse à cette question ; celle-ci a été soulevée par Noam Chomsky, John Searle, Brian Loar, David Israel, Jon Barwise et John Perry ainsi que Tyler Burge, pour n'en nommer que quelques-uns. Tatie et moi sommes reconnaissants à tous ceux-ci pour les conversations qui ont mené aux présentes réflexions. Nous remercions plus particulièrement Ned Block pour des commentaires pénétrants sur une ébauche antérieure.

similaire, ce qu'on croit lorsqu'on croit que P & Q est aussi un composé, dont les éléments sont, en l'occurrence, la proposition que P et la proposition que Q.

Mais la complexité (communément admise) de l'*objet intentionnel* d'un état mental n'implique évidemment pas la complexité de l'état mental lui-même. C'est ici que LP s'aventure au-delà du simple Réalisme intentionnel et c'est ici que Tatie propose de descendre du train. LP affirme que les *états mentaux* – et non pas seulement leurs objets propositionnels – *ont typiquement une structure en constituants.* Pour autant que je sache, c'est là la *seule* véritable différence entre LP et le genre de Réalisme intentionnel que même Tatie tient pour respectable. Ainsi, une défense de LP se doit de montrer que les croyances et les désirs sont typiquement des états structurés.

Considérons une formulation schématique de LP que l'on doit à Stephen Schiffer. Il y a, dans notre tête, un certain mécanisme, une *boîte d'intentions*. Pour faciliter l'exposé, je vais présupposer que chaque intention est une intention visant à rendre une certaine proposition vraie. Ainsi, voici ce qui se produit dans notre tête, selon cette version de LP, lorsque nous avons l'intention de rendre P vraie. Nous mettons dans la boîte d'intentions un token d'un symbole mental qui *signifie* que P. Et la boîte commence à s'agiter, gargouiller, calculer et causer certains effets, si bien que nous nous comportons d'une façon qui (*ceteris paribus*) fait en sorte que P. Ainsi, par exemple, supposons que j'aie l'intention de lever ma main gauche (j'ai l'intention de rendre vraie la proposition que je lève ma main gauche). Dans un tel cas, je mets dans ma boîte d'intentions un token d'un symbole mental qui signifie « Je lève ma main gauche ». Par la suite, après les agitations, gargouillements, calculs et causes appropriés, ma main gauche se lève. (Ou elle ne se lève pas, et dans un tel cas, la condition *ceteris paribus* doit de quelque manière ne pas avoir été satisfaite). Une bonne partie de ce qui précède se produirait si j'avais l'intention de devenir le prochain roi de France, sauf que dans ce cas, les agitations et les gargouillements dureraient beaucoup plus longtemps.

Il importe de noter que bien que ce récit *va* invoquer le Langage de la pensée, tel n'est pas encore le cas. Car jusqu'ici nous n'avons parlé que de ce que les Réalistes intentionnels en tant que Réalistes intentionnels (y compris Tatie en tant que Tatie) sont prêts à admettre, c'est-à-dire qu'il y a des états mentaux auxquels sont associés des objets intentionnels (par exemple l'état d'avoir un symbole qui signifie « Je lève ma main gauche » dans ma boîte d'intentions) et que ces états mentaux auxquels sont associés des objets intentionnels jouent aussi des rôles causaux (par exemple le fait d'être dans un de ces états est la cause de ce que je lève la main gauche). Ce qui fait que cette description invoque le Langage de la pensée, et non pas seulement le Réaliste intentionnel, c'est l'idée que ces états mentaux qui ont un contenu ont aussi une structure syntaxique – en particulier une structure en constituants – assortie au contenu qu'ils ont. Par exemple, le récit présenté plus haut est compatible avec le fait que ce que je mets dans ma boîte d'intentions quand j'ai l'intention de lever ma main gauche est une *roche*, pourvu que ce soit une roche sémantiquement évaluable. Alors que selon LP, ce que je mets dans la boîte d'intentions doit être quelque chose comme une *phrase*; dans le cas présent, ce doit être une formule qui contient, entre autres, une expression qui dénote ma personne et une expression qui dénote ma main gauche.

De façon analogue, selon le simple Réalisme intentionnel, ce que je mets dans la boîte d'intentions quand j'ai l'intention qu'il soit vrai que je lève ma main gauche et saute à cloche-pied du pied droit pourrait aussi être une roche (mais pas la même roche, évidemment, puisque l'intention de lever sa main gauche n'est pas identique à l'intention de lever sa main gauche et de sauter à cloche-pied du pied droit). Alors que selon LP, si j'ai l'intention de lever ma main gauche et de sauter à cloche-pied du pied droit, je dois mettre dans la boîte d'intentions une formule qui contient, entre autres, une sous-expression qui signifie *Je lève ma main gauche* et une sous-expression qui signifie *Je saute à cloche-pied du pied droit*.

Ainsi, selon LP, les formules sémantiquement évaluables qui sont mises dans les boîtes d'intentions ont généralement des sous-formules sémantiquement évaluables pour consti-tuants ; de plus, elles peuvent *partager* les constituants qu'elles contiennent, puisque vraisemblablement, la sous-expression qui dénote "pied" dans « Je lève mon pied gauche » est un token du même type que la sous-expression qui dénote "pied" dans « Je lève mon pied droit ». (De façon analogue, *mutatis mutandis*, le "*P*" qui exprime la proposition *P* dans la formule "*P*" est un token du même type que le "*P*" qui exprime la pro-position *P* dans la formule « *P & Q* »). Si on voulait être un peu plus précis, on pourrait dire que LP revient à affirmer que 1) les (ou certaines) formules mentales ont des parties qui sont aussi des formules mentales et 2) les parties sont "transportables" : les mêmes parties peuvent apparaître dans un *tas* de formules mentales.

Il est important de voir – et toute la question est là – que le Réalisme intentionnel n'exige pas logiquement LP ; ce n'est pas une sorte de vérité *nécessaire* que seules les formules – seules les choses qui ont une structure syntaxique – sont sémantiquement évaluables. Il est certes curieux qu'une roche (ou l'état consistant à avoir une roche dans la boîte d'inten-tions) puisse avoir un objet propositionnel ; mais alors, il n'est pas moins curieux qu'une formule (ou l'état consistant à avoir une formule dans la boîte d'intentions) puisse avoir un objet propositionnel. Il est, en fait, à peu près également curieux que *quoi que ce soit* puisse avoir un objet propositionnel, ce qui revient à dire que le fait que le Réalisme intentionnel puisse être vrai est curieux. Pour le meilleur ou pour le pire, cependant, Tatie et moi supposons tous deux que le Réalisme intentionnel *est* vrai. La question qui nous divise n'est donc pas de savoir si les état mentaux ont une sémantique, mais plutôt, grosso modo, de savoir s'ils ont une syntaxe. Ou si l'on préfère, la question est de savoir s'ils ont une sémantique *combinatoire* : le genre de sémantique dans laquelle il y a des expressions (relativement) complexes dont le contenu est déterminé, d'une certaine façon standard, par le contenu de leurs parties (relativement) simples.

Pour récapituler, voici en quoi consiste la discussion : tout le monde pense que les états mentaux ont des objets intentionnels ; tout le monde pense que les objets intentionnels des états mentaux sont typiquement complexes (c'est-à-dire que les propositions ont des parties) ; tout le monde pense que les états mentaux ont des rôles causaux ; et, pour les besoins de la discussion à tout le moins, tout le monde est fonctionnaliste, ce qui veut dire que nous soutenons tous que les états mentaux sont individualisés, au moins en partie, par un renvoi à leurs pouvoirs causaux. (Cela est évidemment implicite dans le recours aux « boîtes d'intentions » et autres entités de ce genre : le fait d'être – au sens métaphorique du terme – dans l'état consistant à avoir telle ou telle roche dans la boîte d'intentions consiste précisément à être – au sens propre – dans l'état qui est la cause normale de certains types d'effets et/ou l'effet normal de certains types de causes). La question en litige, cependant, porte sur la structure interne de ces états individualisés de manière fonctionnelle. Tatie pense qu'ils n'en ont pas ; selon elle, seuls les *objets intentionnels* des états mentaux sont complexes. Je pense qu'ils constituent un langage ; grosso modo, la structure syntaxique des états mentaux reflète les relations sémantiques entre leurs objets intentionnels. S'il vous semble que ce débat entre Réalistes intentionnels n'est qu'une querelle intestine, je vous l'accorde. Mais c'était aussi le cas de la guerre de Troie.

En fait, l'importance du débat apparaît clairement lorsque Tatie se met à l'architecture cognitive, particulièrement à la question : « Quelles sortes de relations entre états mentaux une

théorie psychologique devrait-elle admettre?». Il est tout
naturel, étant donné son point de vue philosophique, que Tatie
conçoive l'esprit comme une sorte de graphe dirigé; les nœuds
correspondent aux états mentaux sémantiquement évaluables
et les lignes correspondent aux liens causaux entre ces états.
Par exemple, avoir l'intention que *P & Q*, c'est être dans un
état qui a un certain réseau de relations causales (dispositionnelles) avec l'état consistant à avoir l'intention que *P* et l'état
consistant à avoir l'intention que *Q*. (Par exemple, le fait d'être
dans le premier état est normalement une condition suffisante
pour causer le fait d'être dans le second et le troisième). On
pourrait schématiser cette relation de la façon courante qui est
illustrée à la figure 1.

avoir l'intention que P & Q

avoir l'intention que P   avoir l'intention que Q

N.B.: Dans ce genre d'architecture, la relation entre avoir
l'intention que *P & Q* et avoir l'intention que *P* est une relation
de *connexion* plutôt que de *constitution*. On peut le constater
immédiatement lorsqu'on compare ce qu'implique le fait
d'avoir l'intention que *P & Q* selon LP. Selon LP, avoir
l'intention que *P & Q* exige que l'on ait une phrase dans la
boîte d'intentions – ou, si l'on préfère, dans un registre ou sur
un ruban – dont l'une des parties est un token du même type
que celui qui se trouve dans la boîte d'intentions lorsqu'on a
l'intention que *P*, et dont une autre partie est un token du même
type que celui qui se trouve dans la boîte d'intentions
lorsqu'on a l'intention que *Q*.

Le désaccord philosophique à propos du Langage de la
pensée correspond donc d'assez près au désaccord actuel en
sciences cognitives à propos de l'architecture appropriée aux
modèles mentaux. Si les attitudes propositionnelles ont une
structure interne, on doit alors reconnaître la relation de
constitution – de même que la connexion causale – comme une

relation fondamentale entre les états mentaux. De façon analogue, les arguments suggérant que les états mentaux ont une
structure en constituants jouent *ipso facto* en faveur d'archi-
tectures de type Turing/von Neumann, qui peuvent calculer
dans un langage dont les formules ont des parties transportables, plutôt que des réseaux associatifs, qui par définition ne
le peuvent pas. Il appert que cette chère Tatie est une groupie
du Nouveau Connexionnisme. Si elle est en difficulté, ce point
de vue l'est aussi, essentiellement pour les mêmes raisons [1].

→parents de grande taille   enfants de grande taille
        ↑   ↑
→propriété génétique → propriété génétique → propriété génétique

Dans ce qui suit, je propose d'esquisser trois arguments qui
soutiennent que les états cognitifs – et non pas seulement leurs
objets intentionnels – ont typiquement une structure en constituants. Je ne prétends pas que ces arguments soient décisifs ;
mais je crois que, considérés ensemble, ils devraient convaincre n'importe quelle Tatie qui n'a pas de *parti pris* [2].

1. Qu'on ne se laisse pas induire en erreur par le fait que les étiquettes des
nœuds des réseaux associatifs sont composées de constituants transportables ;
les étiquettes ne jouent aucun rôle dans la théorie. Fodor (« Information and
Association », *Notre Dame Journal of Formal Logic*, 1986, vol. 27, p. 307-23)
insiste sur ce point à douze mille huit cent quinze reprises.

En passant, ce n'est pas la partie associative du « réseau associatif » qui est
en cause ici. Les Associationnistes classiques – Hume, par exemple – soute-
naient que les représentations mentales ont des constituants transportables et, je
suppose, une sémantique combinatoire : l'image mentale d'une maison
contient, en tant que parties propres, des images mentales des parties propres de
la maison. Hume est donc de mon camp dans le débat contre Tatie et les
Nouveaux Connexionnistes. Le fond du problème, faut-il le répéter, est de
savoir si la constitution et la connexion sont toutes deux requises en tant que
relations de base entre les objets mentaux évalués sémantiquement ou si on peut
se contenter de la seule connexion.

2. En français dans le texte.

Cependant, je dois d'abord admettre un préjugé métaphysique sur lequel s'appuient les trois arguments. Je ne crois pas qu'il y ait des mécanismes intentionnels, c'est-à-dire que je ne crois pas que les contenus *en soi* déterminent les rôles causaux. Par conséquent, il doit être possible de rendre compte complètement de la causalité mentale (la façon dont les généralisations proposées par la psychologie de la croyance et du désir sont réalisées) *sans faire référence aux propriétés intentionnelles des états mentaux que de telles généralisations font intervenir.* Supposons en particulier qu'il y ait quelque chose à propos de leurs rôles causaux qui exige que les tokens mentaux soient complexes. Dans ce cas, mon préjugé est que pour satisfaire à cette exigence, il n'est *pas* suffisant que ces états mentaux aient des *objets intentionnels complexes*.

Cela n'est pas, en passant, une quelconque forme d'épiphénoménalisme ; ou si c'en est une, elle est manifestement d'un genre inoffensif. Il existe amplement de cas dans les sciences respectables où les propriétés que lie une loi *n'apparaissent pas dans la description de la façon dont la loi est réalisée.* Ainsi, par exemple, c'est plus ou moins une loi que des parents de grande taille ont des enfants de grande taille. Et il existe une description assez ingénieuse des mécanismes qui réalisent cette loi. Mais la propriété *d'être de grande taille* n'apparaît pas dans cette description ; les seules propriétés qui apparaissent dans celle-ci sont les propriétés *génétiques*. On peut représenter cela à l'aide de la figure 2, où les flèches indiquent les directions causales.

La morale, c'est que même s'il est vrai que des lois psychologiques désignent généralement les états mentaux auxquels elles s'appliquent en spécifiant leurs contenus intentionnels, il ne s'ensuit *pas* que les propriétés intentionnelles prennent part aux mécanismes psychologiques [1]. Et bien

---

1. Dans *From Folk Psychology to Cognitive Science*, Stich se tord les mains de désespoir, se demandant comment je peux admettre que les

que je sois prêt à admettre des généralisations intentionnelles soutenant des situations contrefactuelles, je regimbe devant la causalité intentionnelle. Je peux donner deux raisons pour soutenir ce préjugé (je soupçonne toutefois que mon préjugé est plus profond que ces raisons). L'une est technique et l'autre métaphysique.

La raison technique d'abord. Si les pensées jouent des rôles causaux en vertu de leur contenu *en tant que tel*, alors deux pensées ayant le même contenu doivent avoir les mêmes rôles causaux. Or nous savons que cela n'est pas le cas ; nous savons que les rôles causaux *découpent les choses plus finement* que ne le font les contenus. La pensée que P, par exemple, a le même contenu que la pensée que $\sim \sim P$ selon toute notion de contenu que je peux m'imaginer défendre ; néanmoins, rien n'assure que les effets résultant de ces pensées seront les mêmes. Imaginons une vie mentale dans laquelle la pensée que $P \,\&\, (P \rightarrow Q)$ produit immédiatement et spontanément la pensée que Q ; *rien* n'assure que la pensée que

généralisations de la psychologie soutenant des situations contrefactuelles sont uniformément intentionnelles et adhérer au principe "solipsiste" selon lequel les opérations mentales sont computationnelles (c'est-à-dire formelles/ syntaxiques) : « Comment est-il possible pour Fodor de maintenir les deux points de vue, c'est-à-dire de préconiser à la fois que « les généralisations cognitives s'appliquent aux états mentaux en vertu de leur contenu » et que « seules les propriétés non sémantiques des représentations mentales servent à déterminer quelles opérations mentales s'appliquent à celles-ci » ? » (Stich, *From Folk Psychology to Cognitive Science*, Cambridge, Mass., MIT Press, 1983, p. 188).

Mais il n'y a pas de contradiction. Le vocabulaire requis pour exprimer les lois caractéristiques d'une science particulière est (presque toujours) différent du vocabulaire requis pour décrire les mécanismes qui réalisent ces lois, puisque la théorie des mécanismes est projetée, pour le dire crûment, à un niveau plus bas. Ainsi, les lois typiques de la psychologie sont intentionnelles et les opérations typiques des mécanismes psychologiques sont computationnelles, et tout va bien à ceci près qu'une distinction a échappé à Stich.

~ ~P & (P → Q) produise immédiatement et spontanément la pensée que Q dans cette vie mentale.

La raison métaphysique maintenant. Il semble que les propriétés intentionnelles impliquent essentiellement des relations entre des états mentaux et des contingences *simplement possibles*. Par exemple, il est plausible que pour qu'une pensée ait le contenu LA NEIGE EST NOIRE, celle-ci doive être liée, d'une certaine façon, à l'état de choses possible (mais non réel) dans lequel la neige est noire, c'est-à-dire que la pensée doit être vraie si, et seulement si, cet état de choses se réalise. De même, ce qui distingue le contenu de la pensée que la neige est noire de celui de la pensée que l'herbe est bleue, ce sont les différences entre les valeurs de vérité qu'ont ces pensées dans des mondes possibles mais non réels.

Le principe métaphysique suivant me semble plausible : les pouvoirs causaux d'une chose ne sont pas affectés par ses relations avec des entités qui sont simplement possibles ; seules les relations avec des entités *réelles* affectent les pouvoirs causaux. Par exemple, le fait que je sois debout au bord d'une haute falaise est un élément déterminant de mes pouvoirs causaux. Mais le fait que je sois debout au bord d'une haute falaise possible-mais-non-réelle n'est *pas* un élément déterminant de mes pouvoirs causaux ; quoi que je fasse, il m'est impossible de me jeter en bas de *celle-ci* [1].

Si ce principe métaphysique est correct et s'il est vrai que les propriétés intentionnelles impliquent essentiellement des relations avec des objets non réels, il s'ensuit alors que les pro-

---

1. Notons, par contraste, que les relations avec des entités non réelles peuvent parfaitement bien être constitutives des pouvoirs causaux : la solubilité de ce sel consiste en des faits comme celui-ci : s'il y avait de l'eau ici, le sel s'y dissoudrait. Le point du texte est donc que même si les relations à des objets non réels peuvent apparaître dans l'analyse d'un pouvoir causal, ceux-ci ne peuvent être parmi ses déterminants causaux. Rien, y compris les pouvoirs causaux, ne peut être l'effet d'une cause simplement possible. (Je suis reconnaissant à Georges Rey pour m'avoir aidé à clarifier cela).

priétés intentionnelles ne sont pas en tant que telles des éléments déterminants des pouvoirs causaux et qu'il n'y a pas de mécanismes intentionnels. J'admets cependant qu'il y a un nombre appréciable de "si" auxquels cette intuition s'accroche.

Voyons maintenant les arguments qui tendent à prouver que les états mentaux, et non pas seulement leurs objets intentionnels, sont des entités structurées.

ARGUMENT 1 : UN ARGUMENT MÉTHODOLOGIQUE

D'une manière générale, je n'aime guère les arguments méthodologiques : qui veut gagner par K.-O. technique ? Mais dans le cas présent, il me semble que Tatie n'est pas raisonnable même pour qui partage sa façon de voir les choses. Voici une règle plausible d'inférence non démonstrative à laquelle elle risque, me semble-t-il, de contrevenir :

Principe P : Supposons qu'il y ait un type d'événements c_1 dont l'effet normal est un type d'événements e_1, un type d'événements c_2 dont l'effet normal est un type d'événements e_2 et un type d'événements c_3 dont l'effet normal est un événement complexe e_1 & e_2. C'est-à-dire :

$$c_1 \rightarrow e_1$$
$$c_2 \rightarrow e_2$$
$$c_3 \rightarrow e_1 \, \& \, e_2$$

Il est donc raisonnable, *ceteris paribus*, d'inférer que c_3 est un événement complexe dont les constituants incluent c_1 et c_2.

Ainsi, supposons qu'il y ait un type d'événements dont l'effet normal est un fracas et un type d'événements dont l'effet normal est une odeur infecte, et un type d'événements dont l'effet normal est ce type de fracas et ce type d'odeur infecte. Alors, selon P, il est raisonnable, *ceteris paribus*, d'inférer que le troisième type d'événements consiste (entre autres) en la cooccurrence d'événements des deux premiers types.

On pourrait croire que cette règle est arbitraire, mais je ne le crois pas ; P est simplement un cas particulier d'un principe général qui recommande de manière non tendancieuse de préférer les théories qui *minimisent les accidents*. Car si l'étiologie des événements e1 et e2 n'inclut pas en quelque sorte l'étiologie des événements e1 mais non e2, cela doit vouloir dire qu'il y a *deux* façons de produire les événements e1, et la convergence de ces étiologies (*ex hypothesi*) distinctes vers les événements de type e1 demeure jusque-là inexpliquée. (Il ne suffit évidemment pas de répondre que la convergence de deux étiologies n'est qu'un très *petit* accident. Car en principe, l'embarras *se répète*. Ainsi, on peut imaginer un type d'événements c4, dont l'effet normal est un événement complexe e1 & e6 & e7, et un type d'événements c5, dont l'effet normal est un événement complexe e1 & e10 & e12, etc. Et si l'on fait fi de P, on devra tolérer un *quadruple* accident. C'est-à-dire que si P est rejeté, on devra (toutes choses étant égales par ailleurs) admettre que les théories qui postulent quatre sortes d'histoires causales pour les événements e1 sont tout aussi valables que les théories qui postulent seulement une sorte d'histoire causale pour les événements e1. Cela est pour le moins difficile à réconcilier avec l'idée selon laquelle nous estimons nos théories pour les généralisations qu'elles fournissent).

Enfin, la morale semble suffisamment claire. Supposons que c1 est l'intention de lever sa main gauche et e1 le fait de lever sa main gauche ; supposons que c2 est l'intention de sauter à cloche-pied du pied droit et e2 le fait de sauter à cloche-pied du pied droit ; supposons que c3 est l'intention de lever sa main gauche et de sauter à cloche-pied du pied droit, et e3 le fait de lever sa main gauche et de sauter à cloche-pied du pied droit. De deux choses l'une : *ou bien* on respecte P et maintient que les événements du type c3 sont des événements complexes qui ont comme constituants les événements du type c1, *ou bien* on fait fi de P et pose l'existence de deux étiologies pour les événements e1, en soutenant que la convergence de ces étiologies n'a été jusqu'ici qu'accidentelle. Je répète que ce qui est en jeu ici est la complexité des événements mentaux et non pas seulement la complexité des propositions qui sont leurs objets intentionnels. P est un principe qui agit comme contrainte sur les inférences étiologiques et, selon le préjugé admis précédemment, les propriétés intentionnelles des états mentaux ne sont *pas ipso facto* étiologiques.

Mais nous ne sommes pas au bout de nos peines. Tatie a développé un moyen de se tirer d'affaire; en dépit de tous ses défauts, la chère femme ne manque pas d'astuce. Tatie pourrait accepter P mais nier que (par exemple) lever sa main gauche est, dans les circonstances où on ne fait *que* lever sa main gauche, *le même type* d'événement que dans les circonstances où on lève sa main gauche tout en sautant à cloche-pied du pied droit. En effet, Tatie peut éviter d'admettre que les *intentions* ont une structure en constituants si elle est prête à nier que le *comportement* a une structure en constituants. Un principe comme P, qui gouverne l'assignation des étiologies aux événements complexes, sera automatiquement satisfait en psychologie si aucun comportement n'est considéré comme complexe. Mais Tatie est acculée au pied du mur; elle est, pour une fois, contrainte par les faits bruts. Très souvent, le comportement révèle une structure en constituants et, pour autant qu'on le sache, cela est vital pour son explication. Le comportement verbal est évidemment paradigmatique; tout, en linguistique, de la phonétique à la sémantique, dépend du fait les expressions verbales sont composées d'éléments récurrents; par exemple, [RO] se trouve dans "héros" et "zéro". Mais les preuves très concluantes pour l'analyse segmentale ne sont pas limitées au seul comportement verbal, ni même au seul comportement *humain*. Il se trouve, pour ne donner qu'un exemple parmi une multitude, que le chant d'un oiseau est un système méthodique d'expressions récurrentes; on perd des généralisations "syntaxiques" d'une certaine élégance si on refuse de le décrire ainsi.

Pour exprimer ce point de façon générale, les psychologues ont recours à la distinction entre les comportements segmentés et ce qu'ils appellent les "synergismes". (Il y a synergisme dans les cas où des éléments comportementaux qui paraissent distincts sont en fait "fusionnés" les uns aux autres, de sorte que le tout fonctionne comme une unité ; comme lorsqu'un pianiste expérimenté joue un arpège avec aisance). Puisqu'il est empiriquement assez clair que tous les comportements ne sont pas synergiques, il s'ensuit que Tatie ne peut, pour appuyer ses préjugés philosophiques, simplement invoquer l'hypothèse contraire.

Nous *sommes* maintenant arrivés au bout de nos peines. Si en effet le comportement est souvent segmenté, alors le principe P exige qu'on préfère la théorie selon laquelle les causes du comportement sont complexes à la théorie selon laquelle elles ne le sont pas, toutes choses étant égales par ailleurs. Et, au meilleur de ma connaissance, toutes choses *sont* égales par ailleurs. Car si Tatie a quelque preuve *positive* contre le compte rendu en termes de LP, elle l'a gardée pour elle-même. Cela ne lui ressemble guère je vous assure [1].

1. Il demeure possible à Tatie d'avancer cet argument relativement subtil : « D'accord, le principe P exige que les causes des comportements complexes soient elles-mêmes complexes. Mais cela ne démontre tout de même pas qu'il y ait un Langage de la pensée, puisque les objets causaux complexes requis pourraient être les états d'attitudes propositionnelles eux-mêmes plutôt que les (soi-disant) formules de ce (soi-disant) langage mental. La croyance que P & Q est en elle-même un état complexe dont les parties simples sont l'état de croire que P et l'état de croire que Q ». En effet, Tatie pourrait concéder que les attitudes propositionnelles soient complexes mais nier qu'elles soient, de la façon prescrite, relationnelles.

Cependant, cela ne fera pas l'affaire. La croyance que P n'est pas un constituant de, par exemple, la croyance que P ou Q (ou la croyance que si P alors Q, etc.) ; car il est parfaitement possible de croire que P ou Q (ou que si P alors Q) sans croire que P. Pour des raisons similaires, la notion requise de constitution ne peut non plus être définie en termes des rôles causaux des attitudes. Ainsi, le rôle causal de la croyance que P n'est pas un constituant du rôle causal de la croyance que P ou Q puisque, par exemple, les

ARGUMENT 2 : LES PROCESSUS PSYCHOLOGIQUES
(POURQUOI TATIE NE PEUT LES AVOIR SANS PAYER LE PRIX)

En sciences cognitives, les symboles mentaux sont en vogue. Les psycholinguistes, en particulier, parlent souvent d'une façon qui met Tatie simplement en fureur. Par exemple, ils disent des choses comme : « Lorsqu'on comprend un énoncé, on construit une *représentation mentale* (*sic*; c'est moi qui souligne) de la phrase qui est énoncée. En première approximation, une telle représentation correspond à un arbre d'analyse, et cet arbre spécifie la structure en constituants de la phrase qu'on entend, ainsi que les catégories auxquelles appartiennent ces constituants. Ces arbres sont construits de gauche à droite, du bas vers le haut, avec un regard limité sur ce qui suit... » et ainsi de suite, selon les détails du compte rendu du psycholinguiste. Le même genre d'exemple pourrait être tiré de la théorie de la vision (où les opérations mentales sont couramment identifiées à des transformations de descriptions structurelles de scènes) ou, en fait, de n'importe quel domaine de la psychologie de la perception des dernières années.

L'attention des philosophes est ainsi tournée vers la forme logique de ces théories. Celles-ci semblent certainement quantifier sur une classe spécifiée d'objets mentaux : dans le cas présent, sur les arbres d'analyse. L'appareillage habituel de l'engagement ontologique (quantificateurs existentiels, variables liées, etc.) est manifeste. On peut donc penser que Tatie soutiendrait ceci : « Quand j'étais jeune fille, on croyait que

effets résultant de la croyance qu'il neigera en août n'ont rien à voir avec les effets résultant de la croyance qu'il neigera ou ne neigera pas en août.

Voir mes écrits *Representations* (Cambridge, Mass., MIT Press, 1981, circa p. 30) et « Reply to Brian Loar's *Must Beliefs Be Sentences?* » (*Proceedings of the Philosophy of Science Association for 1982*, sous la dir. de P. Asquith et T. Nickles, East Lansing, Mich., 1983) où ce genre de remarques est employé comme un autre argument pour LP. (Je souhaiterais bien que Tatie lise parfois ce que j'écris !).

l'ontologie était une science *a priori*; mais maintenant, on me dit que ce point de vue est passé de mode. Par conséquent, si les psychologues disent qu'il y a des représentations mentales, je suppose qu'il y en a probablement. Par conséquent, je souscris à l'hypothèse du Langage de la pensée ». Cependant, ce n'est pas vraiment ce que Tatie soutient. Loin de là.

Tatie met la Science cognitive dans le même sac que Sodome, Gomorrhe et Los Angeles. S'il est une chose dont Tatie est intimement convaincue, c'est qu'au plan onto-logique, les psychologues couchent à droite et à gauche. Ainsi, dans le cas présent, bien que les psycholinguistes puissent *parler comme si* leur profession les engageait à l'existence des représentations mentales, pour Tatie cela n'est qu'une façon de parler. À strictement parler, explique-t-elle, les théories psychologiques peuvent être reformulées en élaguant les passages choquants sans qu'elles perdent de leur pouvoir expli-catif / prédictif. Ainsi, un psycholinguiste ontologiquement prodigue peut parler de processus perceptifs qui construisent un arbre d'analyse; par exemple, un arbre qui représente un certain énoncé comme consistant en un syntagme nominal suivi d'un syntagme verbal, comme dans la figure 3.

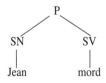

Mais Tatie n'admet pas de tels processus et ne quantifie pas sur de tels arbres. Elle admet plutôt: 1) l'énoncé sous analyse perceptive (ce que j'appellerai dorénavant l'énoncé "distal"); 2) un processus mental qui résulte dans le fait que l'énoncé distal est *entendu comme* consistant en un syntagme nominal suivi d'un syntagme verbal. Notons que, bien qu'elle admette les états mentaux et leurs contenus intentionnels, cette description ontologiquement épurée n'admet pas les représentations mentales. En effet, tout l'intérêt de cette proposition est précisément de souligner qu'il est loisible aux Réalistes intentionnels de postuler des états mentaux représentationnels sans aller plus loin. Si les reformulations sont possibles, alors les faits que les psychologues invoquent pour défendre l'existence des représentations mentales ne suffisent pas à la tâche ; et dans un tel cas, peut-être que rien ne suffit à la tâche.

Les reformulations sont-elles *vraiment* possibles ? À mon avis, certaines le sont et d'autres ne le sont pas, et ces dernières établissent le bien-fondé d'un Langage de la pensée. Des clarifications s'imposent.

Les représentations mentales accomplissent deux tâches dans les théories qui les emploient. Premièrement, elle fournissent une notation canonique pour spécifier le contenu intentionnel des états mentaux. Mais deuxièmement, les symboles mentaux constituent des domaines sur la base desquels les *processus mentaux* sont définis. Si on conçoit un processus mental (extensionnellement) comme une suite d'états mentaux dont chacun est spécifié par rapport à son contenu intentionnel, alors les représentations mentales fournissent un mécanisme pour la construction de ces suites ; elles permettent de passer, d'une façon mécanique, d'un état mental à un autre *en accomplissant des opérations sur les représentations*.

Supposons, par exemple, que les choses vont comme suit en ce qui concerne ce qu'en anglais il est convenu d'appeler les *wh-questions* [1] : de telles phrases ont deux structures en constituants, l'une dans laquelle le syntagme interrogatif est dans la position d'objet, comme dans la figure 4, et l'autre dans laquelle le syntagme interrogatif est dans la position de sujet, comme dans la figure 5. Et supposons que la description psycholinguistique affirme que l'analyse perceptive de tels énoncés nécessite l'assignation de ces structures en consti-

---

1. Il s'agit des questions comportant *what* (quel), *when* (quand), *where* (où), *who* (qui), *why* (pourquoi) ou *how* (comment) (N. d. T.).

tuants dans l'ordre inverse. Tatie peut admettre *ce* compte-rendu *sans* postuler des représentations mentales, *a fortiori* sans postuler des représentations mentales ayant une structure en constituants. Elle peut en effet parler *des contenus intentionnels des états mentaux de l'auditeur* plutôt que des représentations mentales qu'il construit. « L'auditeur, remarque Tatie, commence par représenter l'énoncé distal avec "John" en position de sujet et un SN interrogatif en position d'objet; et il finit par représenter l'énoncé distal avec ces SN dans une configuration inverse. Ainsi, on voit qu'interprété *correctement*, tout le discours sur les représentations mentales se ramène à des affirmations à propos de "percevoir comme" ». Voilà ce que dit Tatie.

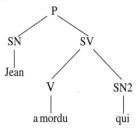

Mais il me semble que Tatie va trop vite. Car ce qui *ne peut* être éliminé de la sorte lors de la reformulation est l'idée selon laquelle l'auditeur passe de l'un de ces états représentationnels à l'autre *en déplaçant un élément de l'arbre d'analyse* (par exemple en déplaçant l'élément qui représente "*who*" comme un constituant de type SN2). Cette partie non traduite du compte rendu ne concerne pas, il faut le noter, les contenus intentionnels qu'a l'auditeur ou l'ordre dans lequel il a ceux-ci. Elle concerne plutôt les mécanismes qui permettent les transitions entre ses états intentionnels. Grosso modo, la description dit que le mécanisme des transitions entre les états mentaux est *computationnel*; et si la description est vraie, alors a) il doit *exister* des arbres d'analyse sur la base desquels les

opérations computationnelles sont définies et b) ces arbres
d'analyse doivent avoir un genre de structure qui permet de
parler du déplacement d'un élément de l'arbre qui ne touche
pas au reste de celui-ci. Ils doivent en fait avoir une structure
en constituants.

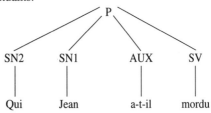

Je dois maintenant faire part d'une bizarrerie chez Tatie
que j'ai du mal à m'expliquer : elle refuse de prendre au
sérieux les engagements ontologiques des théories computationnelles des processus mentaux. Cela est d'autant plus
curieux qu'habituellement, Tatie se plie volontiers à la règle
suivante : si on a une théorie empirique bien fondée, il faut soit
adhérer aux entités auxquelles elle s'engage, soit trouver une
reformulation qui préserve la théorie sans en admettre les
engagements. Tatie pense que c'est ainsi que se comporte un
philosophe bien élevé, et pour une fois, je suis complètement
d'accord avec elle. Ainsi, comme on l'a vu, Tatie propose de
désontologiser la description computationnelle à propos de
l'état consistant à comprendre une phrase : elle propose de
traduire le discours à propos des arbres dans la tête en discours
à propos des énoncés compris sous certaines descriptions. La
proposition semble correcte jusqu'à ce point, mais elle ne va
pas assez loin, car les engagements ontologiques des théories
psychologiques proviennent non seulement de leur description des états mentaux, mais aussi de leur description des
processus mentaux, et la description computationnelle des
processus mentaux semble de façon *inéliminable* engagée à

concevoir les représentations mentales comme des objets structurés.

La morale, je suppose, est que si Tatie refuse d'avaler la pilule, elle devra payer la facture. Les choses étant ce qu'elles sont en ce moment, le prix à payer pour renoncer au Langage de la pensée équivaut à ne pas avoir de théorie de la pensée. Il est étonnant que la philosophie de l'esprit dont on s'est satisfait depuis cinquante ans environ ait consenti volontiers à payer ce prix. Ainsi, alors qu'un empiriste du dix-huitième siècle – Hume, par exemple – tenait pour acquis qu'une théorie des *processus* cognitifs (plus spécifiquement l'Association-nisme) devrait être la pierre angulaire de la psychologie, les philosophes modernes – comme Wittgenstein, Ryle, Gibson et Tatie – n'*ont* aucune théorie de la pensée digne de ce nom. Je pense que cela est consternant ; comment peut-on sérieusement espérer rendre compte adéquatement de la croyance si on est incapable d'expliquer la *fixation* de la croyance ? Mais je ne crois pas que cela soit tout à fait surprenant. Les philosophes modernes qui ne se sont pas ouvertement déclarés béha-vioristes ont très généralement été des béhavioristes déguisés. Et bien qu'un béhavioriste puisse admettre les états mentaux – qu'il identifie à des dispositions comportementales – il ne veut absolument rien entendre des processus cognitifs tels que les enchaînements causaux de pensées. S'il y a une chose dont ne veut pas un béhavioriste, c'est de causes mentales ontologiquement distinctes de leurs effets comportementaux.

Il se peut que Tatie n'ait pas pu tout à fait se départir de l'héritage béhavioriste de sa première formation (il n'est que trop évident que Wittgenstein, Ryle et Gibson l'ont jamais fait). De toute façon, si on lui demande ce qu'elle est prête à reconnaître à la place de processus mentaux computationnels, elle répond sans rougir (je cite) : « Des Mécanismes neuro-logiques inconnus ». (Je crois qu'elle tient peut-être cela de John Searle, dont la théorie de la pensée ressemble assez à la sienne). Si on lui demande ensuite s'il n'y a pas quelque chose de déraisonnable à préférer l'absence de psychologie de la pensée à une psychologie computationnelle de la pensée, elle affecte un silence glacial. Il n'y a rien qu'on puisse faire lorsque Tatie garde ses distances et prend un air anglo-saxon – si ce n'est proposer un argument différent.

ARGUMENT 3 : LA PRODUCTIVITÉ ET LA SYSTÉMATICITÉ

L'argument classique pour montrer que les états mentaux sont complexes a trait à la productivité des attitudes. Il y a (potentiellement) un ensemble infini de types d'états de croyances (par exemple), chacun possédant son objet intentionnel distinct et son rôle causal distinct. Cela s'explique immédiatement si l'on fait l'hypothèse que les états de croyance ont une structure combinatoire ; ils sont en quelque sorte construits à partir d'éléments, et l'objet intentionnel et le rôle causal de chacun de ces états dépendent des éléments qu'il contient et de la façon dont ils sont combinés. LP est, évidemment, un paradigme de ce genre d'explications, puisqu'il conçoit la croyance comme impliquant une relation à un objet ayant une structure syntaxique qu'on présume obéir à une sémantique compositionnelle.

Il y a cependant un problème notoire concernant les arguments s'appuyant sur la productivité. Comme nous sommes mortels, nous n'exploitons en fait pas plus qu'une partie finie de toute capacité mentale. On doit donc avoir recours à une idéalisation pour obtenir la prémisse cruciale selon laquelle les capacités mentales *sont* réellement productives. Il est par exemple tout à fait possible de rejeter la *productivité* de la pensée tout en admettant que les gens ont perpétuellement de nouvelles pensées. On peut imaginer une description – d'esprit vaguement gibsonien – selon laquelle les capacités cognitives impliquent une sorte d'"accordage" (*tuning*) du cerveau. Selon ce point de vue, certaines expériences, quelles qu'elles soient, produisent chez nous de telles capacités, ces expériences ont des Effets neurologiques inconnus (ces Effets neurologiques inconnus sont, il va sans dire, générés par des Mécanismes neurologiques inconnus correspondants), et le résultat en est que nous acquérons un nombre très grand – quoique fini – de dispositions mentales *indépendantes*. Par exemple la disposition à penser que le chat est sur le paillasson en certaines circonstances, la disposition à penser que 3 est un nombre premier en d'autres circonstances, la disposition à penser que les qualités secondes sont épiphénoménales en d'autres circonstances, et ainsi de suite. De nouvelles circonstances peuvent ainsi provoquer de nouvelles pensées sans que la capacité à penser soit productive. Il se pourrait en principe, après l'occurrence de plusieurs pensées, que notre expérience rattrape nos capacités cognitives, de sorte que nous réussissions à penser tout ce que nous sommes capables de penser. Il est inutile de dire que cette conséquence est absurde ; j'en conviens, mais pas Tatie.

Bref, la productivité est requise pour établir que les pensées ont une structure combinatoire et l'idéalisation est requise pour établir la productivité ; il est donc possible pour *qui* ne veut pas admettre la productivité (parce que, par exemple, *elle* n'aime pas LP) de simplement refuser l'idéalisation. Cela est, sans aucun doute, une question empirique qui ne sera pas réglée de sitôt. L'idéalisation scientifique est manifestement appropriée si elle conduit à un certain point à des théories qui sont indépendamment bien confirmées. Mais la justification à longue échéance est une maigre consolation ; peut-être y a-t-il moyen de tirer profit des arguments s'appuyant sur la productivité *sans* invoquer des idéalisations qui peuvent plausiblement être perçues comme tendancieuses.

Voici l'argument que j'entends faire valoir :

a. Il existe une certaine propriété que possèdent les capacités linguistiques en vertu du fait que les langues naturelles ont une sémantique combinatoire.

b. La pensée a cette même propriété.

c. Par conséquent, la pensée doit elle aussi avoir une sémantique combinatoire.

Tatie, qui lit par-dessus mon épaule, remarque que cela a la forme d'une affirmation du conséquent. Soit : ce qui est pour l'un une affirmation du conséquent est pour l'autre une inférence à la meilleure explication.

La propriété des capacités linguistiques que j'ai à l'esprit est une propriété inhérente à l'aptitude à comprendre et à produire des phrases. Cette aptitude est, comme je l'affirmerai, *systématique* : par cela, je veux dire que l'aptitude à produire (comprendre) certaines phrases est *intrinsèquement* liée à l'aptitude à produire (comprendre) plusieurs autres phrases. On peut apprécier la force de ce point en comparant la façon dont on apprend réellement une langue avec l'apprentissage d'une langue par mémorisation d'un énorme recueil d'expressions. Ce que j'affirme ici n'est pas que les recueils d'expressions sont finis et ne peuvent donc décrire exhaustivement que des langues non productives ; cela est vrai, mais j'ai renoncé aux arguments s'appuyant sur la productivité dans le cadre de cette discussion, comme je l'ai expliqué plus haut. Ce que j'affirme maintenant est qu'on peut apprendre *n'importe quelle partie* d'un recueil d'expressions *sans en apprendre le reste*. Par conséquent, selon le modèle du recueil d'expressions, il serait parfaitement possible d'apprendre que prononcer l'expression « Le chat de Mamie est sur le paillasson d'Oncle Arthur » est la façon de dire que le chat de Mamie est sur le paillasson d'Oncle Arthur, sans savoir aucunement comment dire qu'il pleut (ou encore comment dire que le chat d'Oncle Arthur est sur le paillasson de Mamie). J'insiste sur ce point. Je sais, approximativement, comment dire « Qui sa maman aime-t-elle beaucoup ? » en coréen : *ki-iy emma-ka nuku-lil mewu saranna-ci?* Mais puisque j'ai puisé cette connaissance dans un recueil d'expressions, elle ne m'aide pas du tout à dire quoi que ce soit d'autre en coréen. En fait, je ne sais dire rien d'autre en coréen; je viens de brûler ma seule cartouche.

Peut-être va-t-il de soi que cette histoire de recueil d'expressions ne saurait rendre compte de l'acquisition du langage, puisque la connaissance qu'a un locuteur de sa langue maternelle n'est jamais de cet ordre. On ne trouve pas, par exemple, des locuteurs natifs qui savent comment dire en français que Jean aime Marie mais qui ne savent pas comment dire en français que Marie aime Jean. Si on trouvait quelqu'un ayant une telle difficulté, on présumerait qu'il n'est pas de langue maternelle française mais plutôt une sorte de touriste. (Cela est une importante raison pour laquelle il est si trompeur de parler du jeu des blocs et des dalles que Wittgenstein décrit au paragraphe 2 des *Investigations* comme d'un «langage primitif complet» : cette conception du langage ne tient pas du tout compte de la systématicité des capacités linguistiques – sans parler de leur productivité).

Notons en passant que la systématicité (tout comme la productivité) est une propriété des phrases et non des mots. Le modèle du recueil d'expressions concorde *réellement* avec ce que c'est qu'apprendre le *vocabulaire* français, puisque lorsqu'on apprend le vocabulaire français, on acquiert plusieurs dispositions qui sont en fait *indépendantes*. Ainsi on pourrait parfaitement bien apprendre qu'utiliser l'expression "chat" est la façon de référer aux chats sans savoir aucunement qu'utiliser l'expression «conifères à feuilles caduques» est la façon de référer aux conifères à feuilles caduques. Mes amis linguistes me disent qu'il y a des langues dont, contrairement au français, le lexique, de même que la syntaxe, est productif. C'est l'enfance de l'art que de prédire que la maîtrise du vocabulaire d'un locuteur natif de cette langue sera toujours systématique. La productivité et la systématicité vont de pair;

si on postule des mécanismes qui conviennent pour rendre compte de la première, alors – en supposant qu'on soit prêt à idéaliser – on aura automatiquement un compte rendu de la seconde.

De quelle sorte de mécanismes est-il question ? La solution de rechange au recours au recueil d'expressions pour expliquer l'acquisition du langage dépend de l'idée, plus ou moins devenue la norme dans le domaine depuis Frege, que les phrases d'une langue naturelle ont une sémantique combinatoire (de même, *mutatis mutandis*, que le lexique des langues dont le lexique est productif). Selon ce point de vue, apprendre une langue est apprendre une procédure parfaitement générale pour déterminer la signification d'une phrase à partir de la spécification de sa structure syntaxique et de la signification de ses éléments lexicaux. Les capacités linguistiques *ne peuvent être* que systématiques selon ce compte rendu, parce que, grosso modo, les mécanismes combinatoires mêmes qui déterminent la signification de n'importe laquelle des phrases détermine la signification de toutes les autres.

Notons deux choses :

Premièrement, on peut admettre ces points à propos de la systématicité de la langue sans recourir à l'idéalisation à des capacités computationnelles astronomiques. La *productivité* est à l'œuvre dans notre aptitude à comprendre les phrases qui ont des millions et des millions de mots. Mais la *systématicité* implique des faits qui nous concernent plus directement, c'est-à-dire des faits tels que celui mentionné plus haut, à savoir qu'aucun locuteur natif n'en vient à comprendre l'expression « Jean aime Marie » sans *aussi* en venir à comprendre l'expression « Marie aime Jean ». Si tant est qu'il existe des données « indépendantes de la théorie » pour contraindre nos spéculations à propos du langage, celle-ci doit certes être du nombre.

Deuxièmement, si la systématicité des capacités linguistiques dépend du fait que les phrases ont une sémantique combinatoire, le fait que les phrases ont une sémantique combinatoire dépend du fait qu'ils ont une structure en constituants. On ne peut construire la signification d'un objet à partir de la signification de ses constituants à moins qu'il n'*ait* des constituants. Les phrases du français n'auraient pas de sémantique combinatoire si elles n'étaient pas faites de mots et d'expressions récurrents.

Voici donc l'argument : les capacités linguistiques sont systématiques, et c'est parce que les phrases ont une structure en constituants. Mais les capacités cognitives sont systématiques elles aussi, et cela doit être parce que les *pensées* ont une structure en constituants. Mais si les pensées ont une structure en constituants, alors LP est vrai. Donc je gagne et Tatie perd. Super !

Je suppose que ce que l'on doit défendre ici est l'idée selon laquelle les capacités cognitives sont systématiques et *non pas* l'idée selon laquelle la systématicité des capacités cognitives implique la structure combinatoire des pensées. Je peux compter sur la validité de la seconde idée, faute de pouvoir expliquer la systématicité autrement. Comment savons-nous donc que les capacités cognitives sont systématiques ?

Un argument rapide est que les capacités cognitives doivent être *au moins* aussi systématiques que les capacités linguistiques, puisque la fonction du langage est d'exprimer la pensée. Comprendre une phrase consiste à saisir la pensée que son énonciation communique normalement ; il ne serait donc pas possible que tous ceux qui comprennent la phrase « Jean aime Marie » comprennent également la phrase « Marie aime Jean » s'il n'était pas le cas que tous ceux qui peuvent *avoir la pensée* que Jean aime Marie peuvent également avoir la pensée que Marie aime Jean. Il n'est pas possible que le langage exprime la pensée *et* que le langage soit systématique sans que la pensée soit aussi systématique que le langage.

Et il est suffisamment systématique pour mettre Tatie dans l'embarras. Car, évidemment, la systématicité de la pensée ne s'ensuit *pas* de ce que Tatie est prête à concéder ; à savoir le simple Réalisme intentionnel. Si avoir la pensée que Jean aime Marie consiste à être dans un État neurologique inconnu mais sémantiquement évaluable et avoir la pensée que Marie aime Jean consiste à être dans une autre État neurologique inconnu mais sémantiquement évaluable, alors le moins qu'on puisse dire est qu'il n'est pas évident de savoir pourquoi Dieu n'aurait pu créer un être capable d'être dans l'un de ces États neurologiques sémantiquement évaluables mais pas dans l'autre, c'est-à-dire un être capable d'avoir l'une de ces pensées mais pas l'autre. Mais s'il est compatible avec le Réalisme intentionnel que Dieu puisse avoir créé un tel être, alors le Réalisme intentionnel n'explique pas la systématicité de la pensée; comme on l'a vu, le Réalisme intentionnel peut se résumer à l'affirmation selon laquelle il y *a* des Conditions neurologiques sémantiquement évaluables.

En un mot, ce qui est requis pour expliquer la systématicité de la pensée semble être le Réalisme intentionnel *de même que* LP. LP affirme qu'avoir une pensée, c'est être relié à un ensemble structuré de représentations; or, vraisemblablement, avoir la pensée que Jean aime Marie est *ipso facto* avoir accès aux mêmes représentations et aux mêmes structures représentationnelles qu'il est nécessaire d'avoir pour avoir la pensée que Marie aime Jean. Il est donc *évident* que quiconque est en mesure d'avoir l'une de ces pensées est *ipso facto* en mesure d'avoir l'autre. LP explique la systématicité de la pensée; le simple Réalisme intentionnel ne l'explique pas (le Connexionnisme non plus, pour *exactement* les mêmes raisons). Je réfute donc Tatie et ses amis !

Je termine avec quatre remarques :

Premièrement, cet argument tient pour acquis que la systématicité est *au moins parfois* un trait contingent de la pensée; il y a *au moins quelques cas* dans lesquels il est logiquement possible pour un être d'être capable d'avoir une seule des deux propositions aux contenus apparentés.

Je veux cependant rester neutre sur la question de savoir si la systématicité est *toujours* un trait contingent de la pensée. Par exemple, un philosophe qui souscrit à une théorie forte des « rôles inférentiels » concernant l'individualisation des concepts logiques pourrait soutenir qu'on ne peut, en principe, avoir la pensée que (*P* ou *Q*) à moins d'être capable d'avoir la pensée que *P*. (L'argument pourrait vouloir que l'aptitude à inférer (*P* ou *Q*) de *P* est *constitutive de la possession* du concept de disjonction). Si c'est juste, alors – dans cette mesure – LP n'est pas requis pour expliquer la systématicité des pensées qui contiennent le concept OU ; du fait qu'on peut penser que (*P* ou *Q*), il *s'ensuit* simplement qu'on peut aussi penser que *P*.

Tatie est évidemment libre d'essayer d'expliquer *tous* les faits à propos de la systématicité de la pensée de cette façon. Je lui souhaite bien du plaisir. Il me semble parfaitement clair qu'il pourrait y avoir des êtres dont les capacités mentales constituent un sous-ensemble propre de l'ensemble de nos capacités mentales, c'est-à-dire des êtres dont la vie mentale, considérée selon notre perspective, semblerait contenir des lacunes. Si la sémantique des rôles inférentiels nie cela, alors tant pis pour la sémantique des rôles inférentiels.

Deuxièmement, il est, comme toujours, essentiel de ne pas confondre les propriétés des attitudes avec les propriétés de leurs objets. Je suppose qu'il *est* nécessairement vrai que les *propositions* sont "systématiques", c'est-à-dire que s'il y a la proposition que Jean aime Marie, alors il y a aussi la proposition que Marie aime Jean. Mais cette nécessité n'est d'aucun secours pour Tatie, puisqu'elle n'explique pas la systématicité de notre capacité à *saisir* les propositions. Ce qu'explique LP – et, répétons-le, ce que le simple Réalisme intentionnel n'explique pas – c'est un aspect de notre psychologie empirique : le lien *de facto*, contingent entre notre aptitude à avoir une pensée et notre aptitude à en avoir une autre.

Troisièmement, plusieurs des meilleurs amis de Tatie soutiennent que ce qu'il y a de particulier au langage, c'est que c'est seulement lorsqu'on en vient à expliquer les capacités linguistiques que l'appareil théorique de LP est requis. Mais en fait, on peut repousser l'échelle : il n'est pas nécessaire de recourir à la systématicité du langage pour justifier la systématicité de la pensée. Tout ce qu'il faut, c'est qu'il soit d'une part vrai et d'autre part non *nécessairement* vrai que quiconque est capable de penser que Jean aime Marie est *ipso facto* capable de penser que Marie aime Jean.

Tatie peut évidemment soutenir l'hypothèse *empirique* selon laquelle la pensée n'est systématique que pour les êtres qui parlent une langue. Mais pensons à ce que cela voudrait dire si c'était le cas. Il devrait alors être tout à fait courant de trouver, par exemple, des animaux capables d'apprendre à répondre de manière sélective à une situation telle que *a R b*, mais qui seraient complètement incapables d'apprendre à répondre de manière sélective à une situation telle que *b R a* (de sorte qu'on pourrait apprendre à l'animal à choisir l'image contenant le carré plus grand que le triangle, mais que, en dépit de tous nos efforts, on ne pourrait lui apprendre à choisir l'image où le triangle est plus grand que le carré). Je ne suis pas particulièrement versé dans les rats et les pigeons, mais j'ai déjà suivi un cours de psychologie comparative et je suis prêt à vous assurer qu'en général, les esprits des animaux ne sont pas comme cela.

La position qu'on adopte à propos du caractère *productif* de l'esprit ces animaux est peut-être en partie une question de goût, mais la question de savoir s'il ont un esprit systématique est on ne peut plus empirique. Et, généralement parlant, ils ont un tel esprit.

Quatrièmement, un tout petit peu de systématicité de la pensée suffit à rendre les choses difficiles pour Tatie puisque, comme il a été remarqué précédemment, le simple Réalisme intentionnel est compatible avec l'absence totale de systématicité de la pensée. Et cela est pour le mieux, car bien qu'on puisse être sûr que la pensée est plutôt systématique, on ne peut sans doute savoir à quel point. En effet, si on est incapable d'avoir la pensée que *P*, alors je suppose qu'on doit aussi être incapable d'avoir la pensée qu'on est incapable d'avoir la pensée que *P*. Il est donc au moins plausible que dans la mesure où nos capacités cognitives ne sont *pas* systématiques, le fait qu'elles ne le sont pas échappera forcément à notre attention. Il n'y a aucun doute que cela laisse entrevoir des possibilités épistémiques qui donnent froid dans le dos, mais, comme je l'ai dit, cela n'a pas d'importance en ce qui concerne les objectifs polémiques présents. Le fait qu'il existe de *quelconques* liens contingents entre nos capacités à avoir des pensées est remarquable quand on le considère correctement. Je ne connais aucun compte rendu de ce fait qui soit équivalent à LP. Tatie n'en connaît pas non plus.

Nous avons donc trouvé au moins trois raisons pour préférer LP au simple Réalisme intentionnel, et trois raisons devraient suffire à n'importe laquelle des Taties. Mais peut-on discerner une quelconque morale générale ? Peut-être que celle-ci fera l'affaire :

Si on considère l'esprit du point de vue qui est récemment devenu le favori des philosophes, le caractère sémantiquement évaluable des états mentaux qui occupe le premier plan. Ce qui est énigmatique à propos de l'esprit est qu'une chose *physique* puisse avoir des conditions de satisfaction, et les polémiques qui tournent autour du Réalisme intentionnel sont celles que cette énigme engendre. Par ailleurs, si on considère l'esprit du point de vue du psychologue cognitif, les principaux problèmes touchent les processus mentaux. Ce qui intrigue les psychologues est la fixation de la croyance et, plus généralement, les relations causales et contingentes qui existent entre les états de l'esprit. Les doctrines caractéristiques de la psychologie cognitive moderne (y compris, notamment, l'idée selon laquelle les processus mentaux sont computationnels) sont ainsi dans une large mesure motivées par les problèmes relatifs à la causalité mentale. Il n'est pas étonnant, étant donné cette divergence des intérêts principaux, que les philosophes aient l'impression que la théorie computationnelle de l'esprit est sensibilisée surtout aux difficultés techniques concernant les mécanismes et de leur implémentation, et que les psychologues aient l'impression que le Réalisme intentionnel est sensibilisé surtout aux problèmes métaphysiques et ontologiques concernant la place du contenu dans l'ordre de la nature. Au fond, ce que les philosophes et psychologues veulent vraiment se dire l'un à l'autre est « Pourquoi vous intéressez-vous tant à *cela* ? ».

Comme oncle Hegel se plaisait à le dire, l'ennui avec les perspectives est qu'elles sont, par définition, des points de vus *partiels*; on ne se rend compte des Vrais problèmes que lorsque, au cours du développement de l'Esprit universel, les limites de la perspective en viennent à être transcendées. Ou encore, pour l'exprimer de manière moins technique, il est utile de pouvoir voir l'éléphant dans sa totalité. Dans le cas présent, je crois que l'éléphant dans sa totalité ressemble à ceci : la clé de la nature de la cognition est que les processus mentaux préservent les propriétés sémantiques des états mentaux ; les enchaînements de pensées, par exemple, préservent en général la vérité, de sorte que si on amorce l'enchaînement avec des hypothèses vraies, on arrive en général à des conclusions qui sont aussi vraies. Le problème central concernant l'esprit cognitif est de comprendre comment cela est possible. Et j'affirme que ni les intérêts métaphysiques qui motivent les Réalistes intentionnels ni les problèmes concernant l'implémentation qui motivent les psychologues cognitifs ne suffisent à circonscrire la question. Pour saisir celle-ci, on doit considérer les problèmes concernant le contenu et les problèmes concernant les processus *en même temps*. Voilà où en est l'Esprit universel.

Si Tatie l'a dit une fois, elle l'a dit cent fois : les enfants devraient jouer gentiment ensemble et respecter le point de vue de chacun. Je crois bien que Tatie sur ce point a raison.

JERRY A. FODOR

Traduit de l'anglais par Martin Montminy et Alain P. Bruneau

BIBLIOGRAPHIE SÉLECTIVE
DE LA PHILOSOPHIE DE L'ESPRIT
EN LANGUE FRANÇAISE

Cette bibliographie n'a d'autre ambition que d'indiquer quelques titres qui traitent principalement de la philosophie de l'esprit et des sciences cognitives. Nous avons donc exclu les études historiques, par exemple les nombreuses études portant soit sur Husserl et la psychologie descriptive, soit sur Wittgenstein, parce qu'il existe de nombreuses bibliographies qui en traitent alors qu'il n'en existe aucune qui couvre le champ de la philosophie de l'esprit en tant que discipline. Nous avons organisé les titres sélectionnés autour de quatre rubriques, soit les monographies, les ouvrages collectifs, les articles et les numéros de revue dont le thème porte principalement sur la philosophie de l'esprit et/ou les sciences cognitives. Dire d'une bibliographie qu'elle est sélective ne signifie pas, il va sans dire, qu'elle ne pêche pas par omission! Notre seule préoccupation ici est de fournir à nos étudiants un outil dont la seule fonction est de faciliter l'accès à cette discipline.

MONOGRAPHIES

ABDI, Hervé. 1994. *Les Réseaux de neurones.* Grenoble, Presses Universitaires de Grenoble, 365 p.

ALEKSANDER, Igor. 1984. *Introduction à la conception des systèmes intelligents* [*Designing Intelligent Systems: An Introduction*], trad. Par Jean-Claude Sabonnadière, Paris, Hermes, 165 p.

ANDREEWSKY, Evelyne *et al.* 1991. *Systémique et Cognition*, Paris, Dunod, 194 p.

ANSCOMBE, Elisabeth. 1963. *Intentions* [*Intentions*], trad. par Mathieu Maurice et Cyrille Michon, pref. de Vincent Descombes, Paris, Gallimard, 2002, 160 p.

ANTONIOL, Lucie. 1993. *Lire Ryle aujourd'hui: Aux sources de la philosophie analytique,* préf. de T. S. Champlin. Bruxelles, de Boeck-Wesmael, 133 p.

AUSTIN, John Langshaw. 1955. *Quand dire, c'est faire* [*How to Do Things with Words*], intr., trad. et commentaire par Gilles Lane, Paris, Seuil, 1970, 183p.

– 1965. *Le Langage de la perception* [*Sense and Sensibilia*]. Texte établi d'après les notes manuscrites par Goeffrey-James Warnock, trad. par Paul Gochet, Paris, Colin, 1971, 173 p.

– 1966. *Écrits philosophiques* [*Philosophical Papers*], trad. par Lou Aubert et Anne-Lise Hacker, introduction de Lou Aubert, Paris, Seuil, 1994, 247p.

BECHTEL, William et Adele A. Abrahamsen. 1991. *Le Connexionnisme et l'esprit: Introduction au traitement parallèle par réseaux* [*Connectionism and the Mind: An Introduction to Parallel Processing in Networks*], trad. par Joëlle Proust, Paris, Éditions La Découverte, 1993.

BITBOL, Michel. 2002. *Physique et philosophie de l'esprit*, Paris, Flammarion.

BONNET, Claude, *et al.* 1989. *Traité de psychologie cognitive,* 3 t., Paris, Dunod.

BOUVERESSE, Jacques. 1971. *La Parole malheureuse: De l'alchimie linguistique à la grammaire philosophique*, Paris, Minuit, 475 p.

– 1976. *Le Mythe de l'intériorité: Expérience, signification et langage privé chez Wittgenstein*, Paris, Minuit, 734 p.

– 1995. *Langage, perception et réalité*, Paris, Chambon.

BRAFFORT, Paul. 1968. *L'Intelligence artificielle*, Paris, P.U.F., 175 p.

BRENTANO, Franz Clemens. 1874. *La Psychologie du point de vue empirique* [*Psychologie vom empirischen Standpunkte*], trad. et préf. par Maurice de Gandillac, Paris, Aubier-Montaigne, 1944, 461 p.

CANGUILHEM, Georges. 1980. *Le Cerveau et la pensée*, Paris, MURS-Sorbonne.

CELLERIER, Guy, Gilbert VOYAT et Seymour PAPERT. 1968. *Cybernétique et épistémologie*, Paris, P.U.F., 142 p.

CHANGEUX, Jean-Pierre et Alain CONNES. 1989. *Matière à pensée*, Paris, O. Jacob, 267 p.

CHANGEUX, Jean-Pierre, et Paul RICŒUR. 1998. *Ce qui nous fait penser*, Paris, O. Jacob, 350 p.

CHANGEUX, Jean-Pierre. 1983. *L'Homme neuronal*, Paris, Fayard, 419 p.

– 1988. *Molécule et Mémoire*. Gourdon : Bedou, 133 p.

– 1994. *Raison et Plaisir*, Paris, O. Jacob, 220 p.

CHISHOLM, Roderick et Wilfrid SELLARS. 1958. *Routes et déroutes de l'intentionnalité, Correspondance sur l'intentionnalité*, trad. par Fabien Cayla, Combas, Éditions de l'Éclat, 1991, 95 p.

CHOMSKY, Noam. 1964. *Structures syntaxiques* [*Syntaxic Structures*], trad. par Michel Breaudeau, Paris, Seuil, 1969, 144 p.

– 1966. *La Linguistique cartésienne : Un chapitre dans l'histoire rationaliste,* suivi de *La Nature formelle du langage* [*Cartesian Linguistics*], trad. par Nelcya Delanoë et Dan Sperber, Paris, Seuil, 1969, 182 p.

– 1968. *Le Langage et la pensée* [*Language and Mind*], trad. par Louis-Jean Calvet, Paris, Payot, 1968, 145 p.

– 1977a. *Essais sur la forme et le sens* [*Essays on Form and Interpretations*], trad. par J. Sampy, Paris, Seuil, 1980, 278 p.

– 1977b. *Réflexions sur le langage* [*Reflections on Language*], trad. par Judith Milner, Béatrice Vautherin et Pierre Fiala, Paris, Maspero, 1977, 283 p.

– 1978. *Règles et représentations* [*Rules and Representations*], trad. par Alain Khim, Paris, Flammarion, 1985, 285 p.

CHURCHLAND, Patricia. 1999. *Neurophilosophie : l'esprit-cerveau*, trad. sous la dir. de Maryse Siksou [*Neurophilosophy : toward a unified science of the mind-brain*], Paris, P.U.F.

CHURCHLAND, Paul M. 1984. *Matière et conscience*, [*Matter and consciousness*], trad. de G. Chazal, Seyssell, Champs Vallon, 1999, 232 p.

– 1995. *Le Cerveau : moteur de la raison, siège de l'âme* [*The Engine of Reason, the Seat of the Soul : a philosophical journey into the brain*], trad. par Aline Pélissier, Paris, De Boeck, 1999, 368 p.

CORDIER, Françoise. 1993. *Les Représentations cognitives privilégiées : Typicalité et niveau de base*, Lille, Presses Universitaires de Lille, 187 p.

– 1994. *Représentations cognitives et langage : Une conquête progressive*, Paris, Colin, 129 p.

CREVIER, Daniel, 1993. *À la recherche de l'intelligence artificielle* [*The Tumultuous History of the Search for Artificial Intelligence*], trad. par N. Bucsek, Paris, Flammarion, 1997, 438 p.

CRICK, Francis. 1994. *L'Hypothèse stupéfiante : À la recherche scientifique de l'âme* [*The Astonishing Hypothesis*], Paris, Plon, 1995, 432 p.

DAMASIO, Antonio R. 1995. *L'Erreur de Descartes : La raison des émotions* [*Descartes' Error : Emotion, Reason and the Human Brain*], trad. par Marcel Blanc, Paris, O. Jacob, 1995, 368 p.

DAVIDSON, Donald. 1980. *Actions et événements* [*Essays on Action and Events*], trad. par Pascal Engel, Paris, P.U.F., 1993, 402 p.

– 1984. *Enquêtes sur la vérité et l'interprétation* [*Inquiries into Truth and Interpretation*], trad. par Pascal Engel, Nîmes, Chambon, 1993, 415 p.

– 1991. *Paradoxes de l'irrationalité*, trad. par Pascal Engel, Combas, Éditions de l'Éclat, 1991, 79 p.

DAWKINS, Richard. 1976. *Le Gène égoïste* [*The Selfish Gene*], trad. par Julie Pavert et Nadine Chaptal, Paris, Mengès, 1978, 290 p.

– 1988. *L'Horloger aveugle* [*The Blind Watchmaker*], trad. par Bernard Sigaud, Paris, Laffont, 1989, 360 p.

– 1995, *Le Fleuve de la vie : Qu'est-ce que l'Évolution ?* [*River out of Eden : a Darwinian view of life*], Paris, Hachette Littératures, 1997, 190 p.

DEBRU, Claude. 1983. *L'Esprit des protéines : Histoire et philosophie biochimiques*, Paris, Hermann, 365 p.

– 1990. *Neurophilosophie du rêve*, Paris, Hermann, 398 p.

DENNETT, Daniel Clemens. 1987. *La Stratégie de l'interprète : Le sens commun et l'univers quotidien* [*The Intentional Stance*], trad. par Pascal Engel, Paris, Gallimard, 1990, 493 p.

– 1991. *La Conscience expliquée* [*Consciousness Explained*], trad. par Pascal Engel, Paris, O. Jacob, 628 p.

– 1995. *Darwin est-il dangereux ?* [*Darwin's Dangerous Ideas*], Paris, O. Jacob, 2000.

– 1996. *La Diversité des esprits : Une approche de la conscience* [*Kinds of Minds : Toward an Understanding of Consciousness*], trad. par Alexandre Abensour, Paris, Hachette, 1998, 240 p.

DESCOMBES, Vincent. 1995. *La Denrée mentale*, Paris, Minuit, 348 p.

– 1996. *Les Institutions du sens*, Paris, Minuit, 349 p.

DOKIC, Jérome. 2001. *L'Esprit en mouvement. Essai sur la dynamique cognitive*, Stanford, CSLI, collection langage et esprit.

DEURWAERDERE, Tom 2002. *Action et contexte*, Hildesheim, Olms, 237 p.

DREYFUS, Hubert L. 1972. *L'Intelligence artificielle, mythes et limites* [*What Computers Can't Do : The Limits of Artificial Intelligence*], trad. par Rose-Marie Vassallo-Villaneau et Daniel Andler, présentation d'Andler et Perriault, commentaires d'Arsac, Borillo et Pitrat, Paris, Flammarion, 1984, 443 p.

DUMOUCHEL, Paul. 1995. *Émotions : Essai sur le corps et le social*, Paris, Synthélabo, 230 p.

DUPUY, Jean-Pierre. 1994. *Aux Origines des sciences cognitives*, Paris, Éditions La Découverte, 187 p.

– 1999. *Éthique et philosophie de l'action*, Paris, Ellipses, 431 p.

ECCLES, John C. 1989. *Évolution du cerveau et création de la conscience : À la recherche de la vraie nature de l'homme* [*Evolution of the Brain : Creation of the Conscious Self*], trad. par Jean-Mathieu Luccioni et Elhanan Motzkin, Paris, Fayard, 1992, 360 p.

ECO, Umberto. 1988. *Sémiotique et philosophie du langage* [*Semiotica e filosofia del linguaggio*], trad. par Myriem Bouzaher, Paris, P.U.F., 285 p.

– 1989. *Les Limites de l'interprétation*, trad. par Myriem Bouzaher, Paris, Grasset, 1992, 406 p.

EDELMAN, Gerald M. 1989. *Biologie de la conscience.* [*Bright Air, Brilliant Fire : On the Matter of Mind*], trad. d'Ana Gerschenfeld, Paris, O. Jacob, 1992, 368 p.

EHRLICH, Marie-France, Hubert TARDIEU et Marc CAVAZZA. 1993. *Les Modèles mentaux : Approche cognitive des représentations,* introduction de P. N. Johnson-Laird, Paris, Masson, 183 p.

ELSTER, Jon. 1979. *Le Laboureur et ses enfants : Deux essais sur les limites de la rationalité* [*States that are Essentially By-products*], trad. par Abel Gerschenfeld, Paris, Minuit, 1986, 199 p.

ENGEL, Pascal. 1992. *États d'esprit : questions de philosophie de l'esprit.* Aix-en-Provence, Alinéa. 1994a *Introduction à la philosophie de l'esprit*, Paris, Éditions La Découverte, 253 p.

– 1994b. *Davidson et la philosophie du langage*, Paris, P.U.F., 354 p.

– 1996. *Philosophie et psychologie*, Paris, Gallimard, 473 p.

FARRENY, Henri, et Mallik GALLAB. 1987. *Éléments d'intelligence artificielle*, Paris, Hermes, 367 p.

FAUCONNIER, Gilles. 1984. *Espaces mentaux : Aspects de la construction du sens dans les langues naturelles*, Paris, Minuit, 216 p.

FISETTE, Denis. 1994. *Lecture frégéenne de la phénoménologie*, Combas, Éditions de l'Éclat, 125 p.

FISETTE, Denis et Pierre POIRIER. 2000. *Philosophie de l'esprit, état des lieux*, Paris, Vrin, 352 p.

FLANAGAN, Owen. 1991. *Psychologie morale et éthique.* [*Varieties of Moral Personality : Ethics and Psychological Realism*], trad. par Sophie Marnat, Paris, P.U.F., 1996, 486 p.

FLORES, Carlos Fernando, et Terry WINOGRAD. 1986. *L'Intelligence artificielle en question* [*Understanding Computers and Cognition*], trad. par Jean-Louis Peytavin, préf. de Lucien Sfez, Paris, P.U.F., 1989, 295 p.

FODOR, Jerry A. 1968. *L'explication en psychologie : Une introduction à la philosophie de la psychologie* [*Psychological Explanation*], Paris, Seghers, 1972, 205 p.

FODOR, Jerry A., et Zenon PYLYSHYN. 1983. *La Modularité de l'esprit : Essai sur la psychologie des facultés*, trad. par Abel Gerschenfeld, Paris, Minuit, 1986, 178 p.

FOURASTIÉ, Jean. 1975. *Comment mon cerveau s'informe : Informatique cérébrale* – journal de recherche (1947-1974), Paris, Laffont, 285 p.

GANASCIA, Jean-Gabriel. 1990. *L'Âme-machine : Les enjeux de l'intelligence artificielle*, Paris, Seuil, 279 p.

– 1996. *Les Sciences cognitives : Un exposé pour comprendre, un essai pour réfléchir*, Paris, Flammarion, 127 p.

GARDNER, Howard. 1985. *Histoire de la révolution cognitive : La nouvelle science de l'esprit* [*The Mind's New Science : A History of the Cognitive Revolution*], trad. par Jean-Louis Peytavin, Paris, Payot, 1993, 487 p.

GERMAIN, Michel. 1986. *L'Intelligence artificieuse*, Montréal, Hexagone, 252 p.

GIRARD, Jean-Yves, et Allan Matheson TURING. 1995. *La Machine de Turing*, Paris, Seuil, 175 p.

HARRISON, Harry et Marvin MINSKY. *Le Problème de Turing* [*The Turing option*], Paris, Librairie générale de France, 1998, 541 p.

HAUGELAND, John. 1985. *L'Esprit dans la machine : Fondements de l'intelligence artificielle* [*Artificial Intelligence : The Very Idea*], trad. par Jacqueline Henry, Paris, O. Jacob, 1989, 256 p.

HINTIKKA, Jaakko. 1975. *L'Intentionnalité et les mondes possibles* [*The Intentions of Intentionality and Other New Models for Modalities*], trad. et présentation de Nadine Lavand, Lille, Presses Universitaires de Lille, 1989, 227 p.

HOCHMANN, Jacques, et Marc JEANNEROD. 1991. *Esprit, où es-tu ? : Psychanalyse et neurosciences*, Paris, O. Jacob, 280 p.

HODGES, Andrew G. 1988. *Alan Turing et l'énigme de l'intelligence* [*Artificial Intelligence : The Enigma of Intelligence*], trad. par Nathalie Zimmermann, préf. de Hervé le Guyader, Paris, Payot, 1988, 437 p.

HOFSTADTER, Douglas R. 1979. *Gödel, Escher, Bach : Les brins d'une guirlande éternelle* [*Gödel, Escher, Bach : An Eternal Golden Braid*], trad. par Jacqueline Henry et Robert French, Paris, InterÉditions, 1985, 883 p.

JACOB, Pierre. 1980. *L'Empirisme logique : Ses antécédents, ses critiques*, Paris, Minuit, 306 p. 1997. *Pourquoi les choses ont-elles un sens ?*, Paris, O. Jacob, 368 p.

JAMES, William. 1909. *Précis de psychologie* [*Textbook of Psychology, Briefer Course*], trad. par Émile Baudin et Georges Bertier, Paris, Rivière, 1946, 631 p.

– 1963. *Le Pragmatisme* [*Pragmatism*], trad. par E. le Brun, introduction de Henri Bergson, Paris, Flammarion, 1968, 247 p.

– 1886. *Expériences d'un psychiste*, trad. par E. Durandeaud, introduction de René Sudre, Paris, Payot, 1972, 238 p.

JEANNEROD, Marc. 1983. *Le Cerveau-Machine : Physiologie de la volonté*, Paris, Fayard.

– 1996. *De la physiologie mentale*, Paris, O. Jacob, 244 p.

JOHNSON-LAIRD, Philip Nicholas. 1988. *L'Ordinateur et l'esprit* [*The Computer and the Mind : An Introduction to Cognitive Science*], trad. par Jacqueline Henry, Paris, O. Jacob, 1994, 472 p.

KOLINSKY, Régine, José MORAIS et Juan SEGUI. 1991. *La Reconnaissance des mots dans les différentes modalités sensorielles : Étude de psycholinguistique cognitive*, Paris, Springer-Verlag, 320 p.

KREMER-MARIETTI, Angèle. 1994. *La Philosophie cognitive*, Paris, P.U.F., 127 p.

KRIPKE, Saul A. 1972. *La Logique des noms propres* [*Naming and Necessity*], Paris, Minuit, 1982, 173 p.

– 1982. *Règles et langage privé : Introduction au paradoxe de Wittgenstein* [*Wittgenstein on Rules and Private Language : An Elementary Exposition*], trad. par Thierry Marchaisse, Paris, Seuil, 1996, 170 p.

LA METTRIE, Julien Offray de. 1748. *L'Homme machine*, présenté et établie par Paul Laurent Assoun, Paris, Denoël, Gonthier, 1981, 224 p.

LACHARITÉ, Normand. 1986. *Amorces systémiques d'une théorie naturaliste de la représentation comme acte et comme relation*, Montréal, Université du Québec à Montréal, 77 p.

LAUGIER, Sandra. 1992. *L'Anthropologie logique de Quine : l'apprentissage de l'obvie*, Paris, Vrin, 1992, 288p.

LAURIER, Daniel. 1993. *Introduction à la philosophie du langage,* Liège, Mardaga, 322 p.

LE MOIGNE, Jean-Louis. 1977. *La Théorie du système général, théorie de la modélisation*, 4e édition revue et augmentée, Paris, P.U.F., 1994, 338 p.

– 1986. *Intelligence des mécanismes, mécanismes de l'intelligence : Intelligence et sciences de la cognition*, Paris, Fayard, Fondation Diderot, 367 p.

– 1990. *La Modélisation des systèmes complexes*, Paris, Bordas, Dunod, 178 p.

LE NY, Jean-François. 1979. *La Sémantique psychologique*, Paris, P.U.F., 257 p.

– 1989. *Science cognitive et compréhension du langage*, Paris, P.U.F., 249 p.

LÉVY, Pierre. 1987. *La Machine univers : Création, cognition et culture informatique*, Paris, Éditions La Découverte, 239 p.

– 1990. *Les Technologies de l'intelligence : L'avenir de la pensée à l'ère de l'informatique*, Paris, Éditions La Découverte, 233 p.

– 1991. *L'Idéographie dynamique : Vers une imagination artificielle ?*, Paris, Éditions La Découverte, 178 p.

– 1992. *De la programmation considérée comme l'un des beaux-arts*, Paris, Éditions La Découverte, 245 p.

LIVET, Pierre. 1994. *La Communauté virtuelle : Action et communication*, Combas, Éditions de l'Éclat, 303 p.

MAESSCHALCK, Marc. 2001. *Normes et contextes*, Hildesheim, Olms, 324 p.

MATURANA, Humberto Romecin, et Francisco J. VARELA. 1992. *L'Arbre de la connaissance [The Tree of Knowledge]*, trad. par François-Charles Fabien et Hélène Trocmé-Fabre, Paris ; Don Mills (Ontario), Addison-Wesley, 1994, 256 p.

MERLEAU-PONTY, Maurice. 1942. *La Structure du comportement*, 3ᵉ éd, Paris, P.U.F., 1953, 248 p.

MILGRAM, Maurice. 1993. *Reconnaissance des formes : Méthodes numériques et connexionnistes*, Paris, Colin, 176 p.

MINSKY, Marvin. 1985. *La Société de l'esprit [The Society of Mind]*, trad. par Jacqueline Henry, Paris, InterÉditions, 1988, 653 p.

MISSA, Jean-Noël. 1993. *L'Esprit-cerveau : La philosophie de l'esprit à la lumière des neurosciences*, Paris, Vrin, 266 p.

MONTMINY, Martin. 1997. *Les Fondements empiriques de la signification*, Montréal, Bellarmin, 234 p.

MUMFORD, Lewis. 1967. *Le Mythe et la machine [The Myth of the Machine]*, trad. par Leo Dile, 2 t., Paris, Fayard, 1974, 140 p.

NADAL, Jean-Pierre. 1993. *Réseaux de neurones : De la physique à la psychologie*, Paris, Colin, 152 p.

NAGEL, Ernest, James Roy Newman, Kurt Gödel, et Jean-Yves Girard. 1968. *Le Théorème de Gödel* [*Gödel's Proof*], trad. par Jean-Baptiste Scheller, Paris, Seuil, 1989, 178 p.

NAGEL, Thomas. 1979. *Questions mortelles* [*Mortal Questions*], trad. par Pascal Engel et Claudine Tiercelin, Paris, P.U.F., 1983, 247 p.

– 1986. *Le Point de vue de nulle part* [*The View from Nowhere*], trad. par Sonia Kronlund, Combas, Éditions de l'Éclat, 1993, 291 p.

NEF, Frédéric. 1998. *L'Objet quelconque : Recherches sur l'ontologie de l'objet*, Paris, Vrin, 343 p.

NILSON, Nils J. 1988. *Principes d'intelligence artificielle* [*Principles of Artificial Intelligence*], trad. par Anne et Michel Manago, Paris, Cepadues, 446 p.

OGIEN, Ruwen. 1993. *La Faiblesse de la volonté*, Paris, P.U.F., 336 p. 1995. *Les Causes et les raisons : Philosophie analytique et sciences humaines*, Nîmes, Chambon, 238 p.

PACHERIE, Élizabeth. 1993. *Naturaliser l'intentionnalité : Essai de philosophie de la psychologie*, Paris, P.U.F., 300 p.

PANACCIO, Claude. 1992. *Les Mots, les concepts et les choses : La sémantique de Guillaume d'Occam et le nominalisme d'aujourd'hui*, Montréal, Bellarmin ; Paris, Vrin, 288 p.

– 1999. *Le Discours intérieur*, Paris, Seuil, 341 p.

PENROSE, Roger. 1989. *L'Esprit, l'ordinateur et les lois de la physique* [*The Emperor's New Mind : Concerning Computers, Minds and The Laws of Physics*], trad. par Françoise Balibar et Claudine Tiercelin, Paris, InterÉditions, 1991, 530 p.

– 1994. *Les Ombres de l'esprit : À la recherche d'une science de la conscience* [*Shadows of the Mind : A Search for the Missing Science of Consciousness*], Paris, InterÉditions, 1995.

– 1999. *Deux infinis et l'esprit humain,* [*The Large, the Small and the human Mind*], trad. par R. Omnès, Paris, Flammarion, 1999, 220 p.

PINKAS, Daniel. 1995. *La Matérialité de l'esprit*, Paris, Éditions La Découverte.

PETITOT, Jean. 1992. *Physique du Sens : De la théorie des singularités aux structures sémio-narratives*, Paris, CNRS, 449 p.

PITRAT, Jacques. 1995. *De la machine à l'intelligence*, Paris, Hermes, 134 p.

PRATT, Vernon. 1987. *Machines à penser : Une histoire de l'intelligence artificielle* [*Thinking Machines : The Evolution of Artificial Intelligence*], trad. par Christion Puech, Paris, P.U.F., 1995, 299 p.

PROUST, Joëlle. 1997. *Comment l'esprit vient aux bêtes. Essai sur la représentation*, Paris, Gallimard.

PUTNAM, Hilary. 1971. *Philosophie de la logique* [*Philosophy of Logic*], trad. par Patrick Pecatte, Combas, Éditions de l'Éclat, 1996, 72 p.

– 1981. *Raison, vérité et histoire* [*Reason, Truth and History*], trad. par Abel Gerschenfeld, Paris, Minuit, 1984, 242 p.

– 1988. *Représentation et réalité* [*Representation and Reality*], trad. par Claudine Engel-Tiercelin, Paris, Gallimard, 1990, 226 p.

– 1992. *Définitions*, trad. par Christian Bouchindhomme, Combas, Éditions de l'Éclat, 1992, 96 p.

– 1992. *Le Réalisme à visage humain* [*Realism with a Human Face*], trad. par Claudine Tiercelin, Paris, Seuil, 1994, 537 p.

QUINE, Willard van Orman. 1960. *Le Mot et la chose* [*Word and Object*], trad. par Joseph Dopp et Paul Gochet, Paris, Flammarion, 1977, 395 p.

– 1969. *La Relativité de l'ontologie et autres essais* [*Relativity of Ontology and Other Essays*], trad. par Jean Largeault, Paris, Aubier-Montaigne, 1977, 187 p.

– 1990. *La Poursuite de la vérité* [*Pursuit of Truth*], trad. par Maurice Clavelin, Paris, Seuil, 1993, 153 p.

RASTIER, François. 1987. *Sémantique interprétative*, Paris, P.U.F., 276 p.

– 1991. *Sémantique et recherches cognitives*, Paris, P.U.F., 262 p.

RÉCANATI, François. 1981. *Les Énoncés performatifs : Contribution à la pragmatique*, Paris, Minuit, 287 p.

ROBERT, Jean-Michel. 1982. *Comprendre notre cerveau*, Paris, Seuil, 263 p.

– 1994. *L'Aventure des neurones*, Paris, Seuil, 233 p.

ROBERT, Serge. 1993. *Les Mécanismes de Découverte scientifique : Une épistémologie interactionniste*, Ottawa, Presses de l'université d'Ottawa, 262 p.

ROBINET, André. 1973. *Le Defi cybernétique: L'automate et la pensée*, Paris, Gallimard, 232 p.

RORTY, Richard. 1979. *L'Homme spéculaire [Philosophy and the Mirror of Nature]*, trad. par Thierry Marchaisse, Paris, Seuil, 1990, 438 p.

ROSENFIELD, Israel. 1989. *L'Invention de la mémoire: Le cerveau, nouvelles donnes [The Invention of Memory: A New View on the Brain]*, trad. par Anne-Sophie Cismaresco, préf. de Olivier Sacks, Paris, Eshel, 148 p.

– 1996. *Une Anatomie de la conscience: L'étrange, le familier, l'oublié [The Strange, Familiar and Forgotten: An Anatomy of Conscience]*, trad. par Oristelle Boris, Paris, Flammarion, 182 p.

RYLE, Gilbert. 1949. *La Notion d'esprit: Pour une critique des concepts mentaux [The Concept of Mind]*, trad. par Suzanne Stern-Gillet. Pref. de Francis Jacques, Paris, Payot, 1976, 314 p.

SEARLE, John R. 1983. *L'Intentionalité: Essai de philosophie des états mentaux [Intentionality: An essay in the philosophy of mind]*, trad. par Claude Pichevin, Paris, Minuit, 1985, 340 p.

– 1984. *Du Cerveau au savoir: Conférences Reith 1984 de la BBC [Minds, Brains and Science]*, trad. par Catherine Chaleyssin. BBC; Paris, Hermann, 1985, 143 p.

– 1992. *La Redécouverte de l'esprit [The Rediscovery of Mind]*, trad. par Claudine Tiercelin, Paris, Gallimard, 1995, 353 p.

– 1996. *La Construction de la réalité sociale [The Construction of Social Reality]*, trad. par Claudine Tiercelin, Paris, Gallimard, 1998, 303 p.

– 1995. *Mystère de la conscience, [The Mystery of Consciousness]*, Paris, O. Jacob, 1999.

SELLARS, Wilfrid. 1956. *Empirisme et philosophie de l'esprit [Empiricism and Philosophy of Mind]*, trad. de Fabien Cayla, préf. de Richard Rorty, Combas, Éditions de l'Éclat, 1992, 125 p.

SEYMOUR, Michel. 1994. *Pensée, langage et communauté: Une perspective antiindividualiste.* Montréal: Bellarmin; Paris, Vrin, 339 p.

SIMON, Herbert A. 1969. *Sciences des systèmes, sciences de l'artificiel [The Sciences of the Artificial]*, trad. par Jean-Louis Le Moigne. Seconde éd. revue et augmentée, Paris, Dunod, 1990, 229 p.

– 1983. *Administration et processus de décision*, préf. de X. Greffe, Paris, Economica, 321 p.

SLOBODA, John A. 1986. *L'esprit musicien : La psychologie cognitive de la musique* [*The Musical Mind : The Cognitive Psychology of Music*], trad. par Marie-Isabelle Collart. Bruxelles, Mardaga, 1988, 396 p.

SPERBER, Dan, et Deidre WILSON. 1986. *La Pertinence : communication et cognition* [*Relevance : Communication and Cognition*], trad. par Abel Gerschenfeld et Dan Sperber, Paris, Minuit, 1989, 396 p.

SPERBER, Dan. 1996. *La Contagion des idées : Théorie naturaliste de la culture* [*Explaining Culture : A Naturalistic Approach*], Paris, O. Jacob, 243 p.

STRAWSON, Peter Frederick. 1971. *Études de logique et de linguistique* [*Logico-Linguistic Papers*], trad. par Judith Milner, Paris, Seuil, 1977, 280 p.

– 1959. *Les Individus : Essai de métaphysique descriptive* [*Individuals : An Essay in Descriptive Metaphysics*], trad. A. Shalom et Paul Drong, Paris, Seuil, 1973, 287 p.

TAYLOR, Charles. 1989. *Les Sources du moi : La formation de l'identité moderne* [*The Sources of Self : The Making of Modern Identity*], trad. par Charlotte Melançon, Montréal, Boréal ; Paris, Seuil, 1998, 712 p.

VANDERVEKEN, Daniel. 1988. *Les Actes de discours : Essai de philosophie du langage et de l'esprit sur la signification des énoncés*, Liège-Bruxelles, Mardaga, 226 p.

VARELA, Francisco J. 1979. *Autonomie et connaissance : Essai sur le vivant* [*Principles of Biological Autonomy*], trad. par Paul Bourgine et Paul Dumouchel, Paris, Seuil, 1989, 247 p.

– 1988. *Connaître les sciences cognitives : Tendances et perspectives* [*Cognitive Science : A Cartography of Current Ideas*], trad. par Pierre Lavoie, Paris, Seuil, 1989, 122 p.

VARELA, Francisco J, Evan THOMPSON et Eleanor ROSCH. 1991. *L'Inscription corporelle de l'esprit. Sciences cognitives et expérience humaine.* [*The Embodied Mind : Cognitive Science and Human Experience*], trad. de Véronique Havelange, revue et corrigée par Francisco Varela, Paris, Seuil, 1993, 377 p.

VIGNAUX, Georges. 1992. *Les Sciences cognitives : Une introduction*, Paris, Éditions La Découverte, 359 p.

VISETTI, Y-M. 1993. *Connexionnismes : Epistémologie et modélisations*, Paris, P.U.F.

VON NEUMANN, John, et Dominique PIGNON. 1958. *L'Ordinateur et le cerveau* suivi de *Les Machines molles*, trad. par Pascal Engel, Paris, Éditions La Découverte, 1992, 130 p.

VON NEUMANN, John. 1958. *Théorie générale et logique des automates*, [*The General and Logical Theory of Automaton*], Seyssell, Champ Vallon, 1997, 104 p.

WEIZENBAUM, Joseph. 1976. *Puissance de l'ordinateur et raison de l'homme* [*Computer Power and Human Reason*], trad. par Marie Therese Margulici, Boulogne-sur-Seine, Informatique, 1981, 195 p.

WINSTON, Patrick Henry. 1981. *Intelligence Artificielle* [*Artificial Intelligence*], trad. par Annie Dauzat et Jean-Michel Moreau, Paris, InterÉditions, 1988, 528 p.

OUVRAGES COLLECTIFS

ANDERSON, Alan Ross (dir.). 1964. *Pensée et machine* [*Minds and Machines*], trad. par Patrice Blanchard, présentation de Gérard Guzière, Seyssel, Champ Vallon, 1983, 150 p.

ANDLER, Daniel (dir.). 1992a. *Épistémologie et cognition : Colloque de Cerisy,* Bruxelles, Mardaga, 292 p.

– 1992b. *Introduction aux sciences cognitives*, Paris, Gallimard, 516 p.

BERNIER, Paur (dir.). 2000. « Le Matérialisme contemporain », in *Philosophiques*, vol. 27, n° 1.

BLANC, Marcel (dir.). 1998. *La Recherche en neurobiologie*, Paris, Seuil, 373 p.

BONNET, Claude, Jean-Michel Hoc et Guy Tibergien (dir.). 1986. *Psychologie, intelligence artificielle et automatique,* Bruxelles, Mardaga, 325 p.

BOUVERESSE, Jacques (dir.). 1991. *Philosophie de la logique et philosophie du langage I : Lectures philosophiques*, Paris, O. Jacob.

BOUSSAID, Omar (dir.). 1993. *Pluridisciplinarité dans les sciences cognitives*, préf. de Daniel Parrochia, Paris, Hermes, 286 p.

BSTAN-'DZIN-RGYA-MTSHO, Dalai Lama XIV, Houshmand, Zara, Livingston, Robert Boyd, Wallace et Churchland, Patricia Smith (dir.) 2000. *Le Pouvoir de l'esprit* [*Consciousness at the Crossroads : Conversations with the Dalai Lama on Brainscience and Buddhism*], trad. par P. Carré, Paris, Fayard, 256 p.

CAVERNI, Jean-Pierre, *et al.* (dir.). 1988. *Psychologie cognitive : Modèles et méthodes*, Grenoble, Presses Universitaires de Grenoble, 468 p.

CHAUVIRÉ, Christiane, Sandra LAUGIER et Jean-Jacques ROSAT (dir.) 2001. *Wittgenstein : les mots de l'esprit*, Paris, Vrin, 376 p.

COLLINI, Stephan (dir.). 1992. *Interprétation et mésinterprétation* [*Interpretation and Misinterpretation*], trad. par Jean-Pierre Cometti, Cambridge ; New York, Cambridge University Press, 140 p.

DEMAILLY, Antoine, et Jean-Louis LE MOIGNE (dir.). 1986. *Sciences de l'intelligence, sciences de l'artificiel : Avec Herbert A. Simon*, Lyon, Presses universitaires de Lyon, 773 p.

DENIS, Michel, Gérard Sabah et Jean-François Le Ny (dir.) 1993. *Modèle et concepts pour la science cognitive,* Grenoble, Presses Universitaire de Grenoble, 223

DUBUCS, Jacques-Paul, et François LEPAGE (dir.). 1995. *Méthodes logiques pour les sciences cognitives*, Paris, Hermes, 428 p.

DUPUY, Jean-Pierre et Pierre LIVET (dir.). 1997. *Les Limites de la rationalité,* 2 t., Paris, Éditions La Découverte.

ENGEL, Pascal (dir.). 1994. *Lire Davidson : Interprétation et holisme*, Combas, Éditions de l'Éclat, 234 p.

– 1997. *Davidson analysé*, Actes du colloque de Caen (13 juin 1996), Caen, Presses universitaires de Caen, 125 p.

FISETTE, Denis, *et al* (dir.). 1996. *Penser l'esprit : Des sciences de la cognition à une philosophie cognitive,* Grenoble, Presses universitaires de Grenoble, 460 p.

GERVET, Jacques, Pierre LIVET et Alain TÊTE (dir.). 1992. *La Représentation animale : Représentation de la représentation*, Nancy, Presses universitaires de Nancy, 212 p.

GRIVOIS, Henri, et Jean-Pierre DUPUY (dir.). 1995. *Mécanismes mentaux, écanismes sociaux : De la psychose à la panique*, Paris, Éditions La Découverte, 167 p.

GRIVOIS, Henri, et Joëlle PROUST (dir.). 1998. *Subjectivité et conscience d'agir : Approche cognitive et clinique de la psychose*, Paris, P.U.F., 255 p.

HOFSTADTER, Douglas, et Daniel C. DENNETT.(dir.) 1984. *Vues de l'esprit : Fantaisies et réflexions sur l'être et l'âme* [*The Mind's I : Fantasies and Reflections on Self and Soul*], trad. par Jacqueline Henry, Paris, InterÉditions, 1987, 508 p.

HOUDÉ, Olivier, Daniel KAYSER et Olivier KOENIG (dir.). 1998. *Vocabulaire de sciences cognitives*, Paris, P.U.F., 417 p.

JACOB, Pierre (dir.). 1980. *De Vienne à Cambridge : L'héritage du positivisme logique de 1950 à nos jours*, trad. et présentation par Pierre Jacob, Paris, Gallimard, 434 p.

JANICAUD, Dominique (dir.). 1995. *L'Intentionnalité en question : Entre phénoménologie et recherches cognitives*, Paris, Vrin, 397 p.

KAMBOUCHNER, D. (dir.). 1995. *Notions de philosophie*, 3 vol., Paris, Gallimard.

LAURIER, Daniel, et François LEPAGE (dir.). 1992. *Essais sur la langage et l'intentionalité*, Montréal, Bellarmin ; Paris, Vrin, 366 p.

LAURIER, Daniel (dir.). 1991. *Essais sur le sens et la réalité*, Montréal, Bellarmin ; Paris, Vrin, 239 p.

LE NY, Jean-François (dir.). 1991. *Intelligence naturelle et intelligence artificielle : Symposium de L'association de psychologie scientifique de langue française (Rome 1991)*, Paris, P.U.F., 364 p.

LÉVY, Joseph Josy, et Henri COHEN (dir.). 1984. *Darwin après Darwin*, Sainte-Foy, Université du Québec, 220 p.

LIVET, Pierre. (dir.). 2000 *De la perception à l'action*, Paris, Vrin, 237p.

MEYER, Michel. (dir.). 1994. *La Philosophie anglo-saxonne*, Paris, P.U.F., 595 p.

MISSA, Jean-Noël (dir.). 1991. *Philosophie de l'esprit et sciences du cerveau*, Paris, Vrin, 161 p.

NEUBERG, Marc (dir.). 1991. *Théorie de l'action : Textes majeurs de la philosophie analytique de l'action*, Liège, Mardaga, 318 p.

– 1997. *La Responsabilité : Questions philosophiques*, Paris, P.U.F., 286 p.

OGIEN, Ruwen (dir.). 1999. *Le Réalisme moral*, Paris, P.U.F..

PÉLISSIER, Aline, et Alain TÊTE (dir.). 1995. *Sciences cognitives, textes fondateurs (1943-1950)*, trad. par A. Pelissier, présenté et annoté par Alain Tête, Paris, P.U.F., 313 p.

PETIT, Jean-Luc (dir.). 1997. *Les Neurosciences et la philosophie de l'action*, Paris, Vrin, 470 p.

POIRIER, Pierre, et Denis FISETTE (dir.). 2002. *Problèmes de conscience*, Paris, Harmattan, 331 p.

PIATTELLI-PALMARINI, Massimo (dir.). 1975. *Théories du langage, théories de l'apprentissage : Le débat entre Jean Piaget et Noam Chomsky*, Royaumont, 1975, trad. par Yvonne Noizet, Paris, Seuil, 1982, 533 p.

PROUST, Joëlle. 1997. (dir.) *Perception et intermodalité : Approches actuelles de la question de Molyneux*, Paris, P.U.F., 303 p.

RAJCHMAN, John, et Cornel WEST (dir.). 1991. *La Pensée américaine contemporaine*, trad. par Andrée-Lyotard-May, Paris, P.U.F., 406 p.

SERON, Xavier (dir.). 1990. *Psychologie et cerveau*, Paris, P.U.F., 319 p.

SIGUAN Soles, Miguel. (dir.) 1987. *Comportement, cognition, conscience : La psychologie à la recherche de son objet*, Symposium de l'Association de psychologie de langue française (Lisbonne, 1995), Paris, P.U.F., 268 p.

VERGNAUD, Gerard (dir.). 1991. *Les Sciences cognitives en débat*, Paris, CNRS, 334 p.

WEIL-BARAIS, Annick (dir.). 1993. *L'Homme cognitif*, Paris, P.U.F., 570 p.

WINKIN, Yves (dir.). 1988. *Bateson : Premier état d'un héritage*, Paris, Seuil, 346 p.

ARTICLES

AMY, Bernard. 1996. « La place des réseaux de neuroneaux dans
l'IA », *in* Fisette *et al* (dir.) 1996, p. 43-69.

ANDLER, Daniel. 1985. « Intelligence artificielle : le deuxième
souffle », *Sciences et Avenir*, n° 53, p. 44-51.

– 1987. « Progrès en situation d'incertitude », *Le Débat,* n° 47, p. 5-25.

– 1989. « Cognitives (Sciences) », *in Encyclopaedia Universalis*,
t. 6. 1992. « Calcul et représentation : Les sources », *in* Andler
(dir.) 1992, p. 9-46.

– 1993. « Le philosophe et les sciences cognitives : Une note en
matière de postface », *Intellectica*, vol. 17, p. 245-268.

ANSCOMBE, Elisabeth. 1990. « L'intention » [Intention], *Raisons
Pratiques*, vol. 1, p. 257-266.

ANSPACH, M. R., et Francisco Varela. 1992. « Le système immuni-
taire », *in* Andler (dir.) 1992, p. 489-509.

ATLAN, Henri. 1993. « Projet et signification dans des réseaux d'automates : Le rôle de la sophistication », *Philosophiques,* vol. 20,
n° 2, p. 443-472.

BALDWIN, Thomas. 1992. « Scepticisme et épistémologie externa-
liste », *in* Andler (dir.) 1992, p. 163-172.

BILGRAMI, Akeel. 1994. « Pour le holisme sémantique », *in* Engel
(dir.) 1994, p. 51-132.

BILODEAU, Renée. 1985. « Attitudes d'états mentaux et justification
de l'action », *Dialogue,* vol. 24, n° 4, p. 639-653.

– 1993. « L'inertie du mental », *Dialogue,* vol. 32, n° 3, p. 507-525.

BLOCK, Ned. 1992. « Le fonctionnalisme face au problème des
qualia », *Les études philosophiques,* 1992, p. 337-370.

BOGDAN, Radu J. 1988. « Attitudes mentales et psychologie du sens
commun : Contre l'élimination », trad. par Pascal Engel, *Hermes*,
vol. 3, p. 56-84.

BOUCHER, Dominique. 2001. « Les *qualia* selon David Lewis ou
comment s'en débarrasser », *in* Poirier et Fisette (dir.) 2001, p. 95-
120.

BOURGINE, Paul. 1996. « Modèles d'agents autonomes et de leurs
interactions coévolutives », *in* Fisette *et al* (dir.) 1996, p. 421-450.

CARNAP, Rudolf. 1935. « Les concepts psychologiques et les concepts physiques sont-ils foncièrement différents ? », *Revue de synthèse*, vol. 10, p. 43-53.

CAYLA, Fabien. 1990. « L'intentionnalité *de dicto*, l'intentionnalité *de re*, l'intentionnalité *de se* », *Archives de philosophie*, vol. 53, n° 3, p. 431-459.

CHOMSKY, Noam. 1975. « L'approche linguistique », *in* Piattelli-Palmarini (dir.) 1982, p. 169-177.

– 1984. « La connaissance du langage : Ses composantes et ses origines », *Communications Paris*, n° 40, p. 7-24.

CHURCHLAND, Paul M. 1970. « La structure logique des explicationsd'actions », *in* Neuberg (dir.) 1991, p. 79-100.

– 1990. « Les machines peuvent-elles penser ? », *Pour la science,* n° 149, p. 46-53.

CLARK, Andy. 1996. « La cognition à l'état sauvage : Remettre la représentation à sa place », trad. par Pierre Poirier, *in* Fisette *et al.* (dir.) 1996, p. 105-112.

COLHEART, M., et M. Davies. 1992. « Le concept de modularité à l'épreuve de la neuropsychologie », *in* Andler (dir.) 1992, p. 109-130.

CUMMINS, R., et Schwarz, G. 1992. « Connexionisme, computation et cognition », *in* Andler (dir.) 1992, p. 374-394.

DAVIDSON, Donald. 1969. « Comment la faiblesse de la volonté est-elle possible ? », trad. par P. Engel, *Philosophie*, n° 3, p. 21-46,1984.

– 1973. « De la véritable idée de schème conceptuel [On the Very Idea of a Conceptual Scheme] », *in* Rajchman-West 1985, p. 221-240.

– 1979. « La methode de la vérité en métaphysique » [The Method of truth in Metaphysics], *Revue de métaphysique et de morale*, p. 209-224,1984.

– 1992. « La mesure du mental », *in* Engel (dir.) 1994, p. 31-49.

DE SOUSA, Ronald. 1996. « La rationalité : un concept normatif ou descriptif ? », *in* Fisette *et al.* (dir.) 1996, p. 207-215.

DENNETT, Daniel Clemens. 1972. « Les systèmes intentionnels », [Intentional Systems], in *Philosophie*, no. 47, p. 55-80, 1984.

– 1992. « La compréhension artisanale » [Do-It-Yourself Understanding], *Lekton*, n° 2, p. 27-52.

DESCLÉS, Jean-Pierre. 1985. «Langage naturel et intelligence artificielle : À propos du concept», *Technologos,* n° 2, p. 65-101.

– 1989. «Catégories grammaticales et opérations cognitives», *Histoire, épistémologie, langage,* vol 11, n° 1, p. 33-53.

DESCOMBES, Vincent. 1987. «Philosophie analytique *versus* philosophie continentale», *Critique,* vol. 43, n° 478, p. 240-254.

– 1995. «L'action», *in* Kambouchner (dir.) 1995, p. 103-174.

DOKIC, Jérôme. 1999. «L'action située et le principe de Ramsey», *Raisons pratiques,* vol. 10, p. 131-155.

– 2000a. «Le cercle bipolaire. Intentionnalité et contenu perceptif», *in* P. Livet (dir.), *De la perception à l'action. Contenus perceptifs et perception de l'action,* Paris, Vrin, p. 83-118.

– 2000b «Qui a peur des *qualia* corporels ?», *Philosophiques,* vol. 27, n° 1, *Le matérialisme contemporain,* édité par P. Bernier, p. 77-98.

– 2000c. «Philosophie de l'esprit», in *Précis de philosophie analytique,* édité par P. Engel, Paris, P.U.F., p. 35-62.

– 2001. «Perception visuelle et kinesthésie», *in* J.-P. Cometti et K. Mulligan (dir.), *La philosophie autrichienne de Bolzano à Musil. Histoire et actualité,* Paris, Vrin, p. 189-207.

DREYFUS, Hubert L. 1991. «Husserl et les sciences cognitives», *Recherches philosophiques,* n° 1, p. 1-29.

– 1992. «La portée philosophique du connexionnisme», *in* Andler (dir.) 1992, p. 352-373. 1993a. «Agir, intentionnalité et être-au-monde», *Philosophiques,* vol. 20, n° 2, p. 285-302.

– 1993b. «La critique heideggerienne et l'approche husserlienne et searlienne de l'intentionnalité», *Intellectica,* 1993, vol. 17, n° 1, p. 27-49.

DUBUCS, Jacques-Paul. 1987. «Sur la logique des arguments plausibles», *Philosophie,* n° 14, p. 15-37.

DUMOUCHEL, Paul. 1992. «Systèmes sociaux et cognition», *in* Andler (dir.), p. 472-488. 1993. «Ce que l'on peut apprendre sur les chauves-souris à l'aide d'une télé couleur», *Dialogue,* vol. 32, n° 3, p. 493-505.

ENGEL, Pascal, et Frédéric NEF. 1982. «Quelques remarques sur la logique des phrases d'action», *Logique et analyse,* n° 99, p. 291-319.

– 1988. « Identité, vague et essences », *Les Études philosophiques,* n° 4, p. 475-494.

ENGEL, Pascal. 1994. « La philosophie de l'esprit », *in* Meyer (dir.) 1994., p. 529-564.

– 1995a. « Les croyances », *in* Kambouchner (dir.) 1995, p. 9-101.

– 1995b. « Le *patternalisme* de Dennett », *Philosophiques,* vol. 22, n° 2, p. 197-212.

ENNEN, Elisabeth. 2000. « Le fossé dans l'explication et le système hippocampique de mémoire », *in* Poirier et Fisette (dir.) 2001, p. 219-248.

FAUCHER, Luc, et Ron MALLON. 2000. « L'autre en lui-même : Psychologie zombie et schizophrénie », *in* Poirier et Fisette (dir.) 2001, p. 275-331.

FISETTE, Denis 1992. « Le statut des attributions de croyances chez Dennett », *Lekton,* t. II, n° 1, p. 1-27.

– 1993. « Indétermination de la traduction et intentionnalité », *Philosophie* n° 38, p. 58-90.

– 2001. « Postures et impostures de la conscience », *in* Poirier et Fisette (dir.) 2001, p. 9-31.

FODOR, Jerry A. 1975. « Fixations de croyances et acquisition de concepts », *in* Piattelli-Palmarini (dir.) 1982, p. 219-225.

– 1983. « Faut-il "parler" le "mentalais" pour penser ? », *Critique,* n° 437, p. 774-795.

– 1992. « Introduction au problème de la représentation mentale », *Les études philosophiques,* p. 301-322.

GANASCIA, Jean-Gabriel. 1991. « L'hypothèse du *Knowledge level* : Théorie et pratique », *in* Vergnaud (dir.) 1991, p. 57-72.

GREEN, A. 1983. « L'homme machinal », *Le temps de la réflexion,* n° 4, p. 345-369.

GUNDERSON, Keith. 1964. « Le jeu de l'imitation » [The Imitation Game], *in* Anderson (dir.) 1964, p. 98-109.

GURWITSCH, Aron. 1936. « Quelques aspects et quelques développements de la psychologie de la forme », *Journal de psychologie normale et pathologique,* t. XXXIII, p. 413-468.

GUTTENPLAN, Samuel. 1988. « Psychologie du sens commun et science cognitive », *Hermes,* vol. 3, p. 38-55.

– 1992. « Concepts et normes : Wittgenstein contre Chomsky ? », *in* Andler (dir.) 1992, p. 221-238.

HACKING, Ian. 1982-83. « Styles de raisonnement scientifique »
[Résumé de *Language, Truth and Reason*, 1982, et *The Accumu-lation of Styles of Scientific Reasoning*, 1983] », *in* Rajchman-West 1985, p. 241-266.

HARNAD, Stevan. 1994. « L'Ancrage des symboles dans le monde analogique à l'aide de réseaux neuronaux : Un modèle hybride » [Grounding Symbols in the Analog World with Neural Nets : An Hybrid Model], trad. par Daniel Payette, Andrea Rossi-Kellye et Valérie Fraïle, *Lekton*, vol. 4, n° 2, p. 65-83.

– 1996. « Computation et Cognition : La manipulation de symboles interprétables et le chaînon manquant » [Computation Is Just Interpretable Symbol Manipulation : Cognition Isn't], *in* Fisette *et al.* (dir.) 1996, p. 73-84.

HEMPEL, Carl Gustav. 1935. « L'analyse logique du langage », *Revue de synthèse*, vol. 10, p. 27-42.

HOFSTADTER, Douglas. 1985. « Cognition, subcognition : Sortir du rêve de Boole », trad. par Jean-François Roberts, *Le Débat*, 1987, vol. 47, p. 26-44.

IMBERT, Michel. 1986. « Sur la place des neurosciences », *Annales de la Fondation Fyssen,* p. 13-20.

– 1987. « Neurosciences et sciences cognitives », *Le Débat*, vol. 47.

JACOB, Pierre. 1992a. « Patterns, causalité mentale et lois intention-nelles, *Les études philosophiques,* p. 391-413.

– 1992b. « Le problème du rapport du corps et de l'esprit aujourd'hui : Essai sur les forces et les faiblesses du fonctionnalisme », *in* Andler (dir.) 1992, p. 313-351

– 1993. « Un moteur peut-il être sémantique ? », *Dialogue,* vol. 32, n° 3, p. 527-44.

JEANNEROD, Marc, et Pierre JACOB. 1999. « Quand voir, c'est faire », *Revue internationale de philosophie*, vol. 53, n° 3, p. 293-320.

JOHNSON-LAIRD, Philip Nicholas. 1988. « La représentation mentale de la signification », *RISS*, vol. 115, p. 53-69.

KIM, Jaegwon. 2000. « L'émergence, les modèles de réduction et le mental », *Philosophiques*, vol. 27, p. 11-26.

LACHARITÉ, Normand. 1987. « Un modèle informationnel de la repré-sentation », *Cahiers recherches et théories*. Montréal, Départe-ment de philosophie de l'Université du Québec à Montréal.

– 1989. « Un modèle général pour décomposer la relation d'impact dans les recherches sur l'impact social de la science et de la technologie », *Philosophiques*, vol. 16, n° 1, p. 108-147.

– 1993. « Vers une ontologie naturalisée de l'information », *Philosophiques,* vol. 20, n° 2, p. 473-483.

– 1994. « Le problème de l'architecture dans le débat entre l'approche connexionniste et les approches *classiques* de la représentation », *Lekton*, vol. 4, n° 2, p. 37-64.

Laurier, Daniel. 1985. « Noms propres et attributions de croyance », *Cahiers de Grammaire*, n° 10, p. 73-92.

– 1987a. « Les états intentionnels des créatures solitaires », *Philosophiques*, vol. 14, n° 2.

– 1987b. « L'individuation des états intentionnels et le statut de la psychologie populaire », *Recherches sur la psychologie et le langage*, n° 8, p. 49-73.

– 1988. « Le monisme anomal est-il une forme d'épiphénomalisme ? », *Hermes*, n° 3, p. 109-127, ou *Cahiers du département de philosophie de l'Université de Montréal*, n° 8713.

– 1989a. « L'anomalisme du mental et la dépendance psychophysique », *Cahiers du département de philosophie de l'Université de Montréal,* n° 8917.

– 1989b. « Comprendre ou interpréter », *Cahiers d'épistémologie du département de philosophie de l'Université du Québec à Montréal*, n° 8906.

– 1994. « *Pangloss*, l'erre conscience n'est que ruine de la raison ? », *in* Poirier et Fisette (dir.) 2001, p. 157-177.

Lantin, Robert. 2000. « Fossé explicatif, épiphénoménalisme et causalité mentale », *in* Fisette et Poirier (dir.) 2001, p. 121-136.

Le Moigne, Jean-Louis. 1986. « L'aide à la décision : nature, instruments et perspectives d'avenir », *Colloque international sur l'aide à la décision,* sous la dir. de M. Landry, Québec, Presses de l'Université Laval.

Lepage, François. 1983. « Réalisme et théorie russellienne des descriptions », *Canadian Journal of Philosophy*, vol. 13, p. 209-226.

– 1998. « La question des attitudes propositionnelles et les limites de la pensée », *Philosophiques,* vol. 15, n° 1, p. 59-74.

LEVINE, Joseph. 1993. « Omettre *ce que cela fait* » [On Leaving out What it's Like], trad. de Pierre Poirier, *in* Poirier et Fisette (dir.) 2000, p. 35-62.

LIVET, Pierre. 1978. « Le traitement de l'information dans le *Traité des passions* », *Revue de Philosophie Française*, vol. 168, p. 3-35.

– 1987. « Image, perception et intelligence artificielle », *Philosophique*, n° 1-2, p. 87-115.

– 1988. « Enjeux de l'intelligence artificielle », *Autrement; À quoi pensent les philosophes,* n° 102, p. 145-153.

– 1992. « Intention individuelle et action collective », *in* Andler *et al.* (dir.) 1992, p. 191-210.

– 1995. « Connexionnisme et fonctionnalisme », *Intellectica*, vol. 21, n° 2, p. 175-197.

– 1996. « Catégorisation et connexionnisme », *in* Fisette *et al.* (dir.) 1996, p. 375-406.

LUCAS, John R. 1961. « L'esprit humain, la machine et Gödel » [Mind, Machine and Gödel], *in* Anderson (dir.) 1964, p. 81-97.

LUZZATI, D. 1987. « Incidence de la machine sur le comportement langagier », *DRLAV*, vol. 36-37, p. 183-197.

MC CLELLAND, J. L., D. E. Rumelhart et G. E. Hinton. 1986. « Une nouvelle approche de la cognition : le connexionnisme », trad. par Fabienne Durand-Bogaert, *Le débat*, 1992, n° 47, p. 45-64.

MC CULLOCH, Warren S. 1949. « Du cerveau comme calculateur » [The brain as a computing machine], *in* Pélissier-Tête (dir.) 1995, p. 189-214.

MC CULLOCH, Warren S., et Walter PITTS. 1943. « Un calcul logique des idées immanentes dans l'activité nerveuse » [A logical calculus of the dieas immanent in nervous activity], *in* Pélissier-Tête (dir.) 1995, p. 57-91.

MCKINNON, Alastair. 1968. « La philosophie et les ordinateurs », *Dialogue*, vol. 7, p. 219-237.

MEHLER, J., et E. Dupoux. 1987. « De la psychologie à la science cognitive », *Le débat*, vol. 47, p. 65-87.

MINSKY, Marvin. 1985. « Musique, sens et pensée », *Quoi? Quand? Comment? La recherche musicale*, p. 137-163.

– 1994. « Laisserons-nous le Terre à des robots? » *Pour la science,* n° 206, p. 120-126.

MISSA, Jean-Noël. 1999. « La description des lois de la conscience : Une quête du Graal ? », *Revue internationale de philosophie*, vol. 53, n° 3, p. 420-440.

MONTMINY, Martin. 1992. « Indétermination de la traduction et sous-détermination des théories scientifiques », *Dialogue,* vol. 31, n° 4, p. 623-642.

– 2001 « Quel fossé ? », *in* Poirier et Fisette (dir.) 2001, p. 63-94.

MULLIGAN, Kevin. 1995. « Le spectre de l'affect inversé et l'espace des émotions », *Raisons Pratiques*, vol. 6, p. 65-83.

NAGEL, Thomas. 1985. « Le subjectif et l'objectif », Rajchman-West (dir.) 1985, p. 97-117.

– 1974. « Quel effet cela fait, d'être une chauve-souris ? » [What is it Like to be a Bat ?], *in* Hofstadler et Dennett (dir.) 1984.

NEF, Frédéric. 1983. « Conspectus de sémantique intensionnelle, suivi d'une bibliographie », *Histoire, Epistémologie, Langage*, vol. 5, p. 5-18.

– 1986. « La sémantique de saint Augustin est-elle vraiment mentaliste ? » *Recherches sur la Philosophie et le Langage*, n° 6-7, Paris, Vrin, p. 377-400.

– 1987. « Activitité sémantique et réalité : Quelques remarques sur les relations entre sémantique et ontologie dans trois types de sémantique », *Fundamenta Scientiae*, vol. 7, n° 3-4, p. 377-390.

NEUBERG, Marc. 1985. « La thèse des descriptions multiples : Lieu commun ou paradoxe de la philosophie de l'action », *Dialogue,* vol. 24, n° 4, p. 617-638.

– 1990. « Le traité des passions de l'âme de Descartes et les théories modernes de l'émotion », *Archive de Philosophie*, vol. 53, p. 479-508.

NUSSBAUM, Margareth. 1995. « Les émotions comme jugements de valeurs », *Raisons Pratiques*, vol. 6, p. 19-32.

OSHERSON, D. 1992. « La rationalité et l' enquête scientifique », *in* Andler (dir.) 1992, p. 291-310.

PACHERIE, Elisabeth. 1995a. « Externalisme, rationalité et *explanandum* de la psychologie intentionnelle », *Dialogue*, vol. 34, n° 2, p. 237-257.

– 1995b. « Le fonctionnalisme : État des lieux », *Intellectica*, vol. 21, n° 2, p. 9-37.

– 1995c. « Théories représentationnelles de l'intentionnalité perceptive et *Leibhaftigkeit* de l'objet dans la perception », *Archives de philosophie*, vol. 58, p. 577-588.

PALMER, S.-E. 1999. « Les théories contemporaines de la perception de *Gestalt* », *Intellectica*, vol. 28, n° 1.

PANACCIO, Claude. 1988. « La notion de croyance : une approche inscriptionnaliste », *Philosophiques,* vol. 15, n° 1, p. 41-58.

– 1992a. « Intuition, abstraction et langage mental dans la théorie occamiste de la connaissance », *Revue métaphysique et de morale*, vol. 97, n° 1, p. 61-81.

– 1992b. « Le nominalisme et la question du langage mental », *in* Andler *et al.* (dir.) 1992, p. 27-38.

PAPERT, Seymour. 1975. « Le rôle de l'intelligence artificielle en psychologie », *in* Piattelli-Palamrini (dir.) 1982, p. 145-155.

PIETROSKI, Paul. 1994. « Un Derangement Modulaire de la Compétence Linguistique », *Lekton*, vol. 4, n° 2, p. 163-198.

PETITOT, Jean 1993. « Phénoménologie naturalisée et morpho-dynamique : La fonction cognitive du synthétique *a priori* », *Intellectica*, vol. 17, p. 79-126.

– 1995. « La réorientation naturaliste de la phénoménologie », *Archives de philosophie*, vol. 58, p. 631-658.

POIRIER, Pierre. 1991a. « La théorie représentationnelle de l'esprit de Fodor », in *L'activité symbolique dans la société*, sous la dir. de J. Boulad-Ayoub, Sillery, Presses de l'Université du Québec.

– 1991b. « L'hypothèse de l'identité psychophysique et la théorie représentationnelle de l'esprit de Fodor », *in* Lacharité (dir.) 1991.1992. « Le computationnalisme classique et le problème de l'erreur », *Lekton*, vol. 2, p. 117-143.

– 1999. « Du stimulus à la science », *Actes du XXVIIᵉ congrès de l'A.S.P.L.F.,* Québec, Presses de l'université Laval.

– 2000. « Limite de l'explication physicaliste ou de la conception que nous nous en faisons », *in* Fisette et Poirier (dir.) 2000, p. 249-274.

– 2000. « L'empire contre-attaque : Le retour du réductionnisme », *Philosophiques*, vol. 27, n° 1, p. 39-62.

PREMACK, Dav*id*. 1975. « Capacité de représentation et accessibilité du savoir : Le cas des chimpanzé », *in* Piattelli-Palmarini (dir.) 1975, p. 302-323.

PRIBRAM, K. 1981. « Esprit, cerveau et conscience : L'organisation des compétences et des comportements », in *Science et conscience : Les deux lectures de l'univers*, Paris, Stock ; Paris, France Culture, p. 393-411.

PROUST, Joëlle. 1987. « L'intelligence artificielle comme philosophie », *Le débat*, vol. 47.

– 1990. « De la difficulté d'être naturaliste en matière d'intentionnalité », *Revue de Synthèse*, vol. 4, n° 1-2, p. 13-32.

– 1992. « L'esprit des bêtes », *Revue internationale de philosophie*, vol. 46, n° 183, p. 418-434.

– 1994. « Descripteurs distaux et externalisme », *Dialectica*, vol. 48, n° 3-4, p. 249-265.

– 1995. « Espace et représentation », *Archives de philosophie*, vol. 58, p. 533-548.

PUTNAM, Hilary. 1964. « Pensée et machine » [Mind and Machine], *in* Anderson (dir.) 1964, p. 110-134.

– 1967. « La nature des états mentaux » [The nature of mental states]. *Les études philosophiques,* 1992, p. 323-336.

– 1975b. « Signification, référence et stéréotypes » [Meaning, Reference, and Stereotype]. *Philosophie*, 1985, vol. 5, p. 21-44.

– 1979. « Il existe au moins une vérité *a priori* », *Revue métaphysique et morale.* Vol 84, p. 195-208.

– 1985. « Après l'empirisme », *in* Rajchman-West (dir.) 1985, p. 83-96.

PUTNAM, Hilary, Noam CHOMSKY et Jerry FODOR. 1975. « Sur la logique des explications innéistes », 2e partie de Piattelli-Palmarini (dir.) 1982, 414-479.

RASTIER, François. 1987. « Sur la sémantique des réseaux », *Quaderni di Semantica*, vol. 15, p. 109-124.

– 1988. « Représentation du contenu lexical et formalismes de l'intelligence artificielle », *Préfaces*, n° 10, p. 67-105.

– 1989. « Linguistique et recherche cognitive », *Histoire, Epistémologie, Langage*, vol. 11, n° 1, p. 5-31.

– 1994. « Sémantique interprétative et compréhension du langage », *Lekton*, vol. 4, n° 2, p. 139-161.

– 1996. « Représentation ou interprétation ? Une perspective herméneutique sur la médiation sémiotique », *in* Fisette *et al.* (dir.) 1996, p. 239-260.

RÉCANATI, François. 1992. « Contenu somatique et contenu cognitif des énoncés », *in* Andler (dir.) 1992, p. 239-270.

REY, Georges. 1992. « Les phrases sensationnelles », *Les études philosophiques*, n° 3, p. 371-390. 1995. « Garder la signification présente à l'esprit », *Intellectica*, vol. 21, n° 2.

RICHE, Jacques. 1994. « L'intelligence artificielle et les sciences cognitives », *in* Meyer (dir.) 1994, p. 565-583.

ROBERT, Serge. 1995. « Intelligence artificielle et sciences cognitives », *in* Janicaud (dir.) 1995. P. 231-250.

ROSENBLUTH, Arturo, Norbert Wiener et Julian Bigelow. 1943. « Comportement, but et téléologie », *in* Pélissier-Tête (dir.) 1995, p. 39-55.

RUSSELL, Bertrand. 1905. « De la dénotation », *in Écrits de logique philosophique*, Paris, P.U.F., 1989.

RYLE, Gilbert. 1962 « La phénoménologie contre *The Concept of Mind* », *Cahiers de Royaumont*, n° IV, p. 65-104.

SCHANK, Roger. 1995. « De la mémoire humaine à la mémoire artificielle », *Pour la science*, n° 273, p. 150-155.

SHANNON, Claude E. 1950. « Une machine qui joue aux échecs » [A chess-palying machine], *in* Pélissier-Tête (dir.) 1995, p. 231-245.

SCUBLA, L. 1992. « Sciences cognitives : Matérialisme et anthropologie », *in* D. Andler (dir.) 1992, p. 421-446.

SEARLE, John R. 1980. « Esprits, cerveaux et programmes » [*Minds, Brains, and Programs*], *in* Dennett-Hofstadter (dir.) 1987.

– 1987. « L'indétermination, l'empirisme et la première personne » [Indeterminacy, Empiricism, and the First Person]. *Revue de Théologie et de Philosophie*, 1987, vol. 118, n° 1, p. 67-92.

– 1990. « L'esprit est-il un programme d'ordinateur ? », *Pour la science,* n° 149, p. 38-44.

SEYMOUR, Michel. 1988. « Les énoncés de croyance et l'énigme de Kripke », *Philosophiques,* vol. 15, n° 1, p. 5-29.

– 1992. « Les experiences de Burge et les contenus de pensée », *Dialectica*, vol. 46, n° 1, p. 21-39.

SMART, J.C.C. 1964. « Le professeur Ziff et les robots », *in* Anderson (dir.) 1964, p. 141-142.

SMITH, Barry, et Roberto CASATI. 1993. « Différence ontologique naïve : Un essai d'ontologie », *Intellectica*, vol. 17, p. 173-197.

SMITH, Barry. 1999. « L'esprit connexionniste : Une étude de la psychologie de Hayek », *Intellectica*, vol. 28, n° 1.

SMOLENSKY, Paul, G. LEGENDRE et Y. MIYATA. 1992. « IA symbolique : IA symbolique et cerveau », *in* Andler (dir.) 1992, p. 77-106.

SPERBER, Dan. 1992. « Les sciences cognitives : Les sciences sociales et le matérialisme », *in* Andler (dir.) 1992, p. 397-420.

SWADE, D. 1993. « Le calculateur mécanique de Charles Babbage », *Pour la science,* n° 186, p. 78-84.

TAPPOLET, Christine. 1995a. « Les émotions et les concepts axiologiques », *in* Ogien et Paperman (dir.) 1995, p. 237-57.

– 1995b. « Les émotions sont-elles mentales ou physiques ? », *Revue de théologie et de philosophie*, vol. 127 n° 3, p. 251-259.

– 2001. « Naturaliser les émotions ? », *in* Fisette- Poirier (dir.) 2001, p. 137-156.

TIBERGIEN, Guy. 1985. « Mais où sont les stimulus d'antan ? », *Psychologie française*, vol. 30, p. 177-184

– 1986. « Psychologie cognitive, sciences cognitives et technologie de la connaissance », *in* Le Moigne (dir.) 1986, p. 173-192.

– 1988. « Modèles de l'activité cognitive », *in* Caverni *et al.* (dir.), p. 13-261990. « Les sciences cognitives : un nouveau programme scientifique », *in* Sfez (dir.) 1990, p. 817-824.

– 1993. « Questions de modélisation et de simulation cognitives », *in* Le Ny (dir.) 1993, p. 43-69.

– 1996. « Le connexionnisme : Stade suprême du behaviorisme ? », *in* Fisette (dir.) 1996, p. 27-42.

TURING, Allan Matheson. 1932. « Théorie des nombres calculables, suivie d'une application au problème de la décision », trad. et annoté par Julien Basch, *in* Girard et Turing 1995, p. 49-104.

– 1950. « Les ordinateurs et l'intelligence » [*Computing Machinery and Intelligence*], *in* Anderson (dir.) 1964, p. 39-67 ; *in* Dennett-Hofstadler (dir.) 1987, p. 61-74 ; *in* Girard et Turing 1995, p. 135-175 ; enfin *in* Pélissier-Tête (dir.) 1995, p. 255-285.

VARELA, Francisco J. 1996. « Neurophénoménologie » [Neurophenomenology], trad. par Guillaume Fréchette, *in* Fisette-Poirier (dir.) 2002, p. 179-218.

Von Neumann, John. 1948. « La théorie générale et logique des automates » [The general and logical thoery of automata], *in* Pélissier-Tête (dir.) 1995, p. 93-153.

Wiener, Norbert. 1948. « La cybernétique ou le contrôle et la communication chez l'animal et la machine : Introduction », *in* Pélissier-Tête (dir.) 1995, p. 1-37.

Wilson, Deirdre, et Dan Sperber. 1992. « Ressemblance et communication » *in* Andler (dir. publ.), p. 219-238.

Winograd, Terry. 1984. « Les logiciels de traitement des langues naturelles », *Pour la Science,* n° 85, p. 90-103. 1993 ; « Heidegger et la conception des systèmes informatiques », *Intellectica,* vol. 17, p. 51-78.

Woodfield, Andrew. 1988. « Variétés de la représentation mentale », trad. par Pascal Engel, *Hermes,* vol. 3.

– 1992. « Un modèle à deux étapes de la formation des concepts », *in* Andler (dir.) 1992, p. 273-290.

Ziff, Paul. 1964. « Les sentiments et les robots », *in* Anderson (dir.) 1964, p. 135-140.

Numéros thématiques de revue

Archives de philosophie. 1995. Tome 58, cahier 4 : « Sciences cognitives et phénoménologie ».

Cahiers du CREA. 1985. N° 7 : « Histoires de cybernétique ».

– 1986. N° 9 : « Cognition et complexité ».

– 1988. N° 11 : « Sciences cognitives et science économique ».

Cahiers de Royaumont. 1962. t. IV « La philosophie analytique ».

CNRS. 1988. Psychologie ordinaire et sciences cognitives, Paris, CNRS, 187 p.

Communications Paris. 1984. N° 40 : « Grammaire générative et sémantique ».

Critique. 1997. N° 603-604 : « Rêve, sommeil, fatigue ».

– 1999. N° 625-626 : « Penser les émotions ».

Dialogue. 1993. Vol. 32 : « Philosophie de l'esprit ».

Hermes. 1988. Vol 3 : « Psychologie ordinaire et sciences cognitives ».

Informatique et Sciences Humaines. 1983. N° 58, p. 6-105 : « Micro-ordinateurs et sciences humaines ».

Intellectica 1985. Vol. 1 : « Les interactions homme/ordinateur ».

– 1987. Vol. 2-3 : « Apprentissage et machine ».

– 1988. Vol. 5 : « Perception visuelle ».

– 1990. Vol. 9-10 : « Modèles Connexionnistes ».

– 1991. Vol. 11 : « Pragmatique et Psychologie du Raisonnement ».

– 1992. Vol. 16, n° 1 : « Éthologie et Cognition ».

– 1993. Vol. 17, n° 2 : « Philosophies et sciences cognitives ».

– 1995. Vol. 21, n° 2 : « Fonctionnalismes ».

– 1998. Vol. 26-27 : « Sciences sociales et cognition ».

– 1999. Vol. 28, n° 1 : « Présences de la *Gestalt* »

Le Courrier du CNRS : Dossiers Scientifiques.

– 1992. N° 79. « Sciences cognitives ».

Le débat. 1987. N° 47 : « Émergence du cognitif ».

– 1992. N° 72 : « La philosophie qui vient : Parcours, Bilans, Projets ».

Lekton. 1992. Vol 2, n° 1 : « Daniel C. Dennett et les stratégies intentionnelles ».

– 1994. Vol. 4, n° 2 : « Modèles de la cognition : Vers une science de l'esprit »

Les études philosophiques. 1991. Vol. 1 : « Phénoménologie et psychologie cognitive ».

– 1992. Vol. 3 : « La théorie computationnelle de l'esprit ».

Philosophique. 1987. N° 1-2 : « Image et imagination ».

Philosophiques. 1993. Vol. 20, n° 2 : « Perspectives sur la phénoménologie et l'intentionalité ».

– 2000. Vol. 27, n° 1 : « Le matérialisme contemporain ».

Préfaces. 1988. N° 10 : « Un tournant cognitif dans les sciences humaines ? ».

Pour la science. 1992. N° 181 : « Le cerveau et la pensée ».

Quaderni. Communication, Technologie, Pouvoir. 1987. N° 1 : « Genèses de l'intelligence artificielle ».

Raisons Pratiques. 1990. Vol. 1 : « Les formes de l'action ».

– 1995. Vol. 6 : « La couleur des pensées ».

Recherche, (La) 1990. No 225 : « Sciences cognitives : une discipline en quête d'intelligence ».

– 1993. N° 258 : « Sciences cognitives : une décentralisation réussie ».

Revue de Synthèse. 1990. Vol. CXI, 1-2 : « Sciences cognitives : Quelques aspects problématiques ».

Revue internationale de philosophie. 1999. Vol. 53, n° 1 : « Le pragmatisme ».

– 1999. Vol. 53, n° 3 : « Neurosciences ».

INDEX

Action délibérée **71-72**
Anscombe, E. 167, 168 n. 1,
   186
Apprentissage
   de la langue **220-221, 331-
   332**
Arbre d'analyse **323-326**
ARISTOTE 4, 78, 168, 181 n. 1
ARMSTRONG, D.M.
   et théorie de l'identité 292-
   294,293 n. 1, 294 n. 1,
   la douleur comme
      désignateur non rigide
      294 *sq.*
   causalité et état mental
      297, 300
Attributions d'attitudes
   propositionnelles **259**

Béhaviorisme
   définitionnel **252-253**
   logique et la psychologie
      120, **210-211**
   psychologique **88-90**
   social **212**

comme science
   corrélationnelle **88-92**
postulat méthodologique
   201
fondateurs du **201** n. **1**
et causalité mentale **327-
   328**
et douleur **291-292**
et image manifeste **88**
BELNAP, N. **123** n. **1**
Biochimie **86-92**
Biologie évolutionniste **143**
BRENTANO, F.
   et intentionnalité du mental
      243
   et irréductibilité de
      l'intentionnalité **260** n. **1**

CARNAP, R.
   et analyse de la
      psychologie **197**
   et caractère scientifique de
      la psychologie **198** n. **2**
   et Cercle de Vienne **199**
      n. **1**

TABLE DES MATIÈRES

DANS LA MÊME COLLECTION

ACHEVÉ D'IMPRIMER
EN FÉVRIER 2013
PAR L'IMPRIMERIE
DE LA MANUTENTION
À MAYENNE
FRANCE
N° 2068467C

Dépôt légal : 1e trimestre 2013